Caminhos para transformação da escola

Reflexões desde práticas da Licenciatura em Educação do Campo

Roseli Salete Caldart (Org.)

Caminhos para transformação da escola

Reflexões desde práticas da Licenciatura em Educação do Campo

1ª EDIÇÃO
EXPRESSÃO POPULAR
SÃO PAULO – 2010

Copyright © 2010, by Expressão Popular

Revisão: Ana Cristina Teixeira
Organização: Roseli Salete Caldart
Textos: Andréa Rosana Fetzner, Luiz Carlos de Freitas, Romir Rodrigues e Roseli Salete Caldart.
Capa e diagramação: Krits Estúdio
Impressão e acabamento: Cromosete

Dados Internacionais de Catalogação-na-Publicação (CIP)

C 183	Caminhos para transformação da escola: reflexões desde práticas da licenciatura em educação do campo./ organização Roseli Salete Caldart ; textos Andréa Rosana Fetzner...et al.--1.ed.-- São Paulo : Expressão Popular, 2010. 248p. : grafs. Vários autores. Indexado em GeoDados - http://www.geodados.uem.br. ISBN 978-85-7743-164-9 1. Educação. 2. Educação básica. 3. Movimentos sociais camponeses. 4. Inclusão educacional. I. Caldart, Roseli Salete, org. II. Fetzner, Andréa Rosana. III. Título.
	CDD 370

Catalogação na Publicação: Eliane M. S. Jovanovich CRB 9/1250

Todos os direitos reservados.
Nenhuma parte desse livro pode ser utilizada ou reproduzida sem a autorização da editora.

1ª edição: setembro de 2010
1ª reimpressão: fevereiro de 2016

Editora Expressão Popular
Rua Abolição, 201 – Bela Vista
CEP 01319-010 – São Paulo – SP
Tel: (11) 3522-7516 / 4063-4189 / 3105-9500
editora.expressaopopular.com.br
livraria@expressaopopular.com.br
www.facebook.com/ed.expressaopopular
www.expressaopopular.com.br

Sumário

Apresentação 7

Parte 1 – Licenciatura em Educação do Campo: debates com as escolas de inserção dos estudantes

I Seminário com as Escolas de Inserção dos Estudantes
(17 a 19 de setembro de 2008) 13

II Seminário com as Escolas de Inserção dos Estudantes
(1 a 3 de abril de 2009) 23

III Seminário com as Escolas de Inserção dos Estudantes
(7 a 9 de abril de 2010) 39

O MST e a escola: concepção de educação e matriz formativa
Roseli Salete Caldart 63

Parte 2 – Aprofundamento de questões da organização escolar e do trabalho pedagógico

Ciclos e democratização do conhecimento escolar
Andréa Rosana Fetzner 87

Reflexões sobre a organização curricular por área de conhecimento
Romir Rodrigues 101

Licenciatura em Educação do Campo e projeto formativo:
qual o lugar da docência por área?
Roseli Salete Caldart 127

A Escola Única do Trabalho: explorando os caminhos de sua construção
Luiz Carlos de Freitas 155

Parte 3 – Reflexões específicas sobre a Educação Básica de Nível Médio

O Ensino Médio no Brasil: da invisibilidade à onipresença
Romir Rodrigues 179

Caminhos da Educação Básica de Nível Médio para a Juventude das Áreas de Reforma Agrária 209

Educação Profissional na perspectiva da Educação do Campo
Roseli Salete Caldart 229

Apresentação

Esta publicação integra as comemorações dos 15 anos de atividades educacionais do Instituto Técnico de Capacitação e Pesquisa da Reforma Agrária (Iterra), completados neste ano de 2010. Apresentamos aqui um conjunto de reflexões sobre os caminhos da transformação da escola, que vem sendo produzido desde nosso percurso de práticas e debates no âmbito dos cursos de formação de educadores do campo, particularmente dos que trabalham nas áreas de Reforma Agrária. Para esta obra selecionamos as produções vinculadas à Licenciatura em Educação do Campo, curso de graduação que estamos desenvolvendo como projeto experimental em parceria com a Universidade de Brasília e o Ministério da Educação, através de uma turma específica iniciada em setembro de 2007.

O objeto de estudo e de profissionalização desta Licenciatura é a escola de educação básica do campo, com ênfase na construção do desenho da organização escolar e do trabalho pedagógico para os anos finais do ensino fundamental e do ensino médio (integrado ou não à educação profissional) e também na modalidade de educação de jovens e adultos. Surge disso a necessidade de que seus educadores e educandos se dediquem a estudar e formular sobre a concepção de escola e sobre sua função social a partir da realidade dos trabalhadores do campo, tendo como horizonte a construção da escola a que tem direito e que necessita a classe trabalhadora.

Os textos aqui apresentados se vinculam às discussões de três seminários realizados com as escolas de inserção dos estudantes da Licenciatura em Educação do Campo no período de setembro de 2008 a abril de 2010, todos visando construir uma compreensão comum sobre os elementos fundamentais do redesenho político-pedagógico discutido pelos Movimentos Sociais Camponeses para as escolas do campo, bem como o papel das práticas deste curso no avanço das transformações necessárias. As escolas participantes destes seminários são em sua maioria escolas de acampamentos e assentamentos de Reforma Agrária, vinculados ao Movimento dos Trabalhadores Rurais Sem Terra (MST) da região sul do Brasil.

Os seminários com as escolas de inserção integram uma estratégia formativa do curso que identificamos como "Inserção Orientada na Escola" e têm servido para constituição de um espaço de diálogo entre as práticas das escolas de inserção e as discussões em desenvolvimento no curso. Trata-se de um conjunto articulado de ações que visam orientar (inspirar/instigar/mover) a inserção dos estudantes desta Licenciatura no mundo/na vida da escola, da comunidade em que esta escola se insere, suas formas de organização, de trabalho, seus processos formativos, seu espaço e território, participando organicamente de uma ou de algumas escolas durante o processo do curso com o objetivo de potencializar o movimento formativo da práxis no foco específico da profissionalização pretendida.

Nosso objetivo com a socialização destes textos é dar continuidade ao diálogo que os produziu e, ao mesmo tempo, ampliar a sua participação. Nosso compromisso é com a construção de referências coletivas para o trabalho com a Educação do Campo, a partir do seu vínculo orgânico com os Movimentos Sociais Camponeses e com as escolas que assumam um projeto educativo nessa perspectiva.

Nesse contexto, organizamos esta obra em três partes. A **primeira parte** traz os debates com as escolas de inserção dos estudantes e está composta de quatro textos: os três primeiros são os documentos de sistematização das discussões de cada um dos três seminários mencionados e que serviram de fio condutor para organização do conjunto desta coletânea. O quarto é um texto de síntese, de Roseli Salete Caldart, da coordenação pedagógica do curso, sobre a concepção de educação e matriz formativa que orientam o debate do MST sobre a escola, produzido a propósito destes debates.

A **segunda parte** reúne quatro textos que visam o aprofundamento de questões da organização escolar e do trabalho pedagógico levantadas pelos debates dos seminários. O primeiro texto, de Andréa Rosana Fetzner, discute possibilidades de transformação da escola, abordando as experiências de reorganização escolar através dos ciclos, relacionando-os especialmente ao tratamento do conhecimento escolar e da participação popular na escola. O segundo e o terceiro textos, respectivamente de Romir Rodrigues e Roseli Salete Caldart, abordam a questão da organização curricular ou da docência por área do conhecimento no contexto da Licenciatura em Educação do Campo. Romir reflete desde a sistematização do debate ocorrido no planejamento, execução e avaliação das aulas da Área de Ciências Humanas e Sociais desta primeira turma e Roseli faz uma problematização do lugar deste debate específico no projeto formativo do curso. O quarto texto, de Luiz Carlos de Freitas, retoma o debate sobre concepção de escola e as bases de construção de uma "escola única do trabalho" em diálogo com as discussões que têm acompanhado em cursos de formação de educadores vinculados ao MST, especialmente na Licenciatura em Educação do Campo, trazendo a proposição dos "complexos de estudo" como uma alternativa inspiradora da reorganização curricular das escolas envolvidas nesse projeto formativo.

A **terceira parte** reúne três textos que não foram produzidos a propósito dos debates da Licenciatura em Educação do Campo, mas que decidimos incluir nesta publicação por trazerem reflexões específicas sobre a educação básica de nível médio discutidas no segundo seminário com as escolas de inserção do curso. O primeiro texto, de Romir Rodrigues, aborda elementos da história do ensino médio no Brasil, discutindo o movimento entre uma quase invisibilidade para a maioria da população no início do século passado e uma quase onipresença nos debates atuais sobre educação em amplos setores da sociedade, seja os setores conservadores, buscando garantir uma inflexão desta etapa da educação básica às exigências do trabalho que visa à reprodução do capital, seja dos trabalhadores lutando principalmente pela garantia de acesso. O segundo texto é o documento final do 1º Seminário Nacional sobre Educação Básica de Nível Médio nas Áreas de Reforma Agrária, realizado em setembro de 2006 e que tem servido de parâmetro para os debates das escolas de inserção no que se refere aos pilares da concepção de Educação Básica de Nível Médio e as questões que dela se desdobram como orientação para as lutas e o trabalho educacional desenvolvido nos assentamentos e acampamentos. O terceiro texto, de Roseli Salete Caldart, trata da educação profissional pensada desde a perspectiva da Educação do Campo, apresentando uma síntese propositiva de conceitos e compreensões fundamentais sobre a formação profissional de trabalhadores inseridos nos processos de produção agrícola ou ao modo de vida social que ela gera ou implica. O texto considerou a relação tanto com a educação básica quanto com a educação superior, mas aqui ele objetiva subsidiar especialmente os debates iniciados na Licenciatura sobre o "ensino médio integrado".

Agradecemos a disponibilidade dos educadores que participam do processo desse curso e em especial aos autores dos textos, que foram produzidos ou cedidos especialmente para essa publicação. Desejamos que este diálogo entre escolas, pesquisadores e educadores participantes do processo da Licenciatura em Educação do Campo continue e possa incidir sobre as práticas concretas de formação dos trabalhadores do campo na direção do projeto histórico da classe trabalhadora.

Boa leitura e boa continuidade de trabalho para todos nós.

Coordenação do Iterra

Parte 1

Licenciatura em Educação do Campo: debates com as escolas de inserção dos estudantes

I Seminário com as Escolas de Inserção dos Estudantes

Veranópolis/RS, Instituto de Educação Josué de Castro (IEJC)
17 a 19 de setembro de 2008

Sobre o Seminário

Este Seminário foi uma realização do curso de Licenciatura em Educação do Campo em conjunto com o setor de educação do MST da região sul e o Instituto de Educação Josué de Castro. Seu principal objetivo foi o de iniciar um processo mais sistemático de intercâmbio entre a LEdoC e as escolas de inserção dos estudantes (atuação permanente ou inserção orientada pelo curso), discutindo atividades em comum que visem analisar e qualificar as práticas educativas das escolas do campo.

Participaram do Seminário os educandos e as educandas da Turma 1 da LEdoC, membros da coordenação do curso e alguns educadores do Iterra, da UnB e do IEJC, educadores de algumas das escolas públicas e centros de formação de inserção atual dos estudantes e de outras escolas convidadas, coordenadores do setor de educação e formação da Pastoral da Juventude Rural do RS e do Movimento de Mulheres Camponesas de SC, coordenadores do setor de educação do RS, SC e PR e outros convidados do coletivo nacional de educação do MST, membros da equipe de acompanhamento do curso ao Tempo Comunidade e convidados pesquisadores, em um total de 87 participantes.[1]

---

[1] Escolas participantes do seminário: SP/Cajamar: Escola Demétrio R. Pontes. PR: Colégio Estadual de Educação Básica Iraci Salete Strozak, Colégio Rural José Martí, Escola Rural

Na primeira manhã, depois de uma breve apresentação da escola de ensino médio e educação profissional que acolhe este Seminário e do programa previsto para os três dias, foi feita pela coordenação do curso uma exposição geral sobre o projeto político-pedagógico da Licenciatura em Educação do Campo para os convidados, destacando-se seus objetivos, histórico de construção e alguns de seus principais desafios político-pedagógicos. A explanação principal e o diálogo com os participantes ocorreram em torno dos focos de estudo e profissionalização deste curso e das estratégias pedagógicas que estão sendo implementadas em vista dos objetivos de formação destes educadores. Uma questão destacada foi a da habilitação para a docência multidisciplinar/interdisciplinar em uma das áreas de conhecimento que compõem o currículo da educação básica.[2]

No início da tarde do dia 17 aconteceu uma visita dos convidados aos diferentes espaços educativos do IEJC, coordenada por um grupo de estudantes da LEdoC e depois um encontro dos convidados por Estado para preparação do momento seguinte. O segundo momento da tarde foi dedicado para as apresentações por Estado, contextualizando o trabalho das organizações presentes com educação e socializando algumas experiências e reflexões das escolas sobre práticas pedagógicas relacionadas à dimensão do conhecimento (o que se ensina, como se ensina, como se estuda) e sobre experiências diferenciadas de organização curricular existentes na escola, incluindo informações sobre como tem sido o trabalho nas áreas de habilitação docente deste curso/desta turma.

As escolas destacaram especialmente algumas tentativas de ajustes na organização curricular e de articulação do trabalho entre as disciplinas: temas trabalhados pelo conjunto, integração curricular entre ensino médio e educação profissional, planejamento conjunto entre docentes de algumas disciplinas, trabalho relacionado com projetos de atividades, equiparação de carga horária das disciplinas; ajustes na organização dos tempos diários para cada disciplina. Algumas escolas trabalham com ciclos de formação e os ajustes curriculares que sua lógica pedagógica implica.

Municipal Chico Mendes; Centros de Formação: Ceagro vila Velha, Itepa, Milton Santos. SC: Escola de Ensino Fundamental 30 de Outubro (também Escola Base das Itinerantes), Escola Estadual de Educação Básica 25 de Maio, Escola Estadual de Ensino Médio Semente da Conquista, Escola Estadual de Ensino Médio Paulo Freire, Escola Básica Municipal José Maria. RS: Escola Estadual de Educação Básica Joceli Corrêa, Escola Estadual 8 de Agosto.

[2] Focos que compõem o objeto de estudo e profissionalização deste curso: gestão de processos educativos escolares (educação básica), docência em uma área de conhecimento (para esta turma a opção de habilitação está entre Linguagens e Ciências da Natureza e Matemática) nos anos finais do ensino fundamental e/ou no ensino médio e gestão de processos educativos nas comunidades do campo. Estratégias pedagógicas principais da formação profissional: Lógica de Organização da Base Curricular do Curso, Inserção Orientada na Escola, Inserção Orientada na Comunidade (ambas as inserções incluindo práticas pedagógicas e estágios) e Pesquisa.

Ainda neste primeiro dia, à noite, aconteceu um encontro por estado para balanço e projeção do processo de inserção dos estudantes nas escolas, tanto para práticas pedagógicas como para atividades de pesquisa, visando aprofundar o vínculo entre o trabalho das escolas, do setor de educação das organizações e do curso.

No segundo dia, de manhã e na parte da tarde, foi realizado um estudo dialogado a partir das reflexões trazidas pelos Estados na tarde anterior, especialmente sobre os objetivos da escola e o trabalho pedagógico com o conhecimento. Para este momento contamos com a contribuição de Luiz Carlos de Freitas, da Unicamp, docente da área de "Organização Escolar e Método de Trabalho Pedagógico" deste curso.

Na primeira parte da tarde aconteceu uma reunião entre o setor de educação do MST e os demais convidados do seminário para socialização de informações, materiais e atividades previstas no próximo período que poderiam envolver em especial as escolas presentes. Uma das atividades destacadas foi a de articulação de parceria entre o Iterra e a UFSC para realização de um curso de especialização para docência na área de Ciências Humanas e Sociais, com início previsto para 2009. A noite houve uma atividade de confraternização entre os participantes do seminário que teve início com a apresentação de uma canção produzida em homenagem ao centenário do nascimento de Josué de Castro[3] pelo coral constituído por estudantes da LEdoC e educadores do IEJC.

A manhã do último dia do seminário começou com um momento de reflexão pessoal sobre as questões levantadas pelos diferentes momentos dos dias anteriores, preparando a discussão final sobre uma pauta comum de desafios e ações entre os diferentes sujeitos presentes nesta atividade visando especialmente aprofundar o vínculo entre a Licenciatura em Educação do Campo e as necessidades e demandas de trabalho com as escolas, combinando formas de intercâmbio e atividades em conjunto entre curso, organizações e escolas presentes. Foi realizado um trabalho de grupo por Estado, seguida de relato e discussão em plenária. O seminário foi encerrado às 12h30, após um momento final de avaliação e de integração mística entre os participantes.

Na avaliação foi destacada a importância da iniciativa desse seminário para maior conhecimento da proposta do curso e definição de uma agenda comum de questões e atividades em vista das transformações necessárias em nossas escolas do campo.

---

[3] Letra e música de Pedro Munhoz.

Questões/reflexões sobre a escola

Um destaque das reflexões foi sobre a necessidade de repensar a lógica de construção do plano de estudos da escola, relacionando-a com iniciativas de métodos pedagógicos que buscam vincular conteúdos escolares e realidade atual, sem perder a visão de totalidade do processo educativo que deve acontecer na escola. Para isso, a importância de estudarmos com profundidade práticas que tentam ou tentaram fazer isso desde uma mesma referência de projeto de sociedade, destacando-se a fecundidade das experiências escolares de sociedades que já fizeram transformações sociais mais profundas. Freitas destacou a importância de estudarmos as experiências e reflexões pedagógicas do início da revolução russa, quando se buscou construir um projeto de escola coerente com os objetivos de construção do socialismo.

As discussões por Estado e em plenária foram feitas considerando-se os desafios apontados pelos momentos de socialização e reflexões sobre as práticas das escolas e do curso e se centraram na questão da necessidade de avanço da elaboração prático-teórica do desenho pedagógico da escola do campo, no que se refere à construção coletiva de um plano de estudos que oriente o trabalho da escola com o conhecimento na perspectiva dos objetivos formativos e do projeto histórico que temos.

Um dos grandes desafios que temos em relação a esta dimensão específica é superar a fragmentação do conhecimento, uma das características da forma escolar atual, mas tendo presente que hoje existe um limite estrutural para isso que não está na escola e sim no modo de produção da ciência e da tecnologia que ainda predomina na sociedade atual. Compreender as contradições da produção do conhecimento no contexto das contradições do processo de reestruturação produtiva e das relações de trabalho pode nos ajudar a desencadear ações mais consequentes na escola.

Destaque para um princípio ou uma perspectiva de trabalho: precisamos contribuir na transformação da escola para que ela se aproxime cada vez mais do objetivo de formação dos construtores da nova sociedade pela qual lutamos. Os que estamos aqui fazemos parte da construção de uma escola diferente e um dos objetivos das discussões do processo em que este Seminário se insere é identificar os limites das nossas práticas atuais e planejar sua superação. É importante ter presente alguns aspectos fundamentais dessa caminhada:

– Qualquer desenvolvimento mais avançado que possamos inventar/conseguir fazer na escola terá como ponto de partida a escola que já existe. Daí a importância da análise da realidade. É fundamental termos uma referência teórica, onde queremos chegar (no caso concepção de escola coerente com nosso projeto histórico), mas isso é só o começo da tarefa. E é importante ter presente que a escola não se movimenta apenas desde dentro; é preciso fortes movimentos de fora (sociedade, movimentos sociais), mas o movimento de construção é próprio de cada local: não há padrão, regras fixas a seguir no processo de transformação de cada escola concreta. E, principalmente, é necessário respeitar quem está lá, tentando, resistindo, cada um do seu jeito e a partir das condições objetivas de seu próprio trabalho...

- Os estudantes (crianças, jovens ou adultos) precisam estar no centro das discussões sobre a transformação da escola: é para eles e elas que a escola precisa ser pensada. É o compromisso com sua formação que deve orientar nosso debate, considerando que os educandos precisam aprender agora e não ficar esperando pela solução dos problemas da escola, dos educadores ou pelas discussões pedagógicas que são realizadas muito longe deles: seu tempo não volta: têm direito de aprender agora, têm direito a uma boa educação já.

- O novo não aparece em situações de estabilidade, tranquilidade, equilíbrio. Estar numa escola que efervesce em contradições significa que temos maiores possibilidades de ação. A turbulência costuma ser vista como um mal, mas não é. Se conseguirmos analisar as contradições existentes neste movimento podemos nos valer das forças mais avançadas para ir adiante. O novo precisa do desconforto para emergir. O desafio é como fazer para que essas forças mais avançadas passem a hegemonizar a condução do processo.

- Um inimigo central das iniciativas de mudança é o individualismo. O coletivo coloca demandas, tensiona, movimenta, explicita as contradições. Fortalecer coletivos é condição para desencadear e manter processos de transformação.

Pauta comum: desafios e propostas de ação

As indicações principais deste Seminário foram as seguintes:

1. Amadurecer discussão sobre matriz formativa e lógica de construção do plano de estudos para as escolas do campo vinculadas aos movimentos sociais (Via Campesina).

2. Realizar estudos específicos sobre o ensino médio, potencializando a socialização das experiências de escolas dos assentamentos e trazendo o debate sobre currículo integrado.

3. Avançar nas discussões sobre a docência por área conforme a proposição desta Licenciatura, contextualizada nos desafios e nas práticas de vínculo do currículo da escola com as questões da realidade atual e com formas de trabalho pedagógico com o conhecimento que visem preparar sujeitos coletivos de sua transformação.

4. Sistematizar práticas de escolas de educação básica. Cada Estado estabelecer metas: quais experiências e em que tempo. Estudantes da LEdoC podem ajudar nesse trabalho, lembrando que é importante ter referências para análise das positividades e dos limites de cada experiência.

5. Reunir em próximos seminários como este os professores das escolas que atuam na docência das áreas de Ciências da Natureza e Matemática e de Linguagens para discutir sobre organização curricular (incluindo plano de estudos) e formas de integração do trabalho pedagógico em cada área.

6. Fazer discussões conjuntas entre escolas, centros de formação e setores de educação, formação, produção, saúde, cultura e comunicação das organizações envolvidas com o curso sobre organização curricular, plano de estudos, trabalho por área.

7. Fortalecer o vínculo/trabalho do setor de educação das organizações com as escolas. Discutir forma de acompanhamento e ações conjuntas.

8. Próximos seminários da LEdoC podem ser temáticos como ensino médio, projeto político-pedagógico; trabalho pedagógico nas áreas de habilitação.

9. Os seminários também devem discutir mais diretamente as atividades de inserção dos estudantes nas escolas, as práticas pedagógicas, a pesquisa e os estágios, aprofundando o entendimento comum da dinâmica formativa entre Tempo Escola e Tempo Comunidade.

10. Os estudantes devem assumir o compromisso de socialização dos estudos e debates feitos no curso com os educadores das escolas onde atuam e trazer para o curso as reflexões e discussões feitas nas escolas.

11. É importante que os estudantes possam se inserir em coletivos de educadores ou ajudem a constituí-los nas escolas para, aos poucos, termos uma rede comprometida e engajada em processos de transformação da escola na perspectiva da concepção de educação que aqui discutimos.

12. Discutir em cada Estado método de inserção dos estudantes nas escolas que não têm vínculo com os movimentos sociais, não participam dos debates da Educação do Campo e terão mais dificuldades de envolvimento com as iniciativas deste curso.

Ideias-força das discussões sobre escola realizadas no I Seminário[4]

1. Educação é mais do que escola. Na construção do projeto histórico que defendemos é preciso trabalhar para instaurar um projeto educacional que coloque os trabalhadores e as trabalhadoras do campo, e suas famílias, em um movimento de construção de alternativas abrangentes de trabalho, de vida, que rompam com a lógica de degradação humana da sociedade capitalista e que sejam concretamente sustentáveis.

2. A escola faz parte deste projeto educativo pelo qual lutamos, mas para que trabalhe em sintonia com nosso projeto maior ela precisa ser transformada. Transformada como instituição que não nasceu para educar a classe trabalhadora, e muito menos educá-la para fazer uma revolução social; transformada como escola pública, que no formato da sociedade capitalista atual, acaba sendo privada, à medida que a serviço de interesses de uma classe (que não é a nossa), ou mesmo e especialmente no caso do campo, a serviço de oligarquias, de latifundiários, de empresas, de prefeitos. Mas é importante ter presente que a escola não se transformará de modo mais radical senão como parte de transformações que tentemos operar no conjunto das relações sociais.

3. Precisamos contribuir na transformação da escola para que ela se aproxime cada vez mais do objetivo de formação dos construtores da nova sociedade pela qual lutamos. Os que estamos aqui fazemos parte da construção de uma escola diferente e um dos objetivos das discussões do processo em que estes seminários se inserem é identificar os limites das nossas práticas atuais e planejar sua superação. Uma questão fundamental para nós é qual forma de escola dá conta/traduz a pedagogia dos movimentos sociais do campo e pode ajudar na construção da sociedade socialista, sociedade dos trabalhadores. Há referências teóricas e práticas para construção desta resposta, mas ela não está dada.

4. Qualquer desenvolvimento mais avançado que possamos inventar/conseguir fazer na escola terá como ponto de partida a escola que já existe, por isso a importância da análise da realidade. É importante termos uma referência teórica, onde queremos chegar (no caso concepção de escola coerente com nosso

---

[4] Foi a exposição inicial do segundo seminário, no ano seguinte.

projeto histórico), mas isso é apenas o começo da tarefa. E é importante ter presente que a escola não se movimenta apenas desde dentro; é preciso fortes movimentos de fora (sociedade, movimentos sociais), porém o movimento de construção é próprio de cada local: não há padrão, regras fixas a seguir no processo de transformação de cada escola concreta. E, principalmente, devemos respeitar quem está lá, tentando, resistindo, cada um do seu jeito, a partir das condições objetivas de seu trabalho...

5. Os estudantes (crianças, jovens ou adultos) precisam estar no centro das discussões sobre a transformação da escola: é para eles e elas que a escola deve ser pensada. É o compromisso com sua formação que deve orientar nosso debate. E os educandos precisam aprender agora e não ficar esperando pela solução dos problemas da escola, dos educadores ou pelas discussões pedagógicas que são realizadas muito longe deles: seu tempo não volta: eles e elas têm direito de aprender agora, têm direito a uma boa educação já.

6. O novo não aparece em situações de estabilidade, tranquilidade, equilíbrio. Estar numa escola que eferverce em contradições significa que temos maiores possibilidades de ação. O novo precisa do desconforto para emergir. O desafio é como fazer para que sejam as forças mais avançadas as que passem a ter hegemonia na condução do processo. E não devemos esquecer: somente coletivos conduzem transformações nesta perspectiva que defendemos.

7. Sem alterar a matriz formativa não há como fazer reais transformações na escola. A matriz formativa da escola atual é cognitivista (faz de conta que as outras dimensões não existem). A matriz formativa que sustenta nossas iniciativas de transformação da escola é a do desenvolvimento omnilateral ou da educação integral do ser humano, que inclui a cognição, o desenvolvimento corporal, artístico, a dimensão organizativa, a formação de valores. A redefinição da matriz formativa deve compor e orientar o projeto político-pedagógico da escola e não ser uma decisão de cada professor. O PPP precisa ser uma construção coletiva, que espelhe o percurso da escola e explicite os compromissos dos educadores com seus educandos.

8. A escola não ensina somente conteúdos (no sentido estrito deste termo na pedagogia escolar): ela ensina relações sociais (que também são "conteúdos", no sentido mais amplo, da escola), ou seja, o ambiente escolar ensina. Não basta potencializar ou transformar o trabalho com o conhecimento na escola se nada mais muda. Se não tratamos das demais esferas formativas da escola elas ficarão sob domínio de condução do capital (por exemplo, a esfera da gestão). É a escola como totalidade que precisa ser posta em questão. E um

grande desafio é o de não cair na armadilha de isolar o trabalho com o conhecimento das demais dimensões da formação humana, tendo presente que, para cada dimensão, é preciso garantir uma intencionalidade específica: ações planejadas pelo conjunto da escola.

9. O que pode efetivamente impactar a organização da escola como um todo (exatamente porque contraponto à sua forma tradicional) é: o trabalho como eixo central da organização curricular, combinado com outras questões ou temas da atualidade que sirvam de referência para seleção dos conteúdos; formas de trabalho pedagógico que visem a superação da fragmentação do conhecimento; a auto-organização dos educandos e o trabalho coletivo dos educadores no interior da escola; o vínculo orgânico com as comunidades, suas formas organizativas, suas lutas e demandas específicas, bem como com as organizações e movimentos sociais de que estas comunidades fazem parte.

10. Na escola é preciso destacar a importância dos conteúdos, das didáticas de ensino, mas não em si mesmos e sim a serviço de uma escolha pedagógica radical: qual conteúdos e qual didáticas para ajudar no processo de humanização dos educandos, ou seja, é preciso trocar "conteúdos vencidos" por "conhecimentos vivos". O conhecimento escolar quando desistoricizado fica despolitizado, desculturalizado, deixa de ser conhecimento no sentido mais amplo deste termo, porque não serve para compreender a realidade e nela intervir. E uma das formas de historicizar o conhecimento escolar, torná-lo vivo, é vincular a escolha dos conteúdos ao mundo do trabalho (não do mercado de trabalho/de emprego) e sua necessária relação com o mundo da cultura e, em nossa perspectiva, também ao mundo da luta social. É isso que está na reflexão de Marx sobre a politecnia, tema importante para pensar o ensino médio, foco deste segundo seminário.

11. Um destaque das reflexões do primeiro seminário foi sobre a necessidade de repensar a lógica de construção do Plano de Estudos da escola, relacionando-o com iniciativas de métodos pedagógicos que buscam vincular os conteúdos escolares com a realidade atual, sem perder a visão de totalidade do processo educativo que deve acontecer na escola. As referências principais desta construção devem estar para além de cada escola, para evitar empobrecimentos ou simplificações por má intenção ou por falta de preparo necessário a esta tarefa.

12. O Plano de Estudos deve ter como referência a articulação entre os aspectos da vida selecionados para o trabalho pedagógico e as bases da ciência que a escola precisa garantir sejam apropriadas pelos estudantes e suas comunidades.

O trabalho com as questões da atualidade supõe a análise das contradições (que, por sua vez, supõe a apropriação de conceitos, teoria). Não se trata apenas de conversar ou de fazer descrições superficiais da realidade. É preciso cuidado para que a realidade não "tome conta" do processo pedagógico: pode ser atraente falar da realidade, mas só isso não basta.

13. A função da escola não é tratar somente deste conhecimento elaborado chamado de científico. Ela precisa trabalhar com as diferentes formas de conhecimento. No entanto, se a escola ao tratar da prática não chegar a trabalhar conceitos, estará impedindo uma forma importante/necessária de conhecimento da realidade. Um método de trabalho pedagógico que não leve à apropriação teórica desistrumentaliza os educandos para a compreensão da realidade, já que sem conceitos nossa mente não opera.

II Seminário com as Escolas de Inserção dos Estudantes

Veranópolis/RS, Instituto de Educação Josué de Castro (IEJC),
1º a 3 de abril 2009[1]

Sobre o Seminário

Este Seminário foi uma realização do curso de Licenciatura em Educação do Campo em conjunto com o setor de educação do MST da região sul e o Instituto de Educação Josué de Castro. Seus objetivos principais foram dar continuidade ao processo de constituição de um espaço de diálogo entre as práticas das escolas de inserção e as discussões em desenvolvimento na LEdoC, discutir o processo de inserção dos estudantes nas escolas para práticas pedagógicas e estágios do curso e avançar na reflexão sobre o desenho pedagógico da escola de educação básica, priorizando um estudo específico sobre o ensino médio, incluindo a questão de sua integração com a educação profissional.

Participaram do Seminário os educandos e as educandas da Turma 1 da LEdoC, membros da coordenação do curso (Iterra e UnB) e alguns educadores do Iterra e do IEJC, educadores de algumas das escolas públicas e centros de formação de inserção atual dos estudantes e de outras escolas convidadas, coordenadores do setor de educação do RS e PR, membros da equipe de acompanhamento do curso ao Tempo Comunidade, em um total de 58 participantes.[2]

---

[1] Relatório elaborado pela equipe de coordenação do curso do Iterra.
[2] Escolas participantes do seminário: PR: Colégio Estadual de Educação Básica Iraci Salete Strozake, Escola Itinerante Zumbi dos Palmares; Escola (Centro de Formação) Milton Santos. SC: Escola Estadual de Educação Básica 25 de Maio, Escola Estadual de Ensino Médio

Na primeira manhã aconteceu uma reunião entre a coordenação do curso (equipe Iterra), o setor de educação do MST e as escolas convidadas para o seminário para um balanço do processo de inserção orientada dos estudantes do curso nas escolas e para a socialização de informações, materiais e atividades previstas no próximo período. Entre as atividades mencionadas destacam-se o 7º Concurso Nacional de Literatura e Artes Plásticas para os estudantes do MST e o curso de Especialização no Ensino de Ciências Humanas e Sociais, uma parceria entre o Iterra e a UFSC, com início previsto para o segundo semestre de 2009.

O Seminário teve início às 14 horas do dia 1º de abril com um momento de abertura feito pela coordenação, que apresentou objetivos e significado deste reencontro, seguido de exposição de uma síntese (entregue por escrito) das principais discussões sobre a escola feita no primeiro seminário. Após aconteceu um estudo orientado pelo educador do Iterra Romir Rodrigues sobre o Ensino Médio no Brasil, sua constituição histórica e alguns princípios articuladores do debate das questões atuais, seguido de um diálogo em plenária.

A noite, os participantes do seminário assistiram ao filme "Pro dia nascer feliz", de João Jardim, que aborda, principalmente, as questões que o adolescente brasileiro enfrenta na escola. Depois da apresentação do filme iniciou-se um diálogo sobre a realidade nele retratada, sua relação com a realidade das escolas que conhecemos, com ideias retomadas no dia seguinte durante o debate sobre os educandos das escolas de ensino do campo.

No segundo dia, 2 de abril, manhã e tarde, aconteceram mesas temáticas constituídas de painel de exposições de aspectos relacionados ao ensino médio, seguido de debate em plenária. Cada mesa foi composta por um educando da LEdoC, que apresentou uma síntese da reflexão sobre o tema produzida por seu grupo de estudos (preparação feita durante as semanas anteriores de Tempo Escola), um educador de uma das escolas convidadas, com a tarefa de apresentar alguma prática desenvolvida relacionada ao tema, e um educador vinculado ao curso, responsável por mediar a discussão e fazer alguns apontamentos sobre o tema a partir do exposto.

As mesas foram as seguintes: 1) Ensino Médio e Formação Profissional, composta pelo educando Dilceu Plens da Luz e pelas educadoras Luizana Fran-

---

Semente da Conquista, Escola Estadual de Ensino Médio Paulo Freire, Escola Básica Municipal José Maria. RS: Escola Estadual de Educação Básica Joceli Corrêa, Escola Estadual 8 de Agosto, Escola Estadual Nova Sociedade, Instituto de Educação Josué de Castro.

çozi da Escola Paulo Freire, de Abelardo Luz, SC, e Roseli Salete Caldart do Iterra. 2) Quem são os sujeitos (educandos e educadores) da escola de Ensino Médio do Campo, com os expositores: educando João Elcio Volski, educador Adílio Perin, da Escola Joceli Corrêa, de Jóia, RS, e educadora Teresinha Perin, coordenadora pedagógica da turma de Licenciatura em EdoC da UFBA, neste período em visita de intercâmbio ao Iterra. 3) Interdisciplinaridade e áreas do conhecimento no currículo da Escola de Ensino Médio do Campo, constituída pelo educando Zelmar Monteiro Junior, pela educadora Ana Cristina Hammel da Escola Iraci Salete Strozak, de Rio Bonito do Iguaçu, PR, e pelo educador Romir Rodrigues do Iterra. 4) Práticas de gestão e de trabalho nas escolas de educação básica de nível médio do campo, com as expositoras: educanda Clarice dos Anjos e educadoras Silvana Loch da Escola Milton Santos, de Maringá, PR, e Diana Daros do Instituto de Educação Josué de Castro.

Ainda neste segundo dia, à noite, foi realizado um encontro dos participantes por Estado para tratar das seguintes questões: levantamento das possibilidades de realização do estágio em EJA, anos finais do ensino fundamental ou ensino médio, para cada estudante, com início (planejamento) previsto para o próximo Tempo Comunidade; acompanhamento dos estudantes em Tempo Comunidade (balanço e ajustes necessários); sugestões para o avanço do processo de inserção dos estudantes nas escolas, do ponto de vista da sua formação e das demandas de cada escola. Combinou-se que na manhã seguinte cada Estado faria um relato oral das discussões sobre o estágio em EJA e a inserção nas escolas, entregando por escrito à coordenação do curso um informe das decisões tomadas sobre o acompanhamento ao Tempo Comunidade.

Na manhã do último dia do seminário, 3 de abril, o primeiro momento foi de construção coletiva de uma síntese das discussões das mesas temáticas do dia anterior, tendo como referência as seguintes questões: Quais as principais contribuições de cada temática para a construção do desenho de ensino médio nas escolas do campo? Na dimensão da prática efetiva das escolas e dos educadores, quais os principais limites encontrados e quais os processos necessários para buscar as suas superações? O trabalho foi feito em grupos aleatórios, seguidos de apresentação e discussão em plenária, para problematizações e complementos.

No segundo momento da manhã cada Estado fez um relato sobre as questões discutidas na noite anterior. Sobre o quadro de possibilidades de realização do estágio em EJA combinou-se que seria objeto de discussão mais detalhada com a turma na continuidade das aulas de Prática Pedagógica do curso. Sobre a inserção orientada nas escolas, cada Estado apresentou a perspectiva de trabalho a ser desenvolvido pelo grupo de estudantes e a coordenação do curso retomou a lógica prevista para esta atividade-processo da inserção orientada, destacando as relações com os estágios curriculares e a atividade da pesquisa, também já iniciada pelos estudantes, e chamando a atenção para as metas específicas do próximo Tempo Comunidade. No diálogo, foi reforçada a importância deste processo de inserção tanto para a formação dos estudantes como para a dinâmica das escolas envolvidas, cujo número deverá ser aumentado, em função das diferentes práticas pedagógicas previstas no curso.

Cada Estado também incluiu em sua apresentação um resumo de atividades do setor de educação previstas para este ano, visando intercâmbio entre os participantes.

No final, foi proposta a realização do terceiro seminário no primeiro semestre de 2010, durante o Tempo Escola da sexta etapa do curso, com o foco temático da organização do trabalho pedagógico com o conhecimento, trazendo também como participantes alguns educadores das escolas que atuam na docência das áreas de habilitação do curso para esta turma (Linguagens e Ciências da Natureza e Matemática).

O Seminário foi encerrado às 12h30, após algumas falas de avaliação e de um momento de integração mística entre os participantes. Na avaliação foi reiterada a importância da iniciativa desse Seminário para o diálogo entre o curso e a realidade das escolas e também para consolidação de uma agenda comum de questões e atividades considerando as transformações necessárias ao nosso projeto educativo comum.

A coordenação de cada dia do Seminário foi feita por dois estudantes da LEdoC, escolhidos pelos Núcleos de Base que compõem a turma. Foram os seguintes, nesta sequência: Marivani Adler, Paulo César da Costa, Carina Waskievicz, Vagner da Rosa, Eliza Gustmann e Luiz Carlos Pilz.

Para a elaboração da sistematização em torno do foco temático do ensino médio, que apresentamos a seguir, foram utilizados os apontamentos da equipe de registros e os textos escritos pelos quatro grupos de discussão da plenária final, considerando-se também os materiais que acompanharam a pasta do II Seminário, em especial o Boletim da Educação do MST nº 11, Educação Básica de Nível Médio nas Áreas de Reforma Agrária: textos de estudo, de setembro de 2006 e o documento final do 1º Seminário Nacional sobre Educação Básica nas áreas de Reforma Agrária, Luziânia, GO, 2006.

Sistematização em torno do foco temático do seminário (ensino médio)

Esta sistematização foi feita a partir da plenária final que apresentou o resultado das discussões ocorridas nas quatro mesas temáticas do segundo dia. Abordando diferentes aspectos do ensino médio, as mesas temáticas se constituíram em espaços de diálogo entre a produção teórica e a prática das escolas visando uma construção coletiva de pressupostos para o desenho da Escola de Ensino Médio do Campo.

As discussões dos grupos podem ser organizadas em dois eixos principais: o primeiro aborda a elaboração de marcos teórico-práticos para a construção de uma proposta para o Ensino Médio do Campo que, como alerta o documento final do 1º Seminário Nacional sobre Educação Básica nas áreas de Reforma Agrária, ocorrido em Luziânia, GO, em 2006, deve ter como objetivos principais:

> (...) desenvolver e consolidar nos jovens uma *visão de mundo* articulada a *valores* e *identidades* que vai assumindo nesta fase da vida. E para que crie uma visão crítica e criativa do mundo é preciso ter uma base de compreensão teórico-prática das ciências que permita entender a formação social, econômica, política e cultural da sociedade, a natureza, as diferentes dimensões da vida humana.

O segundo eixo agrupa as possibilidades de ação a partir da realidade de cada escola e de sua comunidade. Não se trata de apresentar receitas ou caminhos prontos para trilhar, mas sim de perceber as brechas, os pontos nos quais possam ser realizados, desde já, tensionamentos viáveis na direção de uma Escola de Ensino Médio articulada com a vida e as lutas do Campo.

É importante ter presente, como vem sendo discutido em diversos documentos, que a Educação do Campo é maior que a escola e abrange o conjunto de relações sociais e os variados espaços formativos que constituem as comunidades e os movimentos sociais. Porém, a escola possui um importante papel a desempenhar na Educação do Campo, que é o "de compreender o tipo de ser humano que ela precisa ajudar a formar e como pode contribuir com a formação dos novos sujeitos sociais que vêm se constituindo no campo hoje".[3] Esta sistematização focaliza, na discussão sobre a Escola de Ensino Médio do Campo, sua identidade

---

[3] CALDART, Roseli Salete. Elementos para a construção de um projeto político e pedagógico da educação do Campo. *In*: MOLINA, Mônica Castagna e JESUS, Sônia Meire Santos Azevedo de (Org.). *Contribuições para a construção de um projeto de educação do campo*. Brasília, DF: Articulação Nacional "Por uma Educação do Campo", 2004.

e especificidade como etapa da Educação Básica, em seu permanente diálogo com o projeto de desenvolvimento ou de transformação da realidade do campo defendido pelos movimentos sociais.

Marcos para o desenho de uma Escola de Ensino Médio do Campo

Toda a produção teórico-prática sobre Educação do Campo é marcada pela participação coletiva, pelo diálogo entre os sujeitos que vivem os limites e as possibilidades da construção do conhecimento a partir da realidade objetiva em que estão inseridos. A proposição de refletir sobre o desenho de Escola de Ensino Médio do Campo, neste II Seminário, teve como objetivo participar da construção de marcos, pressupostos teórico-práticos, para a continuidade de um processo que, para se consolidar, necessita do envolvimento de outros sujeitos, em especial, de um número crescente de educadores e educadoras que atuam no cotidiano das escolas dos assentamentos e acampamentos.

Nesse sentido, os marcos construídos serão agrupados em três temas, por uma opção didática, considerando que na dinâmica do fazer escolar eles estão intimamente articulados: a tipologia de escola, o currículo e a gestão.

Tipologia de Escola de Ensino Médio do Campo

As discussões apontam que a luta, cada vez mais premente, por acesso à educação escolar no campo deve ocorrer, predominantemente, por Escolas de Educação Básica, que integrem as suas diferentes etapas (educação infantil, ensino fundamental e ensino médio) em um único estabelecimento de ensino. Dessa forma, estará sendo garantida a continuidade de estudos para as crianças e os adolescentes, direito constitucional e subjetivo, bem como sendo criado um espaço importante para o desenvolvimento de uma qualificada Educação de Jovens e Adultos (EJA) dentro das comunidades. Porém, existem requisitos legais nas legislações vigentes que estabelecem limites e demandas mínimas para a oferta, em especial do ensino médio, que apontam para a necessidade de flexibilizar esta etapa da educação básica e propor alternativas para a garantia de sua oferta.

Sendo assim, as discussões dos grupos do II Seminário apontaram para três questões, alertando para a necessidade de serem aprofundadas posteriormente. A primeira está relacionada com a existência de uma especificidade do ensino médio em relação às demais etapas e aos níveis da educação, que transparece, entre outros fatores, quando refletimos sobre as características próprias da faixa etária (adolescentes e jovens) dos sujeitos que acessam este nível de ensino e ao tensionamento, ainda não resolvido, entre a preparação para o trabalho ou para a continuidade dos estudos. Esse debate, sobre qual a identidade do ensino médio do campo, ainda está em discussão e deve abarcar os debates sobre um novo projeto de desenvolvimento do campo, e, como registrou um dos grupos de discussão do seminário, é fundamental "levar em conta as demandas dos jovens que se tem em cada lugar".

A outra questão se refere à relação entre ensino médio e formação profissional e qual o formato de escola que melhor representa as necessidades educativas do campo. Algumas considerações iniciais sobre este tema, que perpassaram as avaliações e os registros do II Seminário, podem ser identificadas: (i) a massificação do ensino médio no campo não deve ocorrer em escolas profissionalizantes, ao contrário, compreendida como etapa da educação básica, deve ser buscada uma formação que trabalhe as diferentes dimensões do humano no sentido do aumento da consciência crítica e da valorização da identidade camponesa; (ii) apesar do fato de não ser em escolas técnicas ou com a intenção primeira da profissionalização, a educação básica de nível médio do campo deve ter no trabalho, em suas variadas dimensões (desde sua perspectiva ontológica em relação ao humano até o domínio de técnicas alternativas de produção), a centralidade de seu projeto político-pedagógico. Em outras palavras, o acesso predominante ao Ensino Médio do Campo deve ocorrer em escolas que garantam o conhecimento técnico sem necessariamente formar técnicos; (iii) a formação técnica, no sentido da habilitação profissional, deve continuar ocorrendo em escolas próprias para este fim, com equipamentos e infraestrutura apropriadas, relacionada às demandas das áreas de Reforma Agrária e articuladas ao projeto dos movimentos sociais de afirmação da agricultura camponesa no contraponto ao agronegócio, tal como se apresenta na realidade de cada região, de cada área. Para isso, deve-se pensar a implantação de sistemas locais ou regionais de educação compostos por escolas de educação básica, escolas profissionalizantes e, num futuro próximo, instituições de ensino superior.

Ainda sobre esta relação entre ensino médio e formação profissional, é importante salientar algumas reflexões realizadas em relação ao ensino médio integrado. Esta forma de organização desta etapa da educação básica surgiu a partir do Decreto nº 5.154/04 que possibilitou novamente a oferta unificada do ensino médio e da educação profissional. Formatado em uma matriz que articulando trabalho, ciência/tecnologia e cultura o ensino médio integrado propõe a constituição de uma base unitária sobre a qual podem se assentar possibilidades diversas de formação específica, com destaque para a profissionalização de nível médio.

A terceira questão que envolve a tipologia da Escola de Ensino Médio do Campo está relacionada com as diferenças encontradas quando comparamos os centros de formação com as chamadas "Escolas de 4h".[4] Enquanto os centros de formação (assim como em alguns lugares também as escolas itinerantes dos acampamentos) possuem uma relação mais orgânica com os movimentos, permitindo uma maior ingerência dessas forças na elaboração dos currículos, na organização da gestão e no relacionamento com as comunidades, as "Escolas de 4h", por serem mantidas pelo poder público (municipal ou estadual), possuem uma margem de manobra menor, sendo, muitas vezes, obrigadas a seguir normas das mantenedoras que entram em contradição com o projeto da Educação do Campo. Em contrapartida, o número de "Escolas de 4h" é muito superior aos dos centros de formação, abrangendo um número significativo de educandos e, na atual conjuntura brasileira, constitui-se na principal possibilidade para a garantia do acesso generalizado ao ensino médio no campo. Retomando a perspectiva apresentava anteriormente de sistemas locais de educação, os centros de formação podem ser potencializados como polos de referência para a profissionalização formal e informal, bem como transformarem-se em lugares de experimentação e práticas de novas tecnologias para o desenvolvimento das atividades produtivas do campo. Já há experiências significativas de produção agroecológica desencadeadas nessa perspectiva.[5]

O currículo das Escolas de Ensino Médio do Campo

O debate sobre a organização curricular, especialmente se tomarmos o conceito de currículo como a organização dos tempos e espaços da escola visando à construção de conhecimentos significativos que permitam uma intervenção na realidade, apesar de não ser o objetivo primeiro do Seminário, acabou por aparecer, de forma mais ou menos evidente, nas diversas mesas temáticas e falas dos participantes. Como o currículo é sempre originário de uma seleção que define, na produção humana de conhecimentos e saberes, o que deve ser desenvolvido para atingir determinado objetivo formativo e, portanto, ao mesmo tempo, o que será

---

[4] Esta denominação surgida no Seminário se refere às escolas mantidas pelos governos estaduais e que possuem a organização do trabalho escolar a partir do regime de trabalho de 4 horas diárias, divididas em cinco períodos, com a maioria dos professores que vem da cidade apenas para "dar" seus períodos, sem vinculação com a comunidade ou as lutas do campo.

[5] Nas escolas onde acontece a educação profissional ou o ensino médio integrado a cursos técnico-profissionais é preciso assumir o desafio de repensar a sua lógica atual em pelo menos duas dimensões básicas: a da construção teórico-prática de uma nova matriz científico-tecnológica para o trabalho no campo desde a lógica da agricultura camponesa sustentável; a de situar esta matriz no contexto mais amplo de transformações das relações sociais e da luta contra o sistema hegemônico de produção, cuja lógica impede sua construção com a radicalidade e a massividade necessárias a um projeto efetivamente alternativo/popular de desenvolvimento do campo, centrado no trabalho e nas demandas da vida das pessoas e não no capital e nas demandas de expansão dos negócios.

oculto nesse processo, a sua centralidade no debate dialoga com a necessidade de um projeto de transformação da sociedade.

Por isso, o primeiro elemento a ser destacado no debate sobre o desenho de currículo da Escola de Ensino Médio do Campo é sua ligação com o trabalho tomado em seus sentidos ontológico e histórico. Como analisa Marise Nogueira Ramos,[6] o trabalho em seu sentido ontológico se constitui em princípio educativo por remeter a compreensão dos processos históricos da produção social do conhecimento científico e da tecnologia, ao serem transformadas as condições naturais de vida e a ampliação das potencialidades e capacidades humanas. Em seu sentido histórico, o trabalho é princípio educativo no ensino médio "na medida em que coloca exigências específicas para o processo educativo, visando à participação direta dos membros da sociedade no trabalho socialmente produtivo".

Porém, se teoricamente é possível compreender o trabalho como princípio educativo, a sua implementação prática requer uma discussão mais aprofundada e que necessariamente deve envolver a comunidade na qual a escola está inserida. Nos debates apareceram situações nas quais a realização de atividades produtivas era entendida, por educandos e comunidade, como um sobretrabalho tendo em vista que, muitos dos estudantes, já contribuem ativamente no trabalho familiar e compreendem a escola como um espaço/tempo para o estudo. A própria legislação de proteção à criança e ao adolescente pode tornar-se um complicador para o desenvolvimento de trabalho produtivo nas escolas se, nestas, não estiver claro para o grupo de educadores e as comunidades nas quais estão inseridas, quais os objetivos pedagógicos das atividades desenvolvidas.

Nesse sentido, a organização de um currículo que tenha como pressuposto o trabalho como um princípio educativo deve transcender a simples realização de atividades produtivas na escola ou a compreensão de que o trabalho em si, apenas como tarefa mecânica, é formativo. É na análise dos conhecimentos científicos que embasam os processos produtivos presentes na comunidade que podemos encontrar uma das fontes para uma organização curricular que tenha o trabalho como princípio educativo, somado ao desenvolvimento de atividades produtivas que possibilitem o desenvolvimento da criatividade e da curiosidade científica dos educandos por meio da realização de experiências práticas. Como indica a própria expressão, o trabalho só será educativo se for como um princípio e não como um fim do fazer da escola.

---

[6] RAMOS, Marise Nogueira. O projeto unitário de ensino médio sob os princípios do trabalho, da ciência e da cultura. *In*: MST. Educação básica de nível médio nas áreas de reforma agrária: textos de estudo. *Boletim da Educação*, nº 11, edição especial. São Paulo: MST, 2006, p. 66.

A segunda fonte para a construção do currículo das Escolas de Ensino Médio do Campo é ter a realidade como ponto de partida para a seleção dos conhecimentos e saberes que serão desenvolvidos pelos educandos. Para isso, torna-se fundamental a realização de um processo de pesquisa que, ao envolver toda a comunidade, possa indicar quais são os principais problemas por ela enfrentados, por que são considerados problemas, qual a interpretação que possuem de suas causas e consequências e a que contradições da realidade mais ampla remetem. A partir desse material é possível organizar o currículo de forma a compreender cientificamente as questões levantadas pela pesquisa, procurando avançar no entendimento dos educandos e da comunidade, de forma a possibilitar uma intervenção nesta realidade. Portanto, não se trata de utilizar a realidade como ilustração para os conteúdos predeterminados em uma lista ou nos livros didáticos, mas sim, de partindo dela, numa perspectiva de totalidade, compreender as contradições que a atravessam e como é possível transformá-la.

A tarefa de realizar um processo de pesquisa para conhecer a realidade na qual a escola está inserida pode ser mais difícil quando pensamos que, em especial no ensino médio, as escolas atendem a várias comunidades diferentes, em alguns casos com grandes distâncias entre elas. Nesses casos, pode-se pensar que a fonte de pesquisa serão os próprios educandos que, frutos da realidade por eles vivida, possibilitam a emergência de pontos comuns para serem investigados. Essa pesquisa com os educandos permite, ainda, a identificação dos desejos, aspirações, visões de mundo, sonhos e utopias que devem também ser levados em conta ao se elaborar o currículo.

Articulada às anteriores, a ciência e a cultura são as outras duas fontes fundamentais para a elaboração do currículo. A ciência é compreendida aqui como o conjunto de conhecimentos produzidos e legitimados socialmente ao longo da história. Como lembra Marise Ramos,[7] "a ciência conforma conceitos e métodos cuja objetividade permite a transmissão para diferentes gerações, ao mesmo tempo em que podem ser questionados e superados historicamente, no movimento permanente de construção de novos conhecimentos". Portanto, além de garantir o acesso à produção científica, cabe à Escola de Ensino Médio do Campo propiciar o contato com as metodologias utilizadas para sua elaboração e, no limite das capacidades locais, promover espaços de experimentação e desenvolvimento de pesquisas.

---

[7] RAMOS, Marise Nogueira. O projeto unitário de ensino médio sob os princípios do trabalho, da ciência e da cultura. *In*: MST. Educação básica de nível médio nas áreas de reforma agrária: textos de estudo. *Boletim da Educação*, nº 11, edição especial. São Paulo: MST, 2006, p. 66.

A cultura, relacionada a todas às formas de criação das sociedades, portanto históricas e ligadas à construção de identidades, deve perpassar o conjunto do currículo em dois sentidos principais. O primeiro, articulado à pesquisa da realidade, de identificação das matrizes culturais e dos processos de aculturação e de criação de valores impostos, especialmente pelos meios de comunicação, aos educandos e suas comunidades. O segundo, de constituir espaços/tempos para a valorização das expressões populares, do desenvolvimento dos talentos dos educandos e da afirmação da identidade camponesa através das diferentes formas de expressão artística e cultural.

No Seminário discutimos que, para o currículo da Escola de Ensino Médio do Campo dialogar com essas diversas fontes, necessariamente deve ter uma organização que favoreça práticas ou um método de trabalho interdisciplinar. De fato, se o que buscamos é trazer aspectos da vida para dentro da escola, nenhum campo disciplinar isolado pode dar conta de estudá-los, compreendê-los como fenômenos que são unidade do diverso. Daí a necessidade da interdisciplinaridade.

Apesar da dificuldade de definição exata do conceito de interdisciplinaridade, pelos usos e abusos que se têm feito deste termo, alguns princípios puderam ser identificados para sua concretização, desde já, no trabalho pedagógico das escolas.[8]

O primeiro princípio é que, antes de tudo, a interdisciplinaridade implica a adoção de uma atitude, uma postura de diálogo permanente, dos educadores em relação às demais ciências/disciplinas.[9] É a substituição de um agir e pensar sozinho por um pensar intersubjetivo, coletivo, que se constitui o grande desafio na lógica de trabalho docente que predomina hoje.

O segundo princípio está relacionado com a necessidade de superação da concepção dominante de conhecimento. Não basta reunir professores com tempo para o trabalho interdisciplinar se a concepção de interdisciplinaridade é de soma ou justaposição dos campos disciplinares. O ponto nodal é qual concepção de

---

[8] A interdisciplinaridade, como método, "é a reconstituição da totalidade pela relação entre os conteúdos originados a partir de distintos recortes da realidade; isto é, dos diversos campos da ciência representados em disciplinas. Isto tem como objetivo possibilitar a compreensão do significado dos conceitos, das razões e dos métodos pelos quais se pode conhecer o real e apropriá-lo em seu potencial para o ser humano" (RAMOS, Marise. Possibilidades e desafios na organização do currículo integrado. *In*: CIAVATTA, Maria e RAMOS, Marise (Orgs.). *Ensino médio integrado: concepção e contradições*. São Paulo: Cortez, 2005, p. 106-27).

[9] A utilização desta combinação de palavras se relaciona ao fato de que as ciências, muito mais amplas e complexas, são transpostas para as escolas na forma de disciplinas escolares, muito mais restritas, simplificadas e, na maioria das vezes, distantes da ciência que as originou.

conhecimento e de método de produzi-lo, organizá-lo e socializá-lo. O esforço da interdisciplinaridade não vale em si mesmo; ele se justifica pelo objetivo que temos de que a escola ajude os educandos a conhecer a realidade. E ele precisou ser inventado como uma espécie de antídoto ao modelo positivista de produzir conhecimento próprio da sociedade capitalista, hoje já severamente questionado, principalmente na esfera da produção, mas ainda dominante, em particular na lógica do trabalho escolar.

Terceiro princípio: nessa perspectiva, a organização do trabalho pedagógico pode assumir diferentes formas (tema gerador, complexo de estudo, entre outros) definidas ou construídas em cada escola, a partir de suas possibilidades, sempre buscando instaurar processos de trabalho que levem à superação da fragmentação do conhecimento e a uma compreensão cada vez mais rigorosa e completa da realidade.

O quarto princípio é de que, sendo a interdisciplinaridade um devir, pois representa uma nova forma de compreender e produzir a própria ciência, não necessita de uma situação ideal para ocorrer, podendo o ambiente interdisciplinar deve ser construído na velocidade dos resultados obtidos pelas experiências concretas que a escola realiza, num movimento crescente de sensibilização e envolvimento dos educadores.

Para a construção destas práticas interdisciplinares possíveis, que, ao trabalhar com a totalidade como categoria fundamental, vai erodindo os limites entre as ciências/disciplinas de acordo com as possibilidades reais de cada escola, é condição fundamental a constituição de coletivos de educadores. Esses coletivos de educadores necessitam de espaço/tempo permanentes no currículo da escola para o planejamento, execução e avaliação de processos interdisciplinares. Além disso, por ser um procedimento carregado de incertezas e por lidar com uma forma de pensar a construção do conhecimento estranha à maioria dos educadores, esses coletivos têm a função de apoio mútuo, de tornarem-se territórios de acolhimento e de reconhecimento dos avanços e limites individuais e coletivos.

Na Licenciatura em Educação do Campo estamos aproximando a discussão sobre interdisciplinaridade com a proposta de organização curricular por áreas, esta última entendida como uma possibilidade de repensar a forma de trabalho pedagógico com o conhecimento na escola, pela exigência de um planejamento necessariamente articulado entre um conjunto de disciplinas que integra uma determinada área. Para pensar na organização por área é preciso combinar o esforço de compreender o modo de produção de conhecimento de cada ciência, identificando as aproximações possíveis, com práticas de trabalho interdisciplinar. Entretanto, levando em conta que o mais importante é garantir a referência constante à realidade porque isso é muito mais profícuo do que exercícios abstratos de ligação entre uma disciplina e outra.

A gestão das Escolas de Ensino Médio do Campo

Ao longo dos itens anteriores (tipologia e currículo) foram sendo levantados vários aspectos relacionados às mudanças necessárias nos processos de gestão das escolas para possibilitar o avanço, a qualificação das Escolas de Ensino Médio do Campo no sentido de seu fazer específico, de construção de conhecimento a partir da tríade trabalho-ciência-cultura e de sua articulação com as lutas sociais pela transformação mais ampla da sociedade.

Nesse sentido, o conceito de gestão sintetizado a partir das discussões do Seminário pode ser resumido a uma participação organizada de todos nos momentos de análise da realidade, do planejamento, de execução e na avaliação de resultados. Por um lado, isso não significa que todas as decisões devem ser tomadas por todos ao mesmo tempo ou, por outro, que a participação se resuma a atividades pontuais ou apenas de votação. Trata-se de implementar processos organizados em vários espaços/tempos articulados entre si, priorizando a democracia participativa, de modo a possibilitar o envolvimento dos sujeitos do processo educativo – educadores, educandos, comunidade e equipes diretivas. Esses processos de gestão não podem, porém, ocorrer "por fora" do currículo, como atividades paralelas, mas, ao contrário, devem ser compreendidos como fundamentais para a construção do conhecimento nas escolas por dialogarem com dimensões importantes do humano para a formação dos educandos e que, normalmente, são alijadas do processo pedagógico, como o desenvolvimento da capacidade de diálogo, de tomada de posição, de respeito às decisões coletivas.

Essas mesmas questões podem ser direcionadas para a análise dos processos de trabalho nas escolas que deve envolver a todos, de forma organizada e socialmente útil para ser mais educativo. Como já referido anteriormente, não se trata de realizar exercícios ou experiências de trabalho, mas sim de estabelecer procedimentos que permitam o pensar sobre a forma de trabalhar, de como organizá-lo e de como transformá-lo em um vetor significativo para a auto-organização dos educandos.

As dificuldades dos processos participativos de gestão e trabalho aumentam quando pensamos nas "Escolas de 4h", que possuem grades curriculares fechadas, problemas de recursos humanos relacionados à carga horária dos educadores e sua disponibilidade para participação fora de seu horário de trabalho e, de maneira geral, ao próprio imaginário das comunidades que percebe a escola como local de estudo e não de trabalho e, por conseguinte, o estudo como forma de superar a necessidade do trabalho braçal, compreendido como menor e próprio de subordinados.

Esses questionamentos levaram à conclusão da dificuldade de definir um caminho único ou unificado para todas as escolas. Cada unidade educacional, a partir de sua realidade e da capacidade de interação com sua comunidade e com os movimentos sociais, deverá criar seus processos e formas de realizar uma gestão tão participativa quanto possível. Alguns pontos, porém, podem ser retirados como indicativos para balizar o caminho a ser trilhado: (i) em centros de formação ou nas "Escolas de 4h", os educandos estão presentes diariamente e, a partir da organização deste segmento, é possível iniciar um processo participativo de gestão; (ii) quanto maior for a interação entre a escola e sua comunidade, maiores serão as possibilidades de avançar nos processos de gestão e de trabalho; (iii) as pessoas só participam do que se sentem parte, portanto, não basta apenas delegar espaços para a auto-organização dos estudantes; é necessário que as decisões tomadas sejam respeitadas e implementadas; (iv) as experiências de gestão e de trabalho na escola devem servir para os educandos repensarem sua vida e sentirem-se protagonistas das lutas que envolvem sua comunidade; e (v) o Estado imprime uma gestão apenas burocrática nas escolas, cheia de armadilhas que dificultam a colocação de experiências participativas em prática, porém, existe – e a experiência demonstra que sempre existiu – um espaço de manobra no qual é possível inscrever avanços.

Possibilidades de ação para a construção/reconstrução da Escola do Campo

Muitos elementos importantes para a construção da Escola de Ensino Médio do Campo já foram trabalhados ao longo do texto, conforme a problemática em questão era discutida. Para finalizar essa sistematização, porém, a seguir, serão indicados alguns elementos que podem ajudar neste processo:

- O ponto de partida para qualquer tentativa de reconstrução curricular deve ser o reconhecimento dos educandos e de sua comunidade. Não há como pensar mudanças na escola sem contar com a identificação das questões e contradições sociais que atravessam o ambiente de inserção da escola, tanto pensando na definição de critérios para selecionar os conhecimentos e saberes como na constituição de focos conjuntos de lutas que potencializem a eliminação dos "muros" da escola.

- A reconstrução dos projetos políticos pedagógicos, regimentos e planos de estudos é uma tarefa permanente e pode ser uma importante porta de entrada para estabelecer novas relações com a comunidade escolar e elaborar e validar coletivamente práticas curriculares, de gestão e de trabalho.

- Na perspectiva de construção da identidade camponesa, no desenvolvimento de uma compreensão crítica do mundo e como forma de "trazer" a comunidade para o interior da escola, uma possibilidade é transformar-se em um centro cultural. Para isso, entre outras iniciativas, podem ser destacadas a instituição de grupos culturais permanentes (dança, teatro, música, entre outros), a realização de eventos culturais (como feiras científicas, mostras culturais e festas regionais) e a abertura dos espaços da escola para reuniões e atividades da comunidade e dos movimentos sociais.

- O ensino médio integrado é hoje uma das principais políticas educacionais implementadas pelo MEC para este etapa da educação básica. Portanto, possui recursos disponíveis e deve ser compreendido, na atual conjuntura, como um importante objetivo de luta visando à garantia do acesso ao Ensino Médio do Campo e porta de entrada significativa para a implantação de uma proposta de ensino médio desde a Educação do Campo que está sendo construída coletivamente. Trata-se de uma proposta que permite que as contradições que atualmente envolvem o ensino médio venham à tona, o que nos permite brechas para algumas transformações importantes, por exemplo, a que se refere à necessária relação entre escola e trabalho. Nesse mesmo sentido, está em andamento uma política de valorização e expansão da rede de ensino profissionalizante pelo Governo Federal. Em muitos casos, buscar extensões de escolas e institutos técnicos federais, ou incusive a entrada de turmas específicas nos já existentes, podem ser alternativas para potencializar a formação de profissionais necessários para a implantação de projetos de desenvolvimento regionais. Deve ficar claro, como já lembrado anteriormente, que a massificação do acesso ao ensino médio não deve ocorrer, necessariamente, a partir de escolas técnicas.

- Os Seminários com as escolas de inserção são uma iniciativa importante para estreitar as relações entre as escolas e o processo de formação de educadores implantado pela LEdoC. Esses Seminários, para além de momentos acadêmicos, têm se constituído em momentos de reflexão, de construção e de aprofundamento da Educação do Campo em suas variadas dimensões. Como sugestão de qualificação ainda maior está o aumento da participação dos educadores das escolas do campo e, para isso, uma das possibilidades a ser discutida é a realização de encontros descentralizados.

- O processo de inserção orientada dos estudantes da LEdoC nas escolas de educação básica tem como objetivo principal seu processo formativo como educadores. Aprender a observar e analisar a realidade de uma escola concreta, aprender a planejar e realizar ações nesta realidade desde a análise feita, participar, enfim, desta dinâmica, e a partir da diversidade de situações em que acontece essa inserção, é uma forma de assumir no processo formativo a perspectiva da práxis. Mas esse objetivo será tanto mais atingido quanto mais real for a inserção, no sentido de que as práticas dos estudantes participem da dinâmica da escola e dialoguem com as questões que seu coletivo está formulando.

III Seminário com as Escolas de Inserção dos Estudantes

Veranópolis/RS, Instituto de Educação Josué de Castro (IEJC), 7 a 9 de abril 2010[1]

Sobre o Seminário

Este Seminário foi uma realização do curso de Licenciatura em Educação do Campo em conjunto com o setor de educação do MST da região sul e o Instituto de Educação Josué de Castro. Teve como foco de estudos e discussões a organização curricular e o trabalho pedagógico com o conhecimento nas escolas do campo. Seus objetivos foram: aprofundar uma compreensão comum sobre elementos fundamentais do redesenho político-pedagógico discutido pelos Movimentos Sociais do Campo para as escolas de educação básica; discutir questões da organização curricular e do trabalho pedagógico focalizando especialmente as etapas dos anos finais do ensino fundamental e do ensino médio; consolidar esse espaço de diálogo entre as práticas das escolas de inserção e as discussões em desenvolvimento na LEdoC; discutir o processo de inserção dos estudantes nas escolas para práticas pedagógicas e estágios do curso; e dialogar com outras turmas do curso de Licenciatura em Educação do Campo em andamento sobre as questões deste seminário.

Participaram do Seminário os educandos e as educandas da Turma 1 da LEdoC UnB/Iterra, educadores das escolas públicas e centros de formação de inserção

---

[1] Relatório elaborado pela equipe de coordenação do curso do Iterra.

atual dos estudantes, coordenadores do setor de educação do RS, SC e PR, membros da equipe de acompanhamento do curso ao Tempo Comunidade, membros da coordenação do curso (Iterra e UnB), representantes das equipes de coordenação da Licenciatura em Educação do Campo da UFSC, da UFMG e da UFBA, alguns docentes do curso Iterra/UnB da área de habilitação em Linguagens e em Ciências da Natureza e Matemática, docente do curso de Licenciatura em Ciências Naturais da Faculdade de Planaltina, UnB, alguns educadores e membros da direção do Iterra e do IEJC, dois estudantes da Licenciatura em EdoC da Unicentro/PR, dois recém-formados no curso da UFMG e outros convidados e assessores, em um total de 91 participantes.[2]

O Seminário teve início às 9h do dia 7 de abril, com um momento de mística organizado pela Turma Patativa do Assaré, seguida da apresentação dos participantes e de uma breve exposição sobre objetivos e programação, além das combinações necessárias de organização e trabalho do grupo nesse período, feitas pela coordenação do dia. Foram destacados pela coordenação do Seminário os três eixos escolhidos para desdobrar o foco de estudos e debates do seminário: ciclos de formação, plano de estudos organizado em torno de questões da realidade e currículo por área e enfatizou-se como essa escolha não foi aleatória. Em alguma medida os três se entrelaçam nas práticas e discussões de integração/transformação curricular que estão em nossas escolas, no debate da Educação do Campo e, mais amplamente, no debate sobre a crise da escola que está no conjunto da sociedade, envolvendo perspectivas teóricas e políticas divergentes. Esclareceu-se que a organização dos eixos em mesas de debate diferentes é um recurso metodológico para facilitar nosso trabalho de análise e de discussão. Porém, na prática sabemos que as questões se entrecruzam e o nosso desafio é chegar a uma síntese articuladora, buscando nestas várias iniciativas o que existe de comum para avançarmos na superação da fragmentação do currículo e do conhecimento na construção de um vínculo mais orgânico entre o estudo que se faz dentro da escola e as questões da vida dos seus sujeitos concretos, orientados por uma abordagem histórico-dialética de compreensão da realidade e de compreensão do modo de produção do conhecimento. Ficou uma pergunta para se tentar responder durante o seminário sobre até que ponto e sob que condições esses três eixos ou dimensões de práticas

---

[2] Escolas participantes do seminário: PR: Colégio Estadual de Educação Básica Iraci Salete Strozake, Colégio Rural Estadual José Martí, Escola Itinerante Zumbi dos Palmares, Escola Itinerante Valmir Mota de Oliveira, Escola Itinerante Caminhos do Saber; Centro de Formação em Agroecologia MST/PR. SC: Escola Estadual de Educação Básica 25 de Maio, Escola Estadual de Ensino Médio Semente da Conquista, Escola Estadual de Ensino Médio Paulo Freire, Escola Básica Municipal José Maria. RS: Escola Estadual de Educação Básica Joceli Corrêa, Escola Estadual 8 de Agosto, Escola Estadual Nova Sociedade, Instituto de Educação Josué de Castro. Total: 14 escolas de inserção.

que estão em nossas escolas podem fazer parte de uma mesma lógica ou intencionalidade de transformação da forma escolar, especialmente no que diz respeito à constituição do plano de estudos ou à organização do currículo da escola.

Na sequência da primeira manhã aconteceu uma mesa sobre questões da conjuntura agrária brasileira atual e os desafios do trabalho de educação dos movimentos sociais neste contexto, incluindo a reflexão sobre o papel das escolas. As exposições foram de Miguel Stedile (MST RS) e Edgar Jorge Kolling (Coordenação Nacional do Setor de Educação do MST), seguidas de debate em plenária. Foi feita uma análise da situação da agricultura e dos embates em que se insere na atual fase do capitalismo e como isso se relaciona com os impasses da construção de uma política de Educação do Campo e com a situação e os desafios específicos do acesso à educação básica nas áreas de Reforma Agrária. Trata-se não apenas de uma contextualização do debate específico deste seminário, mas sim da identificação de "conteúdos" que precisam ser considerados pelo currículo das escolas.

A tarde deste primeiro dia começou com uma apresentação de um hino da escola em homenagem a Josué de Castro, através de canto coral entoado por um grupo de educadores e educandos do IEJC, e a declamação de um poema em homenagem aos 15 anos desta escola. A seguir, Roseli Salete Caldart, da equipe de coordenação dos seminários de inserção da LEdoC, fez uma breve retomada das discussões dos seminários anteriores e uma problematização do foco temático deste terceiro seminário. Esclareceu que, inicialmente, a ideia era fazer uma discussão específica sobre o currículo por áreas, dado o desafio do enfrentamento desta questão neste curso e, agora, na realização das práticas e estágios nas escolas que ali estavam. Mas o entendimento atual é de que as discussões sobre currículo e ou trabalho pedagógico por área, e inclusive questões correlatas sobre integração curricular, sobre interdisciplinaridade, transdisciplinaridade, não devem ser feitas em si mesmas, mas no contexto de debate mais amplo do trabalho educativo da escola, sua concepção, sua tarefa social diante dos desafios do nosso tempo histórico.

A seguir, ainda na primeira tarde, aconteceu o painel sobre ciclos de formação com o objetivo principal de compreender e debater sobre a lógica dessa forma de agrupamento dos educandos e suas implicações sobre o processo formativo na escola e a organização do plano de estudos (se o currículo pode continuar disciplinar, se há alguma forma de integração dos conteúdos pensada desde a lógica dos ciclos, o que muda na organização do trabalho dos docentes). Uma primeira exposição foi feita pelo educador Marcos Gehrke, da Associação de Educadores Regar, sobre os fundamentos e concepção da organização escolar por ciclos de formação. Logo depois, foi apresentada a organização do trabalho e reflexão sobre o início de funcionamento da experiência de ciclos no Colégio Estadual Iraci

Salete Strozak (PR), por meio de exposição das educadoras da escola, Ritamar Andretta e Sandra Murussi. Na orientação do debate uma convocação especial foi feita às escolas que também desenvolvem ou já tentaram desenvolver a organização por ciclos ou algo assemelhado para que colocassem os limites e as possibilidades percebidas em diálogo com a apresentação feita.

No final da tarde aconteceu o lançamento e a distribuição pelo setor de educação do MST/PR do Caderno nº 3 da coleção Cadernos da Escola Itinerante – MST, "Pesquisas sobre a Escola Itinerante: refletindo o movimento da escola".

À noite aconteceram atividades simultâneas: uma reunião do setor de educação do MST da região sul, um encontro da Turma Patativa do Assaré com a coordenação do curso para encaminhamentos sobre as próximas etapas e os demais participantes aproveitaram para conversas informais de intercâmbio.

No segundo dia, 8 de abril, pela manhã, após os convidados do Seminário terem acompanhado o primeiro tempo educativo do dia com os estudantes do IEJC, que inclui a vivência de um momento de mística, foi iniciada uma sessão de exposições visando o debate sobre a organização do currículo por áreas de conhecimento desde as práticas curriculares atualmente desenvolvidas nas diferentes turmas do curso de Licenciatura em Educação do Campo. O painel de exposições foi composto da seguinte forma: estudantes da LEdoC: Turma "Patativa do Assaré" UnB/Iterra: Rosana Santos, área de Linguagens; Clarice dos Anjos, área de Ciências da Natureza e Matemática, que trouxeram uma problematização do grupo de estudantes de cada área, a partir das suas vivências no curso; estudante da Turma 1 UFMG (formatura realizada em fevereiro 2010), Márcia Ramos, área de Ciências Humanas e Sociais, que fez um depoimento geral sobre a experiência formativa do curso e uma reflexão a partir dos estágios realizados e do processo vivenciado na sua área de habilitação; educadores das turmas de LEdoC: Rafael Villas Boas, UnB, área de Linguagens, Cynara Kern Barreto, UnB, área de Ciências da Natureza e Matemática; Carolina Nozella Gama, da equipe de coordenação do curso da UFBA; Maria de Fátima Martins, da área de Ciências Humanas e Sociais do curso da UFMG, Beatriz Hanff, da coordenação do curso da UFSC, cada qual expondo sobre a lógica de trabalho que vem sendo implementada no curso em que atua e algumas reflexões desde sua área ou tarefa específica.

Este debate continuou na primeira parte da tarde, logo depois de uma sessão de canções entoadas por participantes do seminário, iniciando por uma problematização feita pelo educador da área de Ciências Humanas e Sociais da LEdoC UnB/Iterra, Romir Rodrigues, que buscou identificar questões comuns das exposições com o objetivo de provocar a continuidade do debate.

A segunda parte da tarde de 8 de abril teve início com nova apresentação musical de convidados do seminário e, a seguir, foi dedicada à socialização de práticas e reflexões sobre questões da realidade como organizadoras do currículo, com o objetivo principal de compreender e debater sobre diferentes alternativas ou formas pedagógicas de trabalhar o conhecimento na escola desde questões ou porções da realidade. O painel de exposições foi assim composto: um trabalho com temas geradores foi apresentado pela educadora Ivânia Sotilli Azevedo, da Escola Estadual 8 de Agosto (Candiota/RS), que trouxe reflexões sobre os três eixos do debate deste seminário. Um trabalho com eixos temáticos articulados pelas áreas do conhecimento foi exposto pela educadora Edilaine Vieira, da Escola Estadual de Ensino Médio Paulo Freire (Abelardo Luz, SC). Uma experiência com eixos temáticos, iniciada com a rede municipal de Vicente Dutra/RS foi apresentada pela educadora Madalena Luiz do IEJC e Regar. Também sobre o trabalho com eixos temáticos, a educadora popular Soloá Citolin apresentou duas práticas: uma transdisciplinar, que é a experiência do Programa Integrar da CUT e um trabalho com eixos temáticos por áreas do conhecimento, interdisciplinar, da rede de EJA de Canoas, RS. Finalizando o painel, Alessandro Mariano, do setor de educação MST/PR, apresentou as linhas do trabalho de reconstrução curricular que está sendo desenvolvido com as Escolas Itinerantes do PR, em especial dos anos finais do ensino fundamental e ensino médio e a decisão de iniciar nesse ano um processo de experimentação pedagógica com a organização do currículo, a partir de complexos de estudo (tendo como referência as categorias desenvolvidas na experiência da equipe de educadores da época da Revolução Russa e as reflexões sobre escola do MST).

À noite aconteceu uma reunião para tratar dos estágios de gestão e docência por área de habilitação nos anos finais do ensino fundamental e ensino médio da Turma Patativa do Assaré, envolvendo os seus estudantes, a coordenação do curso e as escolas de inserção onde esses estágios deverão ser realizados a partir do próximo Tempo Comunidade. Foram feitas combinações sobre procedimentos relativos às exigências formais do curso e sobre o acompanhamento personalizado a cada estudante, que deverá ser feito pelos educadores das escolas (coordenação pedagógica da escola e docentes das respectivas áreas) em conjunto com a equipe de acompanhamento do curso às atividades do Tempo Comunidade.

No terceiro dia, 9 de abril, pela manhã, novamente após os convidados do seminário terem acompanhado o primeiro tempo educativo do dia com os estudantes do IEJC, a coordenação informou sobre alguns ajustes na programação deste último turno do Seminário, de modo a permitir mais tempo para os debates inconclusos dos dias anteriores. A mesa de reflexão sobre as práticas curriculares e os desafios de transformação da forma escolar, que teria inicialmente três exposições, foi concentrada em uma única exposição feita por Roseli Salete Caldart, Iterra/coordenação da LEdoC, com o objetivo de organizar a retomada do debate articulador de uma possível síntese que busque recompor o todo das discussões desses dias: qual o acúmulo deste seminário para nossa reflexão conjunta (curso e escolas) sobre a direção a tomar no processo de transformação da escola. Ela lembrou que é disso que afinal se trata: podemos dar um passo de cada vez, porém, se temos claro o rumo da caminhada também temos mais capacidade de discernimento sobre onde vale à pena gastar mais energia, fazer as lutas necessárias. E lembrou também que neste Seminário o nosso todo é a organização curricular e o trabalho pedagógico com o conhecimento na escola (que não é toda a discussão sobre escola) e que aqui passou pela abordagem sobre ciclos, sobre áreas e sobre plano de estudos articulado por questões da realidade. Após a exposição, aconteceu um debate em plenária na perspectiva de destacar o que nos dizem as práticas curriculares discutidas sobre a forma pedagógica da escola, como se articulam ou o que garantem especificamente em relação aos nossos objetivos formativos.

Na segunda parte da manhã do dia 9 foi realizado um trabalho em grupo por Estado (e um grupo juntando os membros de coordenação e docentes da Licenciatura em Educação do Campo presentes no seminário) para aprofundamento do debate considerando ações conjuntas entre curso e escolas, em especial sobre como podemos potencializar as práticas pedagógicas e os estágios curriculares que os estudantes estão realizando na perspectiva de exercitar o trabalho docente organizado por área e algumas convicções pedagógicas reafirmadas no seminário sobre a forma de trabalho com o conhecimento na escola. Houve uma plenária final de socialização das discussões e das expectativas sobre a atuação dos estudantes-educadores nas escolas presentes. O grupo das coordenações de curso discutiu formas de continuar o intercâmbio.

O Seminário encerrou com uma avaliação em plenária, seguida de um momento de integração mística entre os participantes. Na avaliação foi destacada a importância do foco temático abordado e também desse tipo de atividade tanto para as escolas como para o curso e seus estudantes em formação. Foi mencionado o limite de tempo que tivemos para dar conta da densidade de cada debate específico, o que, novamente, nos coloca o desafio da continuidade das discussões. Um destaque especial foi feito para a presença de convidados de outras turmas de cursos de Licenciatura em Educação do Campo e o desafio de fortalecer essa articulação diante de questões e desafios comuns.

A coordenação de cada dia do seminário foi realizada por duplas compostas por estudantes da LEdoC UnB/Iterra, escolhidos pelos Núcleos de Base da turma e membros dos coletivos estaduais de educação dos Estados. As duplas foram as seguintes, na sequência dos dias: Leila Almeida Marques e Ivori Agostinho de Moraes, Antonio de Miranda e Marilene Hammel, Vagner da Rosa e Fátima Knopf.

As ideias principais dos debates específicos e do debate final em relação a uma síntese articuladora foram o fio condutor da sistematização exposta na segunda parte deste relatório.

Sistematização em relação ao foco temático do seminário

Este terceiro seminário com as escolas de inserção dos estudantes da LEdoC teve um foco específico, qual seja, a organização curricular e o trabalho pedagógico com o conhecimento nas escolas do campo, pressupondo uma abordagem coletiva, que dialoga com as práticas das escolas e nelas se reflete, ao mesmo tempo em que possui uma importante dimensão de continuidade. O primeiro seminário, em setembro de 2008, tinha por objetivo apresentar o curso às escolas de inserção e discutir sobre qual o objeto da escola e, detalhadamente, da escola gestada a partir das demandas e realidades do campo. No segundo seminário, o enfoque esteve no ensino médio por ser uma das grandes demandas da Educação do Campo na atualidade, especialmente na discussão entre formação geral e formação profissional. Assim, ao longo do curso da LEdoC, procurou-se estabelecer um processo formativo que envolvesse não só os educandos, como futuros profissionais, mas também os sujeitos que efetivamente atuam nas escolas do campo, de forma a permitir a troca de experiências e, principalmente, balizar a formação teórica do curso a partir de práticas concretas.

Este seminário possui, portanto, esse duplo sentido: de olhar para trás, procurando tecer os fios colocados na urdidura pelos seminários anteriores, e olhar para frente, apontando possíveis desenhos para a escola de educação básica, desde o projeto formativo dos movimentos sociais camponeses até as concepções originárias da Educação do Campo.

Retomada de algumas ideias-força discutidas nos seminários anteriores

Desde o projeto histórico da classe trabalhadora e da visão de mundo que o expressa e fundamenta, é necessário trabalhar pela transformação do projeto formativo/educativo vigente e, portanto, pela transformação da escola. Só assim será possível vinculá-la organicamente aos interesses sociais dos trabalhadores e ao objetivo de emancipação humana, pois, em sua concepção originária, e ainda hegemônica, a escola não tem e não trabalha para este vínculo.

A forma escolar atual é produto de uma configuração histórica específica, inventada para atender as demandas de uma sociedade de classes, estruturada sob a égide do modo de produção capitalista, contribuindo, inicialmente, para criar este tipo de formação social e, posteriormente, para consolidá-lo a partir da reprodução do padrão de relações sociais que a constitui. Portanto, essa forma escolar terá que ser superada junto com o processo histórico de superação da sociedade capitalista e sua desnaturalização é fundamental para instigar práticas e reflexões nessa direção, ainda dentro da sociedade atual.

O processo de recriação da forma escolar não diz respeito apenas ou principalmente aos conteúdos de ensino, apesar de sua importância na tarefa educativa que é específica da escola, mas fundamentalmente se refere ao formato das relações sociais que acontecem no seu interior, que formam as pessoas que o vivenciam, e no rompimento do seu isolamento em relação à dinâmica da vida e das lutas sociais. Essa nova escola deve exercitar outro tipo de relações sociais e deve se abrir para a vida, incluindo sua articulação com outras fontes sociais formativas e educativas, tão importantes quanto a própria educação escolar.

É importante ressaltar, porém, que qualquer desenvolvimento mais avançado que possa ser implementado terá como ponto de partida a escola que já existe. Aliando uma concepção de escola coerente com o projeto histórico da classe trabalhadora e os tensionamentos de fora da escola (sociedade, movimentos sociais, entre outros), cada local irá imprimir sua própria dinâmica de construção. Não há como estabelecer padrões e regras fixas a ser seguidas no processo de transformação de cada escola concreta e não se espere que o novo apareça em situações de estabilidade, tranquilidade e equilíbrio. Estar numa escola que eferverce em contradições significa ter maiores possibilidades de ação. O novo precisa do desconforto para emergir. O desafio é como fazer para que sejam as forças mais avançadas as que passem a ter hegemonia na condução do processo. É importante não esquecer que as transformações não acontecem de um momento para o outro e a escola não muda toda de uma vez. O importante é colocar a escola em movimento, na direção de uma transformação qualitativa, lembrando que: (i) o ponto de partida pode estar em um aspecto ou outro, desde que seja pensado ou projetado como totalidade e como processo; (ii) somente processos coletivos conduzem transformações na perspectiva política e formativa que defendemos.

Esse movimento de transformação da forma escolar deve levar em consideração, entre outros pontos, que:

- os estudantes (crianças, jovens ou adultos) e o compromisso com sua formação precisam estar no centro das discussões sobre a transformação da escola. Além disso, os educandos precisam aprender agora e não ficar esperando pela solução dos problemas, dos educadores ou pelas discussões pedagógicas feitas muitas vezes longe deles. Seu tempo não volta e eles têm direito a aprender agora;

- o descentrar a escola da sala de aula e especificamente do ensino, pois a escola toda, sua organização, seu ambiente, suas relações sociais, é que devem ser pensadas com intencionalidade educativa. Isso requer descentrar o estudo dos tempos de aula, pensar as formas de aproximação da escola com o trabalho (seja o que acontece ou pode acontecer dentro da escola, seja o do entorno da escola), repensar as formas de organização e de gestão da escola e o envolvimento dos estudantes nesses processos;

- nessa direção, é importante revisar a forma de organização do currículo, repensando como incluir nos planos de estudos o trabalho, a cultura, a dimensão específica dos valores, o desenvolvimento da consciência organizativa, e qual a lógica de organizar o trabalho com o conhecimento na escola e a seleção dos chamados "conteúdos de ensino";

- a construção de uma nova forma escolar inclui uma reflexão epistemológica ou sobre como as práticas educativas escolares devem trabalhar com a dimensão do conhecimento, e como essa dimensão integra o processo educativo mais amplo. Se o currículo, compreendido como a organização de todos os espaços/tempos do processo educativo, parte de uma seleção, deve ser pensado, entre outros elementos, quais os conhecimentos devem ser trabalhados, como foram produzidos, quais as formas de trabalho pedagógico podem garantir o movimento entre apropriação e produção do conhecimento, entre teoria e prática e suas relações com o processo formativo como um todo, ou seja, os conhecimentos devem potencializar os processos de formação do ser humano, de humanização das pessoas, de formação de sujeitos coletivos, de lutadores sociais e, ao mesmo tempo, ter nesses processos uma de suas fontes.

A necessidade de transformação do currículo da escola básica se consolida na organização de diferentes formas de fazê-lo, práticas mais ou menos refletidas, mas que procuram colocar a escola em movimento. Ocorrem proposições na perspectiva da desfragmentação curricular, de vínculo do currículo com as questões da vida, incluindo a adequação do trabalho pedagógico aos ciclos de desenvolvimento humano e a organização curricular por áreas. Há discussões centradas na questão da integração curricular e, particularmente no ensino médio, desde a integração entre formação geral e profissional (estimulada pela proposição do "médio integrado"). São retomados os debates sobre práticas interdisciplinares e contextualização dos conhecimentos, a partir dos eixos do trabalho, cultura, ciência e tecnologia. Também há experiências de organização curricular desde o trabalho com temas geradores (desde Paulo Freire) e o resgate crítico das experiências socialistas do início da Revolução Russa (Pistrak e sua equipe da escola-comuna), propondo a organização do currículo a partir da constituição de "complexos de estudo". Nenhuma dessas discussões é excludente ou apresenta a unicidade das respostas, ao contrário, a transformação da forma escolar atual implica a reflexão articulada desses vários movimentos.

Nessa sistematização será mantida a organização nos três eixos propostos para abordagem neste Seminário com o objetivo de destacar as reflexões centrais de cada debate específico realizado, ainda que trabalhadas na perspectiva de uma síntese articuladora da concepção de currículo e do trabalho pedagógico com o conhecimento na escola.

Ciclos de formação

Articulada a partir de várias experiências colocadas em prática no Brasil, especialmente no final dos anos de 1980 e na década de 1990, a organização curricular por ciclos desenvolveu-se desde duas vertentes principais: uma mais voltada para a correção de fluxos e melhoria nos índices de desempenho dos sistemas de ensino, organizando a escola em uma dinâmica de progressão continuada, sem propor alternativas efetivas de acompanhamento e de garantia de construção do conhecimento; a outra vertente, a dos ciclos de formação, normalmente fundamentada por projetos de sociedade transformadores, marca das administrações populares, trouxe a ampliação da escolaridade para nove anos, relacionou a organização do currículo aos ciclos de vida (ou de desenvolvimento humano) com a preocupação de ensinar o máximo para todos, dentro das possibilidades de cada um. São exemplos desse formato de ciclos, a Escola Cidadã (Porto Alegre), Escola Plural (Belo Horizonte), Escola Candanga (Distrito Federal) e Escola Sem Fronteiras (de Blumenau).

A análise dessas experiências permite perceber que onde os ciclos de formação foram implementados, especialmente quando levados a sério em sua intencionalidade pedagógica, causaram um processo de desestabilização nas relações e nos sujeitos do processo educativo. Os professores têm diminuído seu poder e têm de diluir a "arma" da nota; a comunidade, quando possui em seu imaginário a escola mais atrasada possível, funcionando a partir da punição, acaba por não levar a sério uma escola que não trabalha com a reprovação; por essa razão, os educandos também não valorizam uma escola que proponha a progressão continuada; e os governos, por se tratar de um formato de escola caro, que demanda uma infraestrutura qualificada e um número maior de recursos humanos para funcionar corretamente, acabam por optar por soluções a partir do econômico e não do pedagógico.

Além desse processo de desestabilização, contraditoriamente uma de suas maiores potencialidades, como propõe alterações nos currículos e na forma de organização do ensino, os ciclos de formação necessitam, no âmbito municipal, da constituição de sistemas de ensino e conselhos de educação e, na gestão das unidades escolares, de conselhos escolares e demais formas de participação que, para de institucionalizarem, demandam grande esforço e determinação política.

Os ciclos de formação se fundamentam em uma concepção de escola e de educação que parte de pressupostos que, em sua maioria, se aproximam dos defendidos pela Educação do Campo. Aprender é visto como um direito de todos e a escola deve se organizar para atender a essa aprendizagem, apresentando dinâmicas e propondo espaços/tempos que garantam o desenvolvimento das potencialidades de cada educando. Nesse sentido, os educandos devem aprender a organizarem-se para aprender, a colocar o aprendido em movimento. O desenvolvimento das aprendizagens deve ser vivido por todos no cotidiano escolar.

Apesar das diferenças entre as experiências apresentadas e inclusive considerando que a maioria contempla apenas o ensino fundamental, é possível estabelecer como critério para o agrupamento dos educandos os tempos de vida, ou ciclos humanos, conforme Tabela 1.

TABELA 1 – Organização dos ciclos de Formação a partir do ciclo humano, idade e nível de ensino

Ciclo	Ciclo humano	Idade (anos)	Nível de ensino
I	Infância	6 a 8	Fundamental
II	Pré-adolescência	9 a 11	
III	Adolescência	12 a 14	
IV	Juventude	15 a 17	Médio

Os ciclos de formação propõem uma ampliação na forma de conceber a formação dos sujeitos, incorporando, além do aspecto cognitivo, perspectivas psicológicas, antropológicas e sociológicas. Uma das expressões dessa compreensão do processo educativo é a organização de diferentes formas de agrupamento, rompendo a ideia de turmas fechadas, que permanecem as mesmas ao longo dos anos, característica das escolas seriadas. Assim, os educandos são agrupados horizontalmente, em seu ano-ciclo e por faixas etárias, e verticalmente, entre os ciclos, visando desenvolver suas potencialidades e trabalhar com as necessidades semelhantes, abrindo novas possibilidades de aprendizagem.

Nessa concepção de educação, o tempo adquire uma característica de contínuo, é ampliado e flexibilizado para respeitar as diferenças nos ritmos de aprender e do desenvolvimento dos sujeitos. As cargas horárias das disciplinas na organização curricular também precisam ser revistas, procurando equilibrar o aporte dos diferentes saberes, rompendo com a hierarquia das disciplinas escolares, reflexo dos pressupostos positivistas na educação. Novos espaços também precisam ser previstos, como os laboratórios de aprendizagem, responsáveis por investigar e intervir nos motivos da não aprendizagem dos educandos, tempos educativos voltados para a leitura e, no caso de uma das experiências apresentadas, de classes intermediárias que agrupam os educandos que, ao final de cada ano ciclo, não desenvolveram determinados conhecimentos.

A organização do ensino e a trajetória da formação são constituídas por conhecimentos que possuem duas fontes principais: a tradição escolar, anterior à organização da própria escola (há experiências que possuem um programa de conteúdos de referência já organizado por ciclo e outras que seguem os programas constituídos por etapa da educação básica), e a pesquisa socioantropológica, que dialoga com o contexto no qual os sujeitos do processo educativo estão inseridos.

Esquematicamente, essa forma de selecionar e organizar o conhecimento na escola pode ser vista na Figura 1. A pesquisa socioantropológica faz a mediação entre o contexto, compreendido aqui em múltiplas dimensões local, regional, nacional e mundial – e os desejos, concepções, valores, (pré)conceitos, entre outras características, dos sujeitos do processo educativo, em especial os educandos. Da pesquisa emergem as questões, os objetos de estudo que irão servir de base, de ponto focal, para que cada área, a partir de sua especificidade, contribua com o aporte teórico necessário para superar a visão inicialmente identificada. A sistematização desses conhecimentos, compreendida aqui não apenas como um trabalho teórico, se consolida na ação sobre a realidade no sentido de ressignificar, tanto o contexto original quanto as práticas efetivas dos sujeitos.

v 1 – Movimento de construção curricular nos ciclos de formação

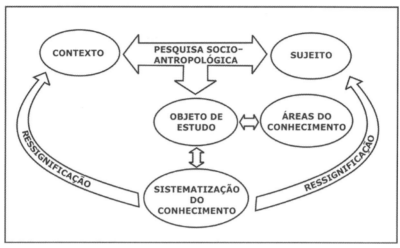

Nas práticas apresentadas, o planejamento das aulas considera três momentos: (i) o Estudo da Realidade, no qual é feito o levantamento das concepções e conhecimentos que os educandos possuem sobre o assunto que será trabalhado; (ii) a Organização do Conhecimento, momento em que é realizado o aprofundamento teórico, com o aporte de novos conhecimentos e saberes por parte dos educadores, selecionados a partir de fontes diversas, de modo a proporcionar a compreensão do maior número possível de relações dentro do assunto estudado; e (iii) a Aplicação do Conhecimento, constituindo-se no momento da elaboração, coletiva e individual, da discussão realizada, articulado, dentro do possível, com ações práticas que demonstrem que os educandos superaram sua visão inicial do objeto estudado.

A avaliação nos ciclos de formação apresenta-se, ainda, como um grande nó, devido ao fato de propor o rompimento com um conjunto de procedimentos que fundamenta as relações na escola tradicional e, de maneira mais ampla, em toda a sociedade como a competição, o estabelecimento de padrões de comportamento e de resposta e a meritocracia. Ao propor a repartição do poder do educador, a avaliação também do trabalho educativo, conselhos de classe participativos, apostar na auto-organização dos estudantes e na gestão democrática do conhecimento, as propostas avaliativas que caracterizam essa concepção de educação transformam-se em permanentes pontos de conflito e interferem no conjunto das relações dentro da escola e com a comunidade.

Na experiência apresentada, o processo avaliativo, de forma simplificada, se organiza a partir da pasta de acompanhamento dos educandos, do caderno de avaliação e dos pareceres descritivos. Nas pastas de acompanhamento são colocadas as produções escritas (uma por mês), as provas do semestre e a autoavaliação. O caderno de avaliação se constitui nos registros que os educadores da turma sobre os resultados das avaliações realizadas, dos acontecimentos relevantes do cotidiano, tanto se referindo ao processo de aprendizagem quanto ao desenvolvimento mais amplo dos educandos. A partir da análise dos documentos da pasta e dos registros do caderno são elaborados os pareceres descritivos, nos quais são registrados os avanços e as necessidades de cada educando. Ao final de cada semestre é feito um parecer e, quando da conclusão de cada ciclo, é elaborado o parecer final.

Necessitando de um processo formativo constante quando implementado e não sendo compreendido como a solução mágica para a transformação da escola, é inegável que os ciclos de formação avançam na direção de rompimento da atual forma escolar por proporem novas relações entre educadores e educandos. Além disso, ampliam o horizonte da participação dos sujeitos do processo educativo, forçam a assunção de uma concepção coletiva da escola e, principalmente, estabelecem tempos e espaços para que as possibilidades de cada educando possam se desenvolver.

Áreas

O olhar dos educadores está domesticado pela tradição, ou melhor dizendo, o que acabou sendo considerado tradição, pois muitos movimentos qualitativamente diferentes, ocorridos em outros tempos e lugares, foram excluídos do que é compreendido como tradição escolar. A partir dessa perspectiva, muitos educadores, pelas mais variadas razões, olham para o currículo por disciplina e, mesmo ciente de seus limites como sua origem fundamentada no positivismo, a fragmentação do conhecimento que o acompanha e a dificuldade de atingir totalizações, ainda o reconhecem como único caminho viável para a organização da escola.

A questão principal quando se pensa em organizar o currículo, tendo como referência a área, diz respeito a por que integrar os conhecimentos. Alguns argumentos para elaborar essa resposta passam pelo fato da realidade constituir-se numa totalidade, portanto, inalcançável apenas pela especificidade de qualquer disciplina, pela necessidade de superar a fragmentação do fazer pedagógico da escola, que remete para a individualidade dos educandos o trabalho de articular as parcelas de conhecimento que recebe isoladamente, e pela busca de estabelecer relações coletivas para a produção do conhecimento, rompendo com o individualismo da escola, reflexo e imagem do que acontece no sistema do capital.

Nesse sentido, a organização do currículo por área não é um fim em si mesmo, nem o único, inevitável ou obrigatório caminho que deve ser seguido quando se busca integrar os conhecimentos e trabalhar a partir de totalizações. A área é, antes de tudo, um espaço para o diálogo, pressupõe a existência do trabalho coletivo e, por isso, apresenta pontos de contato com a concepção de Educação do Campo que vem sendo construída desde os movimentos sociais.

É importante ressaltar que o currículo por área, ou qualquer outra forma de implantar processos interdisciplinares na escola, está organicamente vinculado a uma mudança no fazer/pensar dos educadores, que devem passar de uma subjetividade para uma intersubjetividade, do trabalho isolado e individual para o trabalho coletivo. Essa passagem é difícil e conflituosa, pois pressupõe a exposição dos não saberes dos educadores e mexe com espaços de poder estabelecidos, o que ocasiona, muitas vezes, um processo de negação, de desqualificação, de recusa ao novo que se apresenta.

As experiências trazidas a este Seminário, apesar das várias formatações (delas próprias e da forma dos relatos feitos), apresentaram um ponto em comum: a necessidade de estabelecer um tema ou uma questão da realidade para a organização do trabalho por área. Especialmente no cotidiano escolar, esse ponto de convergência para o olhar de cada disciplina parece ser o caminho encontrado, por estabelecer um problema comum a ser enfrentado coletivamente, ainda que, na maior parte das vezes, trata-se de apenas selecionar dentre os conteúdos tradicionais os que se aproximam do tema em vez de realmente dialogar com as ciências que compõem cada área.

Visando superar este estágio, foi discutida a possibilidade de estabelecer "conceitos unificadores", ou seja, determinar os conceitos e metodologias que possibilitam a aproximação entre os objetos de estudo das ciências de cada área do conhecimento (ou talvez fosse melhor dizer áreas do currículo, já que muitas disciplinas se entendem como áreas do conhecimento). Exemplificando, o conceito de energia é objeto de estudo na Física, na Biologia, na Química, sendo expresso matematicamente, portanto, articula o trabalho da área de Ciências da Natureza e Matemática que, ao debater em conjunto essas diferentes relações, poderia aprofundar a ideia de energia de forma mais completa do que qualquer das ciências em separado. Da mesma forma que se identificam conceitos eles próprios "interdisciplinares" (em alguma medida já tematizadores de uma realidade concreta), como os conceitos de indústria cultural e de estética trabalhados pela área de Linguagens e o conceito de agroecologia visto como um possível articulador na área de Ciências da Natureza e Matemática.

Na análise das experiências relatadas emergiram vários pontos de tensão ao se propor a organização curricular por área do conhecimento, destacando-se:

- a formação inicial dos educandos da LEdoC, planejada para ser por área do conhecimento e a realidade das escolas do campo que, em sua maioria, ainda estão organizadas por disciplinas e séries, cujas lógicas estão bastante imbricadas;

- a organização curricular por área do conhecimento, com o conjunto de alterações necessárias para sua implementação efetiva e consistente e os limites dos sistemas de ensino (por exemplo, o professor ser nomeado por disciplina) e dos próprios sujeitos do processo educativo, que são normalmente refratários a mudanças;

- o tempo da formação por área do conhecimento e o que seria a necessidade de domínio dos conhecimentos das ciências da área, temendo-se uma fragilização da ação pedagógica dos futuros educadores, que então não teriam apropriação completa dos conteúdos para trabalhar em sua docência;

- tensão entre preparar um docente para que trabalhe por área (ou em mais de uma disciplina) e o exercício de trabalho coletivo envolvendo mais de um docente nas aulas dos componentes de cada área. Trata-se de não defender uma lógica de polivalência do professor (na perspectiva de ter um único professor para dar conta de toda a área, visando apenas baratear o custo econômico da escola), mas ao mesmo tempo assumir o desafio do curso, que é de se preparar para uma organização do trabalho docente que não corresponda a ter na escola um professor para cada disciplina;

- não considerar que é a área que vai levar ao barateamento do trabalho educativo da escola e nem que ela pode salvar a escola da fragmentação do conhecimento, uma das características básicas de sua forma atual;

- a formação para a docência por área exige escolhas que não estão dadas e que, dessa forma, serão menos arriscadas se estabelecidas no diálogo entre os educadores do curso e entre educadores e educandos, feitas desde uma unidade de referencial teórico e de objetivos formativos maiores e no cotejo com as práticas pedagógicas de ambos. Mas é preciso considerar que o caminho de constituição das áreas pode não ser o mesmo à medida que o modo de produção das ciências é diferente e seus métodos específicos de ensino também.

No Seminário ficou perceptível a ansiedade, em especial dos educandos da LEdoC, quanto a esses pontos de tensão por não existir respostas prontas ou um trajeto seguro a seguir relacionado a uma formação por área do conhecimento. Essa questão se agrava quando, muitas vezes e por diversos motivos, a formação real deles no curso ocorre de forma disciplinar e fragmentada. Nesse sentido, esses pontos de tensão devem ser considerados não limites, na compreensão de algo que não se consegue superar, mas desafios para mobilizar as energias e pensamentos de todos envolvidos no curso. Somente de forma coletiva, sistemática e comprometida poderão ser liberadas as amarras que domesticam nosso olhar.

Currículo e questões da realidade

Apesar de ter sido planejado, no Seminário, um momento específico para a discussão de como a realidade pode ser a fonte organizadora do currículo, concretamente esta questão foi trabalhada nos dois temas anteriores, por também ser inerente a eles. Tanto os ciclos de formação quanto o currículo por área têm, como uma de suas intencionalidades, permitir que a realidade, compreendida aqui, como um todo estruturado e dialético, se infiltre na totalidade do currículo da escola.

Se atualmente ninguém questiona a necessidade de se contextualizar os conhecimentos, na direção de dotar de sentido o que é aprendido na escola, existem diferentes perspectivas em debate. Há concepções que defendem a realidade como ilustração ao conteúdo já previamente definido, algo como falar do sal de cozinha quando se está trabalhando misturas em química, ou da dengue quando se está trabalhando os insetos. A realidade não é o ponto de partida (nem de chegada!): apenas é utilizada como um recurso didático para deixar as aulas mais atrativas e relacionadas a determinados aspectos da vida dos estudantes.

Em outra perspectiva, a realidade (na forma de questões ou recortes temáticos social e humanamente significativos) passa a ser o objeto de estudo e parâmetro na própria seleção dos conhecimentos a serem trabalhados, de forma que os educandos possam compreendê-la em suas variadas relações e níveis de complexidade. Ter a realidade como referência para organizar o currículo carrega, portanto, um caráter praxiológico, de intervenção, de transformação da situação encontrada, a partir de um processo de teorização e tomada de consciência, de desnaturalizar fatos e relações.

Com diferentes organizações curriculares, complexos de estudo, eixos temáticos, temas geradores, projetos de trabalho, combinação entre eixos temáticos e temas geradores, entre eixos temáticos e práticas ou ações concretas na comunidade, em algumas experiências articulados por áreas, ou outras formas, as experiências apresentadas partiram sempre de uma pesquisa para identificar quais as questões que realmente possuíam significado para aquela comunidade e, portanto, para a vida dos educandos, da mesma forma que tentaram sair da armadilha de vincular o currículo a problemas imediatos ou de interesse somente local. Afirmou-se que os temas ou problemas da realidade têm que ser suficientemente amplos ou complexos para permitir o trabalho com o conhecimento, através de conteúdos agrupados de uma forma ou outra.

Em algumas experiências há uma mediação entre temas ou questões e os conteúdos feita pela identificação de conceitos e categorias necessários para sua compreensão teórica. A partir daí, toma-se a decisão do que cada disciplina deve priorizar no trabalho em relação ao eixo ou da questão e o que pode ser trabalhado de forma interdisciplinar. De qualquer modo, os conteúdos, saídos de cada área do conhecimento (como área ou como disciplinas), devem possibilitar esse olhar integrado para as questões e, para isso, destacou-se mais uma vez como fundamental o planejamento e o trabalho coletivo entre os educadores, bem como a redefinição de tempos e espaços de estudo na escola, incluindo a revisão de carga horária entre áreas ou disciplinas, buscando um equilíbrio mais parecido com as exigências de conhecimento de realidades concretas.

Em todas as práticas apresentadas houve o reconhecimento da importância dessas tentativas de "trazer a vida para dentro da escola" ou de "não afastar a escola das questões da vida", mas também do desafio de trabalhar os conteúdos escolares desde esta lógica. As avaliações coletivas apontam que, às vezes, se tende a separar os momentos de tratar das questões da realidade e estudar conteúdos, fragmentando novamente o trabalho com o conhecimento e assim deixando as sínteses por conta de cada educando, ainda que não se pretenda isso. Alguns relatos trouxeram a necessidade percebida de ter tempos e atividades específicas de recomposição, de síntese do tema ou da questão trabalhada, dos conceitos ou da compreensão teórica a que se chegou por meio dos estudos feitos, que não seja por disciplina e nem por área. Esses momentos podem também estar relacionados a processos de avaliação.

Desenhando um mapa para seguir em frente

Essa última parte da sistematização visa organizar uma possível síntese que busque recompor o todo das discussões realizadas visando, principalmente, identificar o acúmulo deste Seminário para a reflexão conjunta (curso e escolas) sobre a direção a tomar nos processos de transformação da escola.

Nesse esforço de recomposição é possível afirmar ideias que são comuns e se configuram como convicções a serem necessariamente reafirmadas, por fundamentarem a recomposição do todo. E há questões que ainda precisam de mais aprofundamento e tomada de posição, no próprio movimento entre teoria e prática. Nesse sentido, tivemos um limite de tempo no Seminário para dar conta da densidade de cada debate específico.

O que dá sentido ou indica a direção das transformações da escola é a rediscussão dos objetivos formativos que temos com os sujeitos com quem trabalhamos e da tarefa educativa específica da escola. Foi essa rediscussão que desencadeou, por exemplo, a construção pelo MST de uma "escola diferente" nos assentamentos e acampamentos, há mais de 25 anos e que continua movendo novas práticas nessa perspectiva até hoje. E é sempre necessário retomar o debate sobre qual a tarefa da escola em relação às necessidades de formação dos sujeitos concretos que nela estão entrando e, portanto, que objetivos formativos devem integrar seu projeto político-pedagógico. Com que finalidades instituir ciclos, áreas e ou estudar a realidade na escola? Visando que formação e em que concepção de escola, para que projeto de sociedade, de ser humano?

Temos reafirmado que os objetivos formativos vão muito além, mas incluem objetivos instrucionais, ou mais amplamente relacionados à apropriação do conhecimento necessário à compreensão da realidade que precisa ser transformada.

Nossos objetivos formativos mais amplos implicam uma alteração da matriz formativa da escola, que deve ser rediscutida a propósito da reelaboração do seu projeto político-pedagógico. A escola não deve ser lugar apenas para ensinar conteúdos e nem para trabalhar apenas a dimensão da cognição, mas também não pode se resumir a trabalhar a dimensão comportamental. O que buscamos é o desenvolvimento integral/omnilateral que inclua o trabalho pedagógico na dimensão da instrução/apropriação de conhecimentos e desenvolvimento de habilidades cognitivas, da visão de mundo e valores (incluída aqui a formação política e ideológica), do desenvolvimento corporal, afetivo e artístico, da capacitação organizativa (que passa pelo exercício da auto-organização) e da formação para o trabalho. Essas dimensões se articulam, mas não se supõem, ou seja, pode-se desenvolver uma sem a outra, mas é o conjunto articulado delas que caracteriza o perfil de formação desejado. Para isso, é fundamental descentrar a ação pedagógica da sala de aula, pois, todas essas dimensões não podem ser desenvolvidas, de forma significativa nos tempos e espaços específicos da sala de aula.

O trabalho com o conhecimento é tarefa educativa da escola, mas conhecimento não equivale a conteúdos isolados e fragmentados que costumam caracterizar e organizar os tempos escolares, definindo objetivos, avaliação e método pedagógico. Essa é a armadilha da escola atual: ela se cola ao conteúdo, absolutiza-o, mas, ao mesmo tempo, não o trabalha de modo a garantir que efetivamente seja apropriado pelos estudantes e se torne conhecimento. No entanto, também é preciso considerar que assim como conteúdos sem objetivos não originam uma nova escola, objetivos sem conteúdos também não.

Pelos objetivos formativos da Educação do Campo é preciso garantir um currículo ou uma forma de constituição do plano de estudos e de organização do trabalho pedagógico que combine diferentes aspectos: tenha a realidade como objeto de estudo, trabalhe articulando teoria e prática (pelo vínculo do estudo com processos de trabalho, com os processos de apropriação/produção cultural, com processos de organização coletiva e de envolvimento nas lutas sociais), consolide um trabalho coletivo entre educandos e entre educadores, exercitando um novo padrão de relações sociais que, pelo menos, problematize a cultura do individualismo e egoísmo imperante na sociedade, e faça tudo isso respeitando o ciclo etário ou de desenvolvimento humano dos educandos.

Os ciclos se referem a uma forma de organização da escola, do trabalho escolar que implica uma outra organização do trabalho docente e originariamente também em um jeito diferente de trabalho com o conhecimento. Áreas se referem a uma outra forma de agrupamento dos conteúdos de ensino ou de instrução que também implicam uma outra organização do trabalho docente, especialmente por visarem a desfragmentação do trabalho com o conhecimento. Ter questões da realidade como articuladoras do plano de estudos desenha uma forma de trabalho pedagógico-didático com o conhecimento, ou seja, os três eixos de nosso debate nesse seminário não se supõem necessariamente, mas ao que foi possível inferir das discussões também não se excluem. Práticas construídas desde as referências de um aspecto ou outro terão mais ou menos articulação entre si dependendo da coincidência dos objetivos formativos que lhes sirvam de base.

Os ciclos mexem mais radicalmente com a matriz formativa da escola (por isso, a dificuldade de implementação) e essa é uma das suas grandes potencialidades na direção de uma nova forma escolar. Por isso, é importante garantir que a discussão sobre como considerar no trabalho pedagógico os ciclos de desenvolvimento humano aconteça mesmo em uma organização curricular que ainda não seja por ciclos.

Sobre as questões da realidade como articuladoras do plano de estudos, uma ideia fundamental destacada nos debates foi de que, na escola, por organizar o ensino a partir dos conteúdos escolares de cada disciplina, a formação dos educandos é fragmentada, mas, ao contrário, se a realidade for a referência para a seleção dos conhecimentos, a formação será potencialmente mais integrada. Para a compreensão da realidade convergem as diferentes ciências, contextualizando o que está sendo aprendido pelos educandos e diminuindo a artificialização dos processos de avaliação. Assim, é importante realizar uma análise das inúmeras alternativas que vêm sendo construídas nessa direção (algumas apresentadas nesse seminário). E podemos também discutir como a articulação do trabalho docente por área pode ajudar e qual a relação dessas alternativas com a organização da escola por ciclos de desenvolvimento humano.

A escolha das porções da realidade que serão objeto de estudo na escola também deve considerar a faixa etária dos educandos e daquilo que mais precisam conhecer na condição de sujeitos dessa realidade (de sua totalidade). Há um duplo movimento a ser respeitado: dos conteúdos à realidade e da realidade aos conteúdos: que porções da realidade podem nos ajudar a trabalhar com objetivos e conteúdos próprios de uma determinada faixa etária ou série ou etapa escolar e que conteúdos podem nos ajudar a compreender porções da realidade cujo conhecimento está sendo exigido para esses sujeitos específicos, esses educandos reais com quem estamos trabalhando na escola. Novamente, a ênfase necessária nos objetivos formativos e instrucionais que temos como escola/projeto e diante dos sujeitos concretos com os quais trabalhamos.

As diferentes práticas refletidas nesse Seminário, bem como nos seminários anteriores, reafirmam uma intencionalidade de descentrar a organização do trabalho pedagógico dos conteúdos, mas não para negá-los ou empobrecê-los e sim para dar mais sentido a eles pela busca permanente de seu vínculo com a realidade, com as questões da vida. Nossos objetivos formativos não podem ser atingidos apenas pela transmissão de conteúdos mais críticos. É possível formar ideias avançadas em sujeitos submissos e passivos. Nós queremos (precisamos enquanto movimento social, enquanto classe trabalhadora) formar sujeitos não submissos e organizadamente ativos. E isso não se tem como garantir apenas por meio do estudo de conteúdos teóricos, por mais avançados e críticos que sejam.

Porém, há toda uma discussão de aprofundamento que precisa ser feita sobre como efetuar a seleção das porções ou questões da realidade que serão as organizadoras do plano de estudos e sobre como fazer no cotidiano da escola a relação dessas questões com os conteúdos e seus métodos específicos de ensino, mas também com práticas de trabalho e de organização coletiva dos estudantes. Nossas experiências mostram que não basta afirmar aos educadores que é preciso juntar realidade, conteúdos e práticas: é necessário um esforço coletivo de construir o jeito de fazer isso na escola, aprendendo das diferentes tentativas historicamente feitas. E esse esforço será bem mais limitado se for de cada escola sozinha, devendo ser assumido como desafio pelo menos de uma rede de escolas, talvez como essa que nossos seminários planejam constituir.

Outra questão para aprofundamento que une essa discussão com a discussão das áreas tem a ver com a necessidade de uma determinada forma de agrupamento ou organização dos conteúdos para desenvolver na escola o trabalho pedagógico mais sistemático com a apropriação e produção do conhecimento. Considerar essa necessidade de agrupamento (que pode ser por disciplinas ou áreas) significa afirmar que não seria o melhor, do ponto de vista pedagógico, trabalhar na educação básica a relação direta entre questões da realidade (selecionadas de alguma forma para compor o currículo) e conceitos ou aportes teóricos necessários para abordá-las, sem a mediação de um eixo organizador de conhecimentos, cuja lógica seja a do acúmulo histórico da produção científica ou, mais amplamente, da produção cultural da humanidade (com suas tensões e contradições, explicitadas ou não na seleção dos conteúdos de ensino). Mas isso não implica necessariamente em tomar este agrupamento ou rol de conteúdos como organizador do plano de estudos. Ele pode ser a referência para uso de outras ferramentas articuladoras do estudo, como as apresentadas neste Seminário.

As áreas se colocam na perspectiva da desfragmentação/integração curricular, mas não supõem necessariamente o estudo das questões da realidade, embora as práticas de aproximação ou de superação das disciplinas que temos como referência, sejam aquelas que elegeram as questões da realidade como base.

A organização curricular por área pode ser um bom pretexto para revisão do rol de conteúdos trabalhado na escola, pois propõe uma nova relação entre as disciplinas escolares e suas ciências de referência. Para isso, torna-se um movimento importante o estudo e a constituição dos "conceitos unificadores" e as "categorias estruturantes do modo de produção do conhecimento" das ciências que compõem cada área para estabelecer pontos de contato entre elas.

Apesar da tradição de uma especialização disciplinar e/ou científica, os docentes da Licenciatura em Educação do Campo têm demonstrado muita dificuldade de estabelecer o que é efetivamente o básico de cada ciência (ou da sua disciplina de habilitação) e que deveria se apropriado pelos educadores em formação visando a continuidade dos seus estudos a partir das próprias demandas de sua ação pedagógica. Essa apropriação também permitiria a cada docente ter critérios mais rigorosos, do ponto de vista dos objetivos formativos em relação aos estudantes, para a flexibilização (seja na ordem do estudo, seja pela necessidade de substituição ou eliminação de conteúdos) dos programas ou do rol de conteúdos tradicionalmente estabelecidos para cada etapa da educação básica, considerando sua articulação com o estudo de questões da realidade.

As áreas podem ser um mote também para desencadear um trabalho articulado entre os professores, fazendo a mediação entre o trabalho individual e isolado de cada professor e o trabalho coletivo do conjunto de professores da escola ou de cada ciclo ou etapa da educação básica.

Organizar o currículo por áreas (em vez de por disciplinas) não implica necessariamente um trabalho pedagógico com o conhecimento que não seja disciplinar. Entretanto, podemos ter um currículo organizado por meio de disciplinas e realizar um trabalho pedagógico desde as áreas do conhecimento e a partir de práticas interdisciplinares ou transdisciplinares. No momento atual, o trabalho por área não pode desconsiderar as disciplinas como referência ao trabalho docente e consequentemente sua formação. Mas considerar as disciplinas não implica ter um docente para cada uma e também não implica ter as disciplinas como centrais na organização do plano de estudos.

Ao que parece pelas discussões realizadas, mas que precisam ser aprofundadas, há pelo menos dois jeitos de tratar as áreas do ponto de vista da organização do trabalho docente: (i) um ou mais professores atuando na docência do conjunto dos componentes curriculares de cada área (a partir de uma formação específica nessa direção, o que é hoje a proposta da Licenciatura em Educação do Campo, garantindo menos docentes em cada escola, mas com mais carga horária); (ii) os professores das disciplinas (continuando um para cada disciplina) organizados para um trabalho docente articulado, ou efetivamente coletivo, cujo mote da busca de integração é dado pela área do conhecimento (o que também implica uma formação específica, mas não tão diferenciada como a anterior, visando o preparo para o trabalho interdisciplinar).

A organização curricular por área, desde as reflexões feitas no âmbito da Licenciatura em Educação do Campo, integra os esforços de construção de uma outra lógica curricular que desloca a centralidade do estudo das disciplinas e dos conteúdos isolados, tomando determinados temas ou eixos temáticos ou diretamente porções ou questões da realidade atual, da vida concreta, como articuladoras do trabalho pedagógico com o conhecimento, o que pode continuar incluindo o estudo específico das disciplinas (consideradas na sua condição histórica), mas não mais de forma independente e descolada dessa focalização na realidade e de objetivos formativos mais amplos assumidos pela escola.

As variações e implicações em relação a tudo isso é que estão a merecer mais aprofundamento entre os participantes deste Seminário, bem como pelo conjunto dos envolvidos com este curso, e remetem para uma participação maior dos educadores das escolas do campo, pois é da análise crítica das práticas realizadas que pode ser gestada a nova forma escolar que potencialize a formação dos sujeitos das transformações necessárias às novas relações sociais que virão pela construção coletiva de um projeto societário mais justo e solidário, a partir dos que vivem do trabalho.

O MST e a escola: concepção de educação e matriz formativa

Roseli Salete Caldart[1]

*É difícil defender
só com palavras a vida
(ainda mais quando ela é
esta que vê, severina).*
(João Cabral de Melo Neto)

Este texto foi elaborado com o objetivo de organizar uma síntese das discussões atuais sobre a concepção de educação e a matriz formativa que orienta o projeto de escola do Movimento dos Trabalhadores Rurais Sem Terra. Esta síntese teve como base inicial a elaboração que integra o documento de sistematização das discussões do Seminário "O MST e a Escola" do Coletivo Nacional de Educação do MST, realizado nos dias 17 e 18 de junho de 2008, incorporando elementos de outros debates acerca do redesenho político-pedagógico das escolas de educação básica, realizados em reuniões do setor de educação do MST e nos seminários com as escolas de inserção dos estudantes da Licenciatura em Educação do Campo, Turma UnB/Iterra, em sua maioria escolas de acampamentos e assentamentos de Reforma Agrária vinculados ao MST. Estes debates ao mesmo tempo reafirmam o percurso de reflexões desses mais de 25 anos de trabalho do MST com educação e escola e avançam para novas questões que a análise coletiva mais recente de práticas em andamento tem formulado.

---

[1] Do Setor de Educação do MST e da coordenação pedagógica da Licenciatura em Educação do Campo, turma da parceria UnB-Iterra, projeto-piloto MEC, iniciada em setembro de 2007.

Trata-se de uma síntese de concepção que apresentamos como uma ferramenta de trabalho para a continuidade dos debates no MST e fora dele. São registros das reflexões de um movimento social camponês, fundamentadas no diálogo com formulações teóricas e práticas de uma educação emancipatória que se orientam por um projeto histórico,[2] e que, em nosso caso, têm servido de parâmetro também para as ações relacionadas à Educação do Campo e, particularmente, à implementação do projeto político-pedagógico da Licenciatura em Educação do Campo.

O texto está organizado através de ideias-força e em forma de pontos para facilitar sua discussão. A opção foi pela abrangência das ideias e não pelo desenvolvimento mais detalhado do conteúdo de cada uma delas. Por isso, também não há explicitação de todas as fontes bibliográficas da elaboração, embora se tenha tentado deixar claro qual a orientação teórica e política mais ampla que a fundamenta. O foco está na sistematização de um raciocínio, de modo que se possa tomar posição sobre a direção proposta para o trabalho nas escolas onde de alguma forma atuamos.

1. Hoje no campo, como no conjunto da sociedade, predomina uma educação que conforma os trabalhadores a uma lógica que é de sua própria destruição: como classe, como grupo social e cultural, como humanidade. Para romper com a lógica instalada, de subserviência às necessidades da reprodução do capital e degradação das condições de vida humana, em todas as dimensões, é preciso agir para instaurar um projeto de formação/educação que coloque as famílias da classe trabalhadora em um movimento de construção de alternativas abrangentes de trabalho, de vida, em um novo formato de relações campo e cidade, de relações sociais, de relações entre os seres humanos, entre os seres humanos e a natureza.

2. Um dos grandes desafios do MST no campo da educação é transformar sua Pedagogia do Movimento, ou seja, transformar a intencionalidade formativa que produziu na sua dinâmica de luta social e organização coletiva em um projeto de educação das famílias e das comunidades dos acampamentos e assentamentos que constituem sua base social, buscando transformar a visão de mundo e o modo de vida subordinado à lógica de reprodução do sistema-capital, que ainda predominam nas próprias áreas de Reforma Agrária. Isto

---

[2] Projeto histórico no sentido de um projeto de classe que "aponta para a especificação de um determinado tipo de sociedade que se quer construir, evidencia formas para chegar a esse tipo de sociedade e, ao mesmo tempo, faz uma análise crítica do momento histórico presente" (FREITAS, L.C. *Crítica da organização do trabalho pedagógico e da didática*. 6ª ed., Campinas: Papirus, 2003, p. 142).

implica muitas dimensões, situações, tempos e espaços; deve envolver os Sem Terra de todas as idades e de todos os níveis de inserção orgânica ao Movimento. E esta é uma tarefa do conjunto da organização, de todas as suas instâncias, de todos os seus setores de trabalho.

3. A Pedagogia do Movimento, enquanto reflexão específica sobre as matrizes pedagógicas postas em movimento na formação dos Sem Terra, e ao tratar essa formação como um processo educativo, expressa (se fundamenta) e reafirma uma concepção de educação, de formação humana, que não é hegemônica na história do pensamento ou das teorias sobre educação (e que não está também na base de constituição da instituição escola): trata-se de uma concepção de base histórico-materialista-dialética para a qual é preciso considerar centralmente as condições de existência social em que cada ser humano se forma: a produção da existência e a produção ou formação do ser humano são inseparáveis (Marx), ou seja, as pessoas se formam pela inserção em um determinado meio, sua materialidade, atualidade, cultura, natureza e sociedade, fundamentalmente através do trabalho que lhe permite a reprodução da vida e é a característica distintiva do gênero humano, é a própria vida humana na sua relação com a natureza, na construção do mundo. Trabalho que produz cultura e produz também a classe trabalhadora capaz de se organizar e lutar pelo seu direito ao trabalho e pela superação das condições de alienação que historicamente o caracterizam. Trabalho emancipado é condição de emancipação humana, mas não é apenas depois de emancipado que o trabalho passa a ser educativo, transformador do ser humano: a educação acontece na dialética entre a transformação das circunstâncias e a autotransformação que esse processo provoca e exige (acontece na práxis).

4. Essa concepção coloca a educação no plano da formação humana e não apenas da instrução ou mesmo do acesso ao conjunto da produção cultural. Trabalho, cultura (que inclui o próprio esforço do ser humano de conhecer o mundo e entender o que faz e o que o faz/forma), luta social são práticas sociais formativas dos sujeitos, indivíduos e coletivos, independentemente de estarem relacionadas a ações intencionais de educação e menos ainda relacionadas à escola. Mas podemos realizar projetos educativos em torno de cada uma destas práticas sociais e podemos, em alguma medida, vincular a educação escolar a elas, exatamente para que ela se torne mais densa de aprendizados.

5. Educação é, nessa perspectiva, um processo intencional (planejado e organizado objetivamente, de preferência por coletivos, em uma direção determinada) de busca do desenvolvimento omnilateral do ser humano, que reúne

capacidades para atividades tanto manuais como intelectuais, que trabalha diferentes dimensões que permitem o cultivo de uma personalidade harmônica e completa. A palavra "omnilateral" indica a busca de um processo de formação humana ou de humanização integral, entendido como totalidade, que não é apenas a soma da atuação em diferentes dimensões, mas sim a articulação que visa coerência na atuação do ser humano no mundo. E, ainda que no formato da sociedade atual, a unilateralidade pareça cada vez mais o destino inevitável das gerações por ela educadas, nosso projeto de futuro nos impõe persistir em um trabalho educativo noutra direção.

6. Em um plano mais especificamente pedagógico, de método educativo, essa concepção afirma que educação não é em última instância inculcação, nem conversão pela palavra, embora possa incluí-la como ferramenta. Não há formação da consciência fora da vivência de determinadas relações sociais de produção. Por isso, o trabalho (enquanto atividade humana criadora) é a base da educação e a práxis a perspectiva pretendida. Nenhuma agência que objetive efetivamente ser educativa pode separar produção da existência de formação, e separar instrução de formação.

7. Essa concepção permitiu ao MST formular o conceito de ambiente educativo (que se tenta levar também à escola), que se refere a condições objetivas que podem ser criadas para que se desenvolvam de forma mais educativa determinadas atividades humanas, considerando os vários detalhes que compõem a totalidade de um processo de educação. Quer dizer, em vez de pensar na pessoa do educador como senhor da pedagogia, pensar no ambiente (com as tensões e contradições próprias da vida acontecendo) que educa a todos, e que pode ser intencionalizado (pelos educadores e educandos) como relações sociais, como processos e como postura de quem participa das ações, em uma direção ou outra.[3]

---

[3] "O MST produziu-se historicamente como um ambiente educativo de formação dos sem-terra; mas cada uma de suas ações ou de seus tempos e espaços cotidianos podem ser produzidos, intencionalizados, como um ambiente educativo, que de certa forma *co-memora*, traz de volta para esse coletivo em particular, a totalidade pedagógica que é o Movimento, sendo então capaz de fazer cada pessoa sujeito de um processo pedagógico especificamente voltado para sua formação. Ações, relações sociais, gestos, símbolos, *co-memorações* compõem esse ambiente que concentra ao mesmo tempo, em um mesmo processo, diversos ingredientes pedagógicos, originários dessas diferentes matrizes pedagógicas produzidas pela humanidade ao longo da história de sua formação. Como fazer essa combinação de pedagogias e que temperos ir colocando no processo é uma tarefa que requer reflexão permanente e específica sobre cada ação, mas também sobre o movimento pedagógico que continua no MST como um todo" (CALDART, R. S. *Pedagogia do Movimento Sem Terra*. 3ª ed., São Paulo, Expressão Popular, 2004, p. 400).

8. A escola é uma agência de educação muito importante na sociedade atual. Por isso, lutamos para que as escolas que vamos conquistando nas áreas de acampamento e assentamento (bem como no conjunto das comunidades camponesas) realizem sua tarefa educativa também na perspectiva desta intencionalidade formativa maior que temos como movimento social, como classe trabalhadora.

9. Como instituição, a escola é uma construção social e histórica. Na forma que a conhecemos hoje (de escola pública, em tese para todos) foi inventada nos séculos 16-17. Ela não é apenas um efeito ou reflexo das relações sociais capitalistas; ela participou da construção da nova ordem urbana, burguesa, capitalista. Há uma estreita relação entre forma escolar, forma social e forma política. Seu percurso encarna/reproduz as contradições sociais que nascem fora dela e ela vai sempre tender ao polo socialmente hegemônico se não houver uma forte intencionalidade na outra direção. E não haverá uma transformação mais radical da escola fora de um processo de transformação da sociedade. No entanto, mudanças significativas que conseguirmos fazer na escola podem ajudar no próprio processo de transformação social mais amplo, desde que feitas na perspectiva da formação dos construtores ou sujeitos deste processo.

10. É por isso que se afirma que, para trabalhar em sintonia com nosso projeto histórico, a escola precisa ser transformada, exatamente porque ela não nasceu para educar a classe trabalhadora (apenas concedeu sua entrada nela para atender as demandas de formação para a reprodução das relações de trabalho capitalistas) e muito menos para formar os trabalhadores para que façam uma revolução social e a torne-se um ser humano emancipado. A escola precisa ser transformada em suas finalidades educativas e nos interesses sociais que a movem, na sua matriz formativa, no formato de relações sociais que a constitui (especialmente as relações de trabalho e de gestão) e desde as quais educa quem dela participa, na visão de mundo que costuma ser hegemônica dentro dela e na forma que trabalha com o conhecimento.

11. No dia a dia e nas práticas concretas, o projeto da escola está em permanente disputa. A começar pelas suas finalidades, sua função social, aquilo que entra ou não entra no seu projeto político-pedagógico. Mas é importante prestarmos atenção à forma como estas questões mais amplas se desdobram em detalhes do cotidiano, àquilo sobre o que nem sempre se trata ou se escreve, mas se faz. Por isso esta é uma disputa que não se vence de uma vez (porque se conseguiu incluir determinados aspectos no seu projeto político-pedagógico, por exemplo). Parado o movimento de pressão, a prática retorna à sua tendência "original".

E isso não tem a ver apenas e principalmente com o que é ou não estudado na escola; tem a ver com a própria "guerra" entre exclusão e permanência dos trabalhadores nela, tem a ver com o tipo de relações de poder que se vivencia nesse espaço, com o padrão cultural de relações sociais que se reforça, com a visão de ser humano e de mundo que orienta a pedagogia e se vai consolidando na formação das personalidades. Por isso, essa disputa é social e humanamente legítima e, para nosso projeto, também politicamente necessária.

12. Para nós, MST, Via Campesina, organizações de trabalhadores com projeto histórico, "ocupar a escola" é colocá-la em movimento, em "estado de transformação", ou seja, a primeira grande tarefa social da escola, para que possa realizar as tarefas pedagógicas específicas que têm, mas na nossa perspectiva de classe, de projeto, de ser humano, é dar-se conta de que é preciso fazer mudanças e seus sujeitos assumirem o comando da sua transformação. Há referências teóricas e práticas de caminhos para a construção de uma nova escola, mas eles não estão dados.

13. É importante ter presente, entretanto, que a escola não se transformará mais radicalmente senão como parte de transformações que tentemos operar no conjunto das práticas educacionais e formativas que nos afetam. Em nosso caso, sem uma intencionalidade específica na transformação das diferentes práticas de formação dos Sem Terra (que acontecem nos processos de luta, de trabalho, de participação na construção da organicidade, de reprodução e produção da cultura), não há como pensar em mudanças mais profundas nas escolas dos assentamentos e acampamentos. A escola não tem como ser uma "ilha" de educação emancipatória e, se tentar sê-lo, estará descumprindo seu papel de inserção orgânica na comunidade e no Movimento.

14. É importante reafirmar que quando tratamos da construção de uma "escola do MST" ou da "ocupação da escola pelo Movimento" não estamos na defesa de uma escola fechada aos interesses corporativos dos trabalhadores Sem Terra ou mesmo aos desafios internos de sua organização. O que estamos afirmando é a necessidade da escola (instituição social) ser ocupada (ou deixar-se transformar) pelos seus próprios sujeitos (educandos, educadores, comunidade), na sua identidade coletiva de Sem Terra, de camponês, de trabalhador do campo, de classe trabalhadora, de ser humano, entendidas no espiral dialético entre específico e geral, entre singularidade e universalidade e não como identidades separadas ou que se negam uma a outra.

15. A ocupação da escola pelo MST precisa ser compreendida e intencionalizada no sentido ampliado de apropriação da escola pela classe trabalhadora, o

que quer dizer, ancorar seu trabalho de educação em um projeto formativo que vise a construção do projeto histórico dessa classe. Em nossas práticas, esse processo/desafio tem sido identificado como implementação da "pedagogia do MST", ou mais amplamente, da "Pedagogia do Movimento", que não deve ser entendida como uma concepção particular de educação e de escola ou uma tentativa de criar uma nova corrente teórica da pedagogia, mas sim como um jeito de trabalhar com diferentes práticas e teorias de educação construídas historicamente desde os interesses sociais e políticos dos trabalhadores, que tem a dinâmica do Movimento (suas questões, contradições, demandas formativas da luta e do trabalho) como referência para construir sínteses próprias de concepção (igualmente históricas, em movimento).

16. O desafio de ocupação da escola pelos trabalhadores está presente também no movimento originário da Educação do Campo, que inclui um esforço entre diferentes organizações e movimentos sociais camponeses para ampliar a luta pelo acesso e para pensar os objetivos e conteúdos principais de um projeto educacional da classe trabalhadora do campo em nosso tempo histórico, tendo no horizonte um novo projeto de sociedade, de ser humano.

17. Mas tenhamos presente que qualquer desenvolvimento mais avançado, que aconteça em uma escola concreta, terá como ponto de partida a escola que já existe. Daí a importância da análise rigorosa da realidade em que atuamos. É importante ter uma referência teórica, uma direção clara de onde queremos chegar (no caso, concepção de escola coerente com nosso projeto histórico), mas isso é apenas o começo da tarefa. E se já sabemos que a escola não se movimenta apenas desde dentro, mas também e, principalmente, através de forças externas (em nosso caso pode ser a força dos movimentos sociais), também é preciso considerar que o movimento de reconstrução é próprio de cada local: não há padrão, regras fixas a seguir no processo de transformação de cada escola: o que deve haver são parâmetros de análise sistemática da direção do movimento desencadeado.

18. Os estudantes (crianças, jovens ou adultos) precisam estar no centro das discussões sobre a transformação da escola: é para eles e elas que a escola deve ser pensada. É o compromisso com sua formação que deve orientar nosso debate. E os educandos precisam aprender agora e não ficar esperando pela solução dos problemas da escola, dos educadores ou pelas discussões pedagógicas feitas muito longe deles: seu tempo não volta: eles e elas têm direito de aprender agora, têm direito a uma boa educação já e esta deve ser nossa preocupação sempre que discutimos a implementação de novas práticas.

19. A "Escola do MST", pela qual temos trabalhado nos acampamentos e assentamentos há mais de 25 anos, é uma escola que se abre para a vida, que se assume como parte da vida e não como um lugar que aparta as pessoas da vida. Isso é ao mesmo tempo tão simples e tão complexo! Inclui sua articulação com outras fontes sociais formativas/educativas tão ou mais importantes do que a educação escolar, dependendo de quais objetivos formativos se trate. E para nós, que temos vínculo com o movimento social, esta referência de articulação e de pensar a escola em perspectiva nos é dada pelo processo de formação do sujeito Sem Terra na materialidade das diferentes formas e situações da luta pela Reforma Agrária e da organização do MST, inserido nos processos sociais mais amplos e que visam a transformação da sociedade capitalista pela via do socialismo.

20. É essa visão em perspectiva que nos permite compreender mais facilmente que uma das transformações primeiras da escola diz respeito à sua matriz formativa: que dimensões devem ser trabalhadas, intencionalizadas, em que direção e por meio de que estratégias pedagógicas. As perguntas primeiras são: o que pretendemos com o trabalho educativo de nossas crianças e jovens (herdeiras e ou protagonistas de uma luta social)? Quais devem ser os nossos objetivos formativos em relação à juventude, à nova geração? Que ser humano queremos ajudar a formar e para que papel na sociedade? Que traços de ser humano precisam ser mais cultivados entre os sujeitos com quem trabalhamos e diante dos desafios de nosso tempo histórico? Que apropriação e que produção de conhecimentos essa direção educativa implica?

21. É preciso sempre voltar a tratar dos objetivos do nosso trabalho, torná-los explícitos para poder definir estratégias de ação visando atingi-los. Estes objetivos são, ao mesmo tempo, perenes e históricos, gerais e específicos da realidade onde atuamos; por isso, é necessário sempre retomar a discussão sobre eles, até porque o modo como podem se concretizar tem a ver com a dinâmica social onde atualmente nos inserimos. Podemos dizer que um grande objetivo que nos move é formar seres humanos mais plenos e felizes, é ajudar na humanização das pessoas, o que implica trabalhar diferentes dimensões do ser humano. Mas devemos continuar esta reflexão, para torná-la ainda mais concreta, mais orientadora de nosso trabalho prático: hoje, em nossa realidade, o que significa humanizar? E podemos nos dar conta de que é preciso ter como objetivo formar lutadores e construtores de um tipo de sociedade que permita o real desenvolvimento humano de todas as pessoas; precisamos formar quem entenda quais os interesses sociais que estão levando a uma maior degradação humana, a mais violência, à barbárie social desenfreada... E ainda pensar que podemos estar trabalhando com sujeitos que vivenciam no seu

cotidiano processos violentos de desumanização e/ou processos coletivos de luta contra essa desumanização. Nossos objetivos educativos precisam considerar essa realidade dos sujeitos concretos a quem a ação educativa se destina, bem como o acúmulo de compreensão que já existe na sociedade em relação a como trabalhar esses objetivos, considerando os diferentes ciclos do desenvolvimento do ser humano e as questões de como acontece a aprendizagem.

22. O maior objetivo do MST é de formação de sujeitos históricos capazes de trabalhar e de lutar pela transformação da sociedade e pela sua autotransformação (pessoal e coletiva) emancipatória, realizada no processo inclusive de construção de um novo padrão de relações sociais (socialista). Para isso, um objetivo formativo fundamental é mexer (inventariar, tornar consciente, fazer a crítica, transformar, consolidar) com a visão de mundo dos educandos (e dos educadores pelo processo coletivo), o que na escola pode dar mais sentido ao próprio trabalho com a dimensão do conhecimento. Por isso, também temos o coletivo como referência primeira para intencionalização de um projeto educativo, pela necessidade de formar para as relações sociais que virão, mas não na oposição ao indivíduo e sim em uma síntese onde indivíduo e coletivo integram a mesma totalidade formadora.

23. Relembremos, mais uma vez, que os objetivos que nos guiam são da educação, na concepção antes afirmada, e não da escola. É por isso que o MST para pensar a escola saiu dela e refletiu antes sobre a Pedagogia do Movimento, exatamente para ter mais claro onde ancorar o projeto formativo das escolas a ele vinculadas, ou seja, em que rede de práticas formativas do sujeito Sem Terra a escola deveria se integrar: não para repetir o que acontece em outras práticas, às vezes até para se contrapor a elas, mas sem nunca deixar de levar em conta que há outras práticas formativas em que os educandos e os educadores da escola estão ou deveriam estar inseridos e que o projeto formativo maior não deve ser da escola (em si mesma), mas de um coletivo maior, em nosso caso, da organização de trabalhadores a que pretendemos vincular a atuação educativa da escola.

24. Descentrar a educação da escola é para nós, pois, pressuposto para pensar a própria escola, especialmente se visamos sua transformação. E essa descentração não significa diminuir a importância da escola na educação das novas gerações, mas significa ter presente (1º) que a fusão entre educação e escola é histórica, sendo uma característica do tipo de sociedade em que vivemos. Não foi sempre assim e talvez não seja assim para sempre. (2º) Esta lógica nos exige pensar, como educadores das crianças, dos jovens, dos adultos, dos idosos e não apenas como professores de escola, na tarefa educativa específica

da escola na relação com outros processos educativos e formativos da nova geração: quem hoje está educando/formando nossas crianças e nossos jovens? Que visão de mundo é hegemônica no meio em que vivem? Precisamos prestar atenção nisso, buscar refletir sobre a atuação dos meios de comunicação, de ações culturais, do trabalho (seu próprio ou com o qual se relaciona através da família ou outros grupos que lhes são referência formativa), do conjunto, enfim, de relações sociais em que estão inseridos, buscar vínculo (de reforço ou de contraponto) com esses processos.

25. E é necessária pelo menos uma atitude de suspeita em relação à defesa que muitos fazem da supremacia do modo escolar de educação, porque essa é uma visão que pode nos enganar em relação a como efetivamente o sistema do capital opera na formação dos trabalhadores para garantir sua reprodução, ao mesmo tempo em que nos amarra à lógica da forma escolar atual quando buscamos pensar o contraponto desta formação.

26. Considerar a escola como parte do meio social que educa as novas gerações não significa aceitar uma divisão de tarefas de educação, tão ao gosto do discurso da pedagogia burguesa: à escola cabe trabalhar com a instrução (de preferência, asséptica, despolitizada, desistoricizada), à família cabe a formação dos valores, ao Movimento caberia a formação organizativa e política e assim por diante. Isso hoje seria sucumbir a uma lógica que é própria do discurso liberal, mas que não acontece na própria prática da educação capitalista: já sabemos que as funções sociais da escola vão muito além do trabalho específico com o conhecimento instrucional, sendo uma de suas tarefas educativas garantir o aprendizado de um determinado padrão de relações sociais. Essa falsa separação tem levado a reflexão e o trabalho pedagógico à fragmentação, especialmente dos educadores das escolas (em outra visão não seria admissível pensar que a tarefa do professor possa se reduzir à transmissão de conteúdos de ensino). Todos os espaços com finalidades educativas realizam a totalidade do processo de educação, ainda que nem sempre de forma explícita e consciente. A escola não pode renunciar à tarefa de educar, de fazer formação humana desde um projeto pensado e intencionalizado pelos sujeitos coletivos que a integram.

27. Isso quer dizer que é tarefa da escola assumir o desafio de trabalhar, de forma planejada e discutida, diferentes dimensões do desenvolvimento humano integral, que vêm pela participação mais inteira das pessoas no processo educativo, de modo que se exponham concepções, que se discutam diferentes posições sobre perfil de formação, sobre projeto de ser humano. Trata-se de subverter a lógica que deixa isso como objeto das relações que não se explici-

tam seja na escola, seja na sociedade, para que se reproduzam as marcas culturais principais do sistema vigente: individualismo, egoísmo, consumismo, concorrência, relativismo, presenteísmo. E se a escola não é o único lugar deste desafio educativo, ela não deve deixar de assumi-lo, pela possibilidade que tem de fazer isso de modo pensado, planejado, e considerando/conhecendo o que é próprio a cada ciclo da vida humana, a cada etapa da educação.

28. O que não pode ser ignorado (pelo menos em nosso tempo) é uma especificidade da educação escolar que implica justamente uma mediação do trabalho com determinadas formas de conhecimento e do aprendizado sistemático de juntar prática e teoria; não como algo à parte, mas no desafio do que a pedagogia socialista denomina "educação omnilateral". Uma função própria da escola, que não pode se perder de vista nesse alargamento de projeto educativo, está relacionada ao aprendizado de determinados conhecimentos, notadamente os conhecimentos formalizados ou sistematizados, ou seja, aqueles que implicam estabelecer conceitos e em organizá-los desde determinadas lógicas e linguagens. Isso quer dizer que a educação escolar precisa garantir a apropriação pelos educandos de conceitos fundamentais ao modo de produção do conhecimento próprio das ciências e próprio das artes (que também são diferentes entre si e têm especificidades importantes no desenvolvimento humano), e ao domínio de instrumentos culturais específicos que possibilitam essa aprendizagem (a leitura e escrita, por exemplo) e isso deve ser feito respeitando-se os níveis de desenvolvimento do pensamento característicos de cada idade (o que hoje justamente várias ciências nos ajudam a compreender).

29. Mas é importante afirmar, também, que a função da escola não se restringe ao trabalho com os conhecimentos formalizados. Ela precisa trabalhar com diferentes formas de conhecimento, sempre que isso for importante para o exame das questões da vida concreta e para os objetivos formativos que temos. Se há diferentes práticas sociais formativas, e que incluem a produção e socialização de conhecimentos, não há uma cisão necessária (senão artificial) entre conhecimentos científicos e outras formas de conhecimento. Na realidade os vários tipos de conhecimento costumam estar bem imbricados, ainda que a forma social atual estabeleça entre eles uma hierarquia rígida, que também precisa ser problematizada pela escola. Não são apenas os conhecimentos classificados hoje como científicos que nos interessam. Muitos conhecimentos populares sobre determinada realidade são produzidos antes dos científicos e a escola não pode ignorá-los se o que pretende é contribuir na formação de sujeitos da transformação da realidade (que pode implicar preservar ou recuperar vários conhecimentos que a ciência atual ignora ou rejeita). Mas é fato que se a escola não chegar a trabalhar com conceitos, com teoria, com ciência, com

produções culturais mais elaboradas, estará impedindo uma forma necessária de conhecimento da realidade e para o desenvolvimento intelectual dos estudantes. Também é tarefa educativa da escola acessar aos trabalhadores os conhecimentos que a sociedade atual considera científicos, garantindo uma apropriação crítica e uma iniciação à produção de ciência que possa ajudá-los a se formar como sujeitos construtores do futuro. E essa dimensão necessita de uma intencionalidade específica, de métodos e didáticas específicas, ainda que não independentes de outras dimensões do trabalho educativo.

30. Nessa direção é que consideramos fundamental o vínculo da escola com processos vivos (de trabalho, de cultura, de luta social) porque a materialidade e as contradições presentes nas questões da vida real podem ajudar a superar falsos dilemas do ponto de vista de nosso projeto formativo maior. E por isso é que não consideramos suficiente que a relação entre prática e teoria se reduza na escola a conversas sobre práticas realizadas ou projetadas para fora dela, em outro tempo, outros espaços.

31. Essas são discussões que fundamentam o esforço de repensar a forma de organização do currículo escolar e do trabalho pedagógico e nos colocam um desafio específico de análise do rol de conteúdos de ensino nessa perspectiva, assim como reforçam a importância pedagógica de manter o vínculo entre ciência e questões da vida, porque, além de tornar mais fácil (porque com sentido) a apropriação da teoria, esse vínculo estabelece critérios de seleção dos conteúdos e das atividades de estudo.

32. É importante não perder de vista também que é da natureza da educação a passagem/transmissão viva (não cristalizada ou dogmatizada) do legado de uma geração para outra (não é qualquer legado, não é sua incorporação acrítica, mas o legado da humanidade não pode ser sonegado às novas gerações). Um legado que não se resume a aspectos de instrução, mas se insere no grande mundo da cultura, que tem um sentido bem mais amplo do que conhecimento, incluindo-o. E um currículo que vise o desenvolvimento humano não pode se limitar aos conhecimentos vivenciados pelos educandos ou necessários à solução de problemas que lhes são mais próximos. É preciso sempre garantir o acesso a novos conhecimentos e a novas experiências de vida que permitam alargar horizontes e potencializar a condição humana. Do ponto de vista da formação da pessoa mais plena, o princípio é aquele antigo: "nada do que é humano me pode ser estranho".

33. Sem alterar a matriz formativa da escola não há como fazer transformações na direção dos vínculos aqui defendidos e para melhor realização da sua tarefa es-

pecífica em relação ao conhecimento. A redefinição da matriz formativa deve compor e orientar o projeto político-pedagógico da escola, como construção coletiva que espelhe o seu percurso e explicite os compromissos dos educadores com seus educandos. Mas, as discussões sobre a direção deste processo de mudança e especificamente a definição da base de conhecimentos que deve ser trabalhada pela educação escolar não devem ser feitas apenas no âmbito de cada escola (da mesma forma que não devem deixar de envolvê-la), mas devem ser objeto de trabalho coletivo de uma rede de escolas e/ou de agentes educativos com identificação de projeto, em nosso caso uma rede constituída pela mediação do movimento social.

34. A matriz formativa da escola atual é teoricamente cognitivista (faz de conta que as outras dimensões não existem) e na prática atual assume uma matriz comportamentalista: como reação aos comportamentos dos estudantes, reflexos da lógica insana de sociabilidade que os forma e que precisam ser inibidos para que essa lógica não ecloda em barbárie pura ou, pior ainda para o sistema, em alguma forma de rebeldia organizada; e/ou como busca de "competências comportamentais" (que na educação massiva têm predominado como metas sobre as cognitivas) necessárias às exigências do mercado de trabalho assalariado a que se subordina.

35. Na matriz formativa que nos orienta, educação escolar não é igual à transmissão de conteúdos e também não é igual à construção de competências (sejam cognitivas ou comportamentais). Ela envolve diferentes dimensões: a instrução que vincula apropriação de conteúdos com desenvolvimento cognitivo, o desenvolvimento corporal, artístico, cultural, a capacitação organizativa, a formação de valores, o desenvolvimento da afetividade, da consciência ecológica, dimensões articuladas por objetivos formativos direcionados por um projeto histórico, de sociedade, de humanidade.

36. Não é possível trabalhar na escola de acordo com essa matriz formativa sem romper com a forma escolar atual porque ela foi constituída desde outra concepção e com outras finalidades educativas. Por isso, não há como discutir a dimensão do currículo fora da discussão das transformações necessárias na organização escolar, no funcionamento geral da escola, no seu isolamento em relação à dinâmica da vida. Se tentarmos atuar desde outra matriz formativa somente no tempo e espaço específicos da sala de aula (e em sua lógica atual), enlouqueceremos todos (educadores e educandos) e/ou implodiremos o processo formativo. A nova matriz implica o repensar de tempos e espaços educativos na escola.

37. Um aspecto fundamental no repensar a forma da escola é, pois, o de descentrá-la da sala de aula e especificamente do ensino: a escola toda, sua organização, seu ambiente, suas relações sociais, é que deve educar, ser pensada com intencionalidade educativa. Em nossas práticas, a organização de diferentes tempos educativos tem ajudado a materializar a concepção da escola como totalidade educadora. Mas continua como desafio pedagógico a construção de uma lógica de trabalho educativo que articule na mesma totalidade (do currículo) diferentes esferas de práticas, sem tolher a potencialidade educativa específica de cada uma nem desconsiderar que implicam métodos pedagógicos específicos, com aprendizados, tempos e processos avaliativos diferenciados.

38. O ensino, entendido no sentido estrito de atividades de estudo que têm o foco na transmissão/apropriação de conteúdos, não esgota o trabalho com o conhecimento, que não precisa acontecer apenas em sala de aula ou nos tempos educativos destinados especificamente ao estudo. Mas o ensino continua sendo muito importante na tarefa educativa da escola, requerendo planejamento didático ou de métodos de trabalho específicos, pensados desde a natureza dos conteúdos a serem apropriados e do conhecimento científico já acumulado sobre como se desenvolve a aprendizagem nas diferentes idades e etapas da formação do ser humano. E o papel do ensino nos remete a reafirmar que não se trata então de relativizar ou diminuir o papel do educador, do docente, como às vezes se pensa. Para que aconteça a aprendizagem é fundamental a interação entre educador e educando, com tarefas diferentes, mas articuladas, seja no desenvolvimento de aulas expositivas, seja em atividades cujas ações principais estejam com os estudantes (pesquisas, oficinas, leituras), mas que serão acompanhados pelos professores. Em qualquer caso é preciso ter presente que sem uma relação ativa dos educandos com os conteúdos de ensino, não haverá aprendizagem e não se chegará ao conhecimento.

39. Uma escola de apenas 4 horas diárias ou até menos (como costuma acontecer em escolas do campo) não tem como dar conta de sua tarefa educativa nessa direção apontada. É preciso lutar pela ampliação do tempo escolar, mas tendo também o cuidado para não cair na armadilha de tentar puxar para dentro da escola (e sua lógica socialmente condicionada) o conjunto dos processos educativos da nova geração, ou seja, nosso ideal educativo não é a "escolarização da formação humana", na defesa de que as crianças e os jovens passem todo o dia de todos os dias de sua vida dentro da escola, o que seria negar-se a enfrentar as contradições da sociedade atual (materializada na comunidade, no assentamento, no acampamento) que deve educar as crianças em seus diferentes espaços e relações sociais. Precisamos de mais tempo de escola, exata-

mente para que ela consiga sair de si mesma e se deixe ocupar por processos ou práticas que serão mais formativas se acontecerem fora dela, mas a partir de uma mesma intencionalidade educativa. Estamos nos referindo à potencialidade do vínculo da escola com o trabalho, com atividades culturais, com lutas sociais, mantendo o desafio pedagógico específico de processar esse vínculo como apropriação e produção de conhecimento, o que efetivamente requer mais tempo e requer uma organização adequada do tempo disponível.

40. Entendemos que o vínculo da escola com o trabalho, que inclui a participação dos estudantes nos processos laborais que garantem o funcionamento da escola, é uma alteração fundamental na forma escolar considerando os objetivos que temos. A escola que conhecemos foi desenhada como um lugar onde se separa o aprender do fazer; por isso, sua centralidade absoluta na sala de aula, para que não se "perca tempo" de transmissão de conteúdos e habilidades necessários à inserção na sociedade, no mercado de trabalho. A prática, o fazer no interior da escola, subverte a sua forma convencional e pode acostumar "mal": habitua as pessoas ao encontro com o produto de seu trabalho, a aprender intervindo na vida real. E ela nos relembra a condição fundamental dos sujeitos que somos: trabalhadores, o que não é igual aos estudantes simplesmente trabalharem ou cumprirem alienadamente tarefas na escola, porque essa prática a forma escolar capitalista pode assimilar bem à medida que barateie custos da educação dos trabalhadores para o sistema. Estamos tratando de algo mais radical, complexo, que é de tornar o trabalho a base integradora do projeto formativo da escola, vinculando os conhecimentos escolares ao mundo do trabalho, da produção, da cultura que o trabalho produz. Isto implica rever as formas de organização do trabalho do conjunto da escola, dos educadores e dos educandos. Também implica examinar as possibilidades de vínculo da escola com processos produtivos que acontecem em seu entorno, pensando especialmente no envolvimento da juventude e no desafio específico de formação para o trabalho, o que inclui uma crítica à sua forma alienada na sociedade capitalista, que será muito mais contundente se fundamentada na vivência prática de outras formas de relações de trabalho.

41. Processos de transformação da escola na direção que pretendemos implicam também explicitar as formas de organização e de gestão da vida escolar tornando-as objeto de nossa intencionalidade educativa. Construir formas mais participativas, coletivas, alterando relações de poder secularmente instituídas, não é apenas um detalhe que colocamos em nossas experiências de escola (ou de cursos formais) para "copiar o jeito de funcionar do movimento". Na lógica da escola capitalista, as formas organizativas devem agir sobre os educandos da classe trabalhadora para que aprendam a obedecer, se não a um patrão au-

toritário, a regras impessoais de uma ordem social que não pode ser alterada; também para que aprendam que há uma separação necessária entre trabalho manual e trabalho intelectual. Mas a atuação pedagógica das formas organizativas da escola será mais eficaz se acontecer sem que educandos e educadores percebam, sem que as contradições envolvidas apareçam (porque elas podem fazer aparecer as contradições sociais que reproduzem). Tem sido nosso desafio construir coletivamente uma outra lógica de organização e de gestão, avançar na auto-organização dos estudantes, na constituição de coletivos de educadores, na relação da escola com a comunidade.

42. Na forma de organização do plano de estudos, uma transformação fundamental da escola é que passe a trabalhar diretamente com fenômenos da realidade atual (em todas as etapas da educação básica e em todos os ciclos etários, com variações que respeitem suas características específicas), tornando-os eixos organizadores do currículo ou da articulação do trabalho com os conteúdos, seja através das disciplinas (que nessa forma não têm mais um trabalho independente ou isolado do conjunto do processo educativo) ou já de novos arranjos de conteúdos relacionados às ciências e às artes, que devem continuar como referência para os estudos escolares. Exigir que a escola trate de questões da atualidade subverte a lógica de trabalhar o conhecimento escolar de forma fragmentada como se ele tivesse sido produzido fora da vida social, da política, da cultura, da história, desafiando a um repensar da forma do trabalho pedagógico com o conhecimento, que valorize diferentes modos de conhecer, que rearticule teoria e prática, conteúdos escolares e vida real, conteúdos entre si, indo bem além da chamada "contextualização de conteúdos" e facilitando a apropriação de determinados conceitos e métodos de produção do conhecimento que são necessários à formação dos estudantes.

43. Defendemos que é preciso garantir no trabalho pedagógico escolar o vínculo entre conhecimento e realidade pela visão de mundo que assumimos: queremos transformar a realidade. Mas não se trata de trabalhar apenas com os conhecimentos produzidos desde uma base direta na realidade. Há conhecimentos que são abstrações puras, mas que podem nos ajudar a compreender determinados aspectos da realidade ou desenvolver determinadas habilidades de pensamento que tornam sua apropriação muito importante. Por isso, os educadores precisam estar teoricamente preparados para fazer a seleção dos conteúdos e essa também não deve ser uma decisão isolada de cada educador e nem mesmo de cada escola.

44. Mas nesse aspecto ainda é necessário situar melhor nossa perspectiva de reflexão, porque é em nome desta mesma palavra "realidade" que a visão neoliberal

de escola tem defendido um pragmatismo curricular que centra a pedagogia em artificiosas situações-problema que visam preparar os estudantes da classe trabalhadora para exigências (mais comportamentais do que técnicas) do mercado capitalista de empregos, em uma lógica em que os conteúdos e os próprios conhecimentos passam a ter um caráter instrumental e imediatista, não formativo. Também na mesma lógica se promove a invasão da escola pelos meios de comunicação de massa ou pela indústria cultural da alienação, promovendo-se o que tem sido analisado como uma outra forma de ignorância: aquela em que o excesso de informações (desde determinada visão de "realidade") paralisa o conhecimento porque impede o processo de chegar a ele. Em nome de relação entre conhecimento e realidade temos visto se realizar práticas curriculares onde se conversa sobre temas da atualidade, mas não se chega a avançar para um patamar de conhecimento que vá além do que os estudantes já tinham antes. Não é essa a direção de nossa reflexão. Para nós o vínculo entre conhecimento e realidade visa a ampliação do acesso e a produção pelos trabalhadores de conhecimentos que ajudam na sua humanização (nesse tempo de desumanização acirrada), conhecimentos que são necessários à formação de sujeitos coletivos, às lutas sociais emancipatórias, à compreensão das contradições sociais em que vivem, à solução de problemas enfrentados no cotidiano, ao cultivo do desejo de transformar o mundo.

45. Não queremos uma escola verbalista e propedêutica e não queremos a instrução em si mesma, mas queremos teoria, queremos instrução. Nossos objetivos sociais e formativos exigem que tentemos garantir na escola um trabalho de apropriação e de produção teórica sério, que permita chegar a uma compreensão rigorosa da realidade, do mundo, mas não uma compreensão afastada da realidade estudada, ou seja, aquela que deixa o sujeito que estuda como um observador frio, distante, insensível, ainda que conhecedor. Para nós a instrução integra um projeto de formação que tem objetivos de transformação coletiva da realidade, com intervenções organizadas na direção de um projeto histórico. E a instrução é trabalho com o conhecimento, que nem sempre é a perspectiva do rol de conteúdos escolares e que não é igual a domínio de informações, embora as inclua. O conhecimento implica uma organização de informações com um determinado sentido capaz de interferir na compreensão da realidade e na atuação sobre ela. E isso supõe uma capacidade de pensamento específica, e que precisa ser aprendida.

46. Uma das dimensões fundamentais da realidade atual de que a escola participa/deve participar diz respeito à sua inserção (de seus sujeitos) nas lutas sociais e suas organizações coletivas. A relação da instituição escola com o sistema escolar, com o Estado, pode ser pelo menos matizada pela relação dos sujeitos

que a fazem, em especial estudantes e educadores, com as comunidades onde cada escola concreta se insere, suas formas organizativas, suas lutas e demandas específicas, bem como com as organizações e movimentos sociais de que estas comunidades fazem parte. Esse vínculo dá um outro sentido ao debate da autonomia escolar (necessária em relação ao Estado burguês, mas não em si mesma), à construção do projeto político-pedagógico da escola, ao próprio estudo das questões da realidade (dimensão alargada e histórica das questões a serem tratadas). Esse vínculo entre escola e movimento social tensiona porque põe em contato lógicas contraditórias, demandas às vezes conflitantes, mas essa tensão enriquece o processo educativo porque não o aparta da lógica da vida real. É desafio permanente pensar sobre como a escola pode trabalhar pedagogicamente essa inserção, como fazer dela também objeto de conhecimento e extrair lições para o processo formativo de educandos e educadores.[4]

47. O trabalho pedagógico da escola com o conhecimento deve ser organizado, pois, de modo a permitir que a vida real impulsione os estudos, o trabalho científico, o que supõe a articulação teoria e prática (perspectiva da práxis) e o aprendizado de como isso se faz concretamente, diante de processos vivos e exigentes de soluções reais: por essa razão é fundamental que se estabeleça o vínculo do estudo com o trabalho, com processos de organização coletiva, com lutas sociais.

48. Consideramos que é necessária a vivência da relação entre teoria e prática no interior do próprio ambiente escolar, ainda que não tenha como se esgotar dentro da escola e também que essa relação não possa ocorrer em todos os momentos e em todas as situações de aprendizagem (pelo tempo e pelas condições objetivas que isso exigiria). Essa convicção se apoia em uma concepção de conhecimento que supõe o movimento da práxis e no objetivo formativo (estratégico para a classe trabalhadora) de atuar na perspectiva de superação da contradição entre trabalho manual e intelectual.

49. Em nossa concepção de escola, a organização do trabalho pedagógico não está, então, centrada na transmissão dos conteúdos, mas não os nega nem

---

[4] O horizonte de concepção, para além do mundo da pedagogia, a que se refere esta dimensão do trabalho educativo e desde nossa perspectiva de classe podemos encontrar em Marx: "Tanto para a criação em massa da consciência comunista quanto para o êxito da própria causa faz-se necessária uma transformação massiva dos homens, o que só se pode realizar por um movimento prático, por uma revolução; que a revolução, portanto, é necessária não apenas porque a classe dominante não pode ser derrubada de nenhuma outra forma, mas também porque somente com uma revolução a classe que derruba detém o poder de desembaraçar-se de toda a antiga imundície e de se tornar capaz de uma nova fundação da sociedade" (*A ideologia alemã*).

relativiza sua importância e sim ao contrário quer dar mais sentido a eles pela busca permanente de seu vínculo com a realidade, com as questões da vida das pessoas. Nossos objetivos formativos não podem ser atingidos apenas pelo ensino transmissivo de conteúdos mais críticos. É possível formar ideias avançadas em sujeitos submissos e passivos. Em muitos lugares isso é feito. Nós queremos (precisamos enquanto classe e na direção de seres humanos mais plenos) formar sujeitos não submissos, organizadamente ativos e orientados por uma determinada visão de mundo. E isso não ser tem como garantir apenas através de conteúdos teóricos, por mais avançados e críticos que eles sejam nem mesmo apenas pelas atividades de estudo e muito menos pelo estudo passivo de conteúdos fragmentados e descolados das questões da realidade. Não podemos nos dar ao luxo de deixar o tempo da escola de fora dos desafios formativos mais amplos que temos. Mas nossas urgências históricas, nesse caso e porque pertencemos a uma classe portadora de futuro, podem potencializar um processo educativo muito mais denso de aprendizados e na direção de uma humanidade mais plena.

50. Queremos estudar os fenômenos ou as questões da vida em toda sua complexidade, tal como existem na realidade (ainda que não apreendidas assim na vivência cotidiana ou nas aprendizagens espontâneas). Precisamos, portanto, de uma abordagem do conhecimento que dê conta de compreender a realidade como totalidade, nas suas contradições, no seu movimento histórico. Por isso, o materialismo histórico-dialético é nossa referência principal e a obra de Marx um bom exemplo aos educadores de como e em que perspectiva trabalhar com o conhecimento científico.

51. Porém, em nossas práticas continua o desafio pedagógico do como fazer o estudo dos fenômenos da realidade garantindo uma apropriação rigorosa do conhecimento teórico, científico, já acumulado pelos esforços da humanidade em compreender e interferir nas questões da vida em cada época, e tendo a mediação de práticas sociais concretas. Nossa experiência mostra que não basta afirmar aos educadores que é preciso juntar realidade e conteúdos, integrar estudo com trabalho: é necessário um esforço coletivo de construir um jeito, um método, de fazer isso na prática escolar cotidiana, aprendendo com as diferentes tentativas historicamente feitas nessa direção, de modo a não tentar deixar de ser refém dos conteúdos para ficar refém das práticas (que assumem uma dinâmica própria, inclusive de tempos) e nem resvalar para um novo tipo de fragmentação, que estabelece momentos diferentes para práticas, para conversas ou discussões sobre questões da realidade e para estudo de conteúdos, fugindo novamente da tarefa de síntese, ou deixando-a para os educandos e individualmente.

52. Algo que já entendemos, a partir das diferentes experiências pedagógicas em que estamos envolvidos, é de que quanto mais complexa a questão da realidade, mais conceitos envolve, mais rico o processo de conhecimento e de construção do pensamento ou das habilidades intelectuais dos estudantes. Isso nos remete à importância dos critérios de seleção das questões da realidade que devem integrar o plano de estudos, considerando sua relevância para a própria realidade (dimensão social, problemática local ou de época) mas também sua potencialidade no trato formativo do conhecimento: quais os conceitos e categorias que podemos trabalhar através de uma ou de outra questão da realidade, ou que são necessários para o seu entendimento mais profundo, ou seja, parece necessário um movimento sistemático entre a problematização dos fenômenos da realidade selecionados para estudo, feita na relação com as práticas concretas às quais se conseguir vinculá-los na ou desde a escola, de modo a identificar conceitos, categorias, procedimentos necessários para compreendê-los e identificar também a que ciências ou outras formas de conhecimento elaborado se referem, e a análise dos conteúdos consolidados pela tradição escolar, considerando as características de cada idade e os objetivos das diferentes etapas da educação básica. Desse movimento talvez efetivamente se produza um currículo e uma forma de trabalho pedagógico mais coerente com a concepção de educação e de escola que tratamos nessa síntese.[5]

---

[5] Nessa direção de continuidade das reflexões, o setor de educação do MST tem retomado, especialmente em algumas de suas práticas nas escolas itinerantes dos acampamentos do Estado do Paraná e de inserção dos estudantes dos cursos de Licenciatura em Educação do Campo, desenvolvido na parceria Iterra/UnB, e de Especialização no Ensino de Ciências Humanas e Sociais nas Escolas do Campo, parceria Iterra/UFSC, as discussões sobre os *complexos de estudo*, uma alternativa formulada para a organização curricular da escola na experiência do início da Revolução Russa (década de 1920, com destaque para o trabalho da equipe de Pistrak e Shulgin). Esta retomada dialoga com as pesquisas do prof. Luiz Carlos de Freitas sobre este período de formulação da pedagogia socialista, especialmente com as ideias desenvolvidas no capítulo introdutório à obra de Pistrak e sua equipe *A escola-comuna*, São Paulo, Expressão Popular, 2009, e no texto "A Escola Única do Trabalho: explorando os caminhos de sua construção", de junho 2010 (elaborado para os Cadernos do Iterra n. 15). Reflexões que estão sendo cotejadas com diferentes práticas desenvolvidas em escolas de acampamentos e assentamentos (de vínculo do estudo com o trabalho, de auto-organização ou participação dos estudantes nos processos de gestão da escola, de estudo através de temas geradores, eixos temáticos) e também com as discussões sobre integração curricular que vêm sendo feitas no âmbito mais específico do ensino médio, a propósito de práticas do "ensino médio integrado" e buscando retomar a perspectiva marxista da formação politécnica, a partir do diálogo com a elaboração de estudiosos como Gaudêncio Frigotto, Marise Ramos, Maria Ciavatta, entre outros, sendo o livro *Ensino médio integrado: concepção e contradições*, São Paulo, Cortez, 2005, um exemplo de referência nessa perspectiva, em particular para essa discussão da lógica de organização do estudo, o texto de Marise Ramos "Possibilidades e desafios na organização do currículo integrado". Embora

53. Cada um dos pontos indicados nesse texto requer aprofundamento teórico e detalhamento específico em nossos estudos e na experimentação prática das escolas, que estão em nossa rede de projeto político e pedagógico. Temos presente que as transformações não acontecem de um momento para o outro e a escola não muda toda de uma vez. E que trabalhamos dentro de condicionamentos sociais que talvez não nos permitam realizar todo nosso projeto de escola nesse momento histórico. Mas nossos objetivos formativos de futuro exigem que tentemos colocar a escola em movimento de transformação agora, que pode ser iniciado a partir de um aspecto ou outro, mas que precisa ser pensado ou projetado como totalidade e como processo, e um processo que para nós deve ser necessariamente coletivo. Podemos dar um passo de cada vez, mas se temos clareza sobre a direção da nossa marcha, temos mais força para continuá-la e também mais discernimento sobre quando e onde é possível dar passos mais largos e quais devem ser as lutas prioritárias e as tarefas que merecem nossa persistência, quem sabe de vida inteira.

54. Também não podemos esquecer que se nossa luta continua sendo para que "a escola seja mais do que escola", no sentido de assumir-se como parte de uma totalidade formadora mais ampla, a vida, a luta por ela não cabe dentro de uma escola (mesmo que derrubadas suas paredes, suas cercas) e as lutas pedagógicas não substituem as lutas sociais e políticas mais amplas, ainda que também na pedagogia a vida não seja defendida somente com palavras...

---

sejam proposições teóricas diferenciadas em relação ao debate geral sobre a forma escolar, incluindo as que fundamentam algumas das práticas que vêm sendo desenvolvidas nas escolas vinculadas ao MST, há um referencial de projeto histórico e de compreensões comuns que, no nosso entender, podem facilitar essa perspectiva de síntese, em construção.

Parte 2

Aprofundamento de questões da organização escolar e do trabalho pedagógico

Ciclos e democratização do conhecimento escolar[1]

Andréa Rosana Fetzner[2]

Este texto analisa algumas propostas de reformas educativas que tenham na democratização do conhecimento escolar uma diretriz capaz de transformar as relações tradicionais entre professoras(es) e estudantes e o conhecimento escolar. Para essa transformação das relações, percebemos a reorganização do currículo, dos tempos e dos espaços escolares e, também, dos processos avaliativos como necessárias. Para desenvolvimento do trabalho, proponho: situar as relações entre sociedade e cultura escolar; retomar algumas propostas educacionais, desenvolvidas no Brasil, que podem ser consideradas alternativas de superação dos modelos hegemônicos, tais como a "escola primária integral", a "educação popular", e, ainda, as propostas de organização em ciclos, em relação ao tratamento do conhecimento escolar e da participação popular na escola.

Os fazeres docentes, assim como as práticas familiares e as demais relações sociais estabelecidas, não estão descolados de uma realidade social e cultural que os conformam. Ao mesmo tempo, a família, a escola e as relações de trabalho não apenas reproduzem a sociedade e a cultura onde são geradas, mas, ao reproduzi-

---

[1] Artigo organizado a partir do texto "Pesquisa, docência e conhecimento escolar na reforma educacional do sistema municipal público de Porto Alegre (1993-2004): dimensões epistemológicas e axiológicas", organizado com base na tese de doutorado "Falas docentes sobre a não aprendizagem escolar em ciclos" (Fetzner, 2007).
[2] Da Universidade Federal do Estado do Rio de Janeiro (Unirio), Escola de Educação.

rem-nas (sociedade e cultura a que pertencem), as transformam. O que pretendemos discutir tratará do quanto a escola, na sua forma de organização, relação e tratamento do conhecimento escolar pode contribuir para a conservação dos valores sociais que subalternizam as pessoas e, também, como poderíamos pensar, propor e efetivar processos de estudo e apropriação do conhecimento que fossem ao encontro da produção e da partilha coletivas, da autonomia, da valorização das identidades populares e da percepção crítica do mundo.

Nesse movimento que é, simultaneamente, de reprodução e de transformação, encontramos a estrutura escolar existente, com seus rituais (fila, chamada, ordenamentos temporais e outros), e, ao mesmo tempo, uma nova estrutura que tenta se constituir por meio da ruptura com os tradicionais ordenamentos e rituais.

Para Viñao Frago (1995, p. 69), a cultura escolar contém práticas e condutas, modos de vida, hábitos e ritos, a história cotidiana do saber escolar, os objetos materiais, a função, o uso e a distribuição no espaço, a materialidade física, a simbologia, os modos de pensar, significados e ideias compartilhados. Porém, entre os elementos que mais organizam e conformam a cultura escolar, estão os espaços e tempos, as práticas discursivas e linguísticas ou as formas de comunicação:

> Estas tres dimensiones o aspectos – el espacio, el tiempo y el lenguaje o modos de comunicación – afectam al ser humano de lleno, en su misma conciencia interior, en todos sus pensamientos y atividades, de modo individual, grupal y como especie en relación con la naturaleza de la que forma parte. Conforman y son conformados, a su vez, por las instituciones educativas. De ahí su importancia (1995, p. 69).

A escola propõe regras, validações, punições que buscam moldar o sujeito educado. Os tempos, os espaços e a linguagem validados pela escola interiorizam-se no sujeito, não apenas o instruindo intelectualmente, mas formatando seus valores e, em especial, os valores sobre si mesmo (Viñao Frago, 1995). Entre as regras que são propostas, a organização do tempo: entre os tempos de estudar e os tempos de brincar veem-se a valoração de atitudes que são consideradas estudo ou perda de tempo, relevantes ou irrelevantes, atividades produtivas ou improdutivas.

Por meio das regras, das organizações adotadas, dos valores discursados, a escola conserva uma relação com o conhecimento que é uma relação de subordinação: o conhecimento (nas relações tradicionalmente presentes na maioria das escolas) é uma propriedade do professor que ele (e somente ele) pode repassar para os estudantes. Aprender o conhecimento (nesse contexto) é reproduzir o conhecimento que é do professor.

Em propostas *reprodutivistas*, não é necessário operar com ele (o conhecimento), verificá-lo, construí-lo ou praticá-lo criticamente: é preciso *reproduzi-lo*. O que se observa é que o currículo, as organizações dos espaços e tempos e as práticas escolares avaliativas podem contribuir ou dificultar este tipo de relação com o conhecimento escolar.

Pensar profundamente sobre o que se tem como verdade, refletir criticamente a ciência e aprender ciência fazendo ciência com o povo, embora desejado em algumas propostas político-pedagógicas, é pouco viável em uma escola que:

- tem seu currículo orientado por uma visão *restrita* na qual, muitas vezes, reduz-se o currículo ao conteúdo escolar;

- organiza-se com o princípio de *ensinar a todos como se fossem um* (tempos iguais para todos, atividades, explicações e avaliações padronizadas).

Essas práticas escolares (curriculares e didáticas) são decorrentes de um processo de massificação do ensino onde se elegem os conteúdos básicos a serem *ministrados* em todas as escolas, divididos entre as nove séries do ensino fundamental. Cada série escolar, portanto, apresenta um rol de conteúdos a ser assimilado pelos estudantes.

A forma mais comum de repasse desses conteúdos sustenta-se na ideia de transmissão simultânea, pela qual um professor ou uma professora, em uma sala de aula, ensina um mesmo conteúdo, com as mesmas atividades, para todos os estudantes ao mesmo tempo. Ao final de um período de dois ou de três meses, esse professor ou professora avalia a aquisição desses conteúdos por meio de provas que resultam em notas ou conceitos.

O trabalho escolar, compartimentado e repetitivo, muitas vezes, gera a alienação do professor sobre seu próprio trabalho: o professor vê os conteúdos que deve ensinar, em que ponto desses conteúdos se encontra e onde deve chegar até o final do ano letivo. Direcionado para o ensino dos conteúdos, o professor tende a deixar de visualizar a educação das crianças de uma forma integral.

Em síntese, o modelo de organização escolar predominante no ensino fundamental, a organização seriada, prevê que as séries sejam formadas por um conteúdo que, diferente para cada uma, seja ministrado em um mesmo tempo para todos os estudantes de uma mesma série. Ao propor isso, organiza-se um tempo-padrão, conteúdos predefinidos e supostamente lineares entre as séries, avaliações padronizadas e uma didática que traduz o ensino como o ministrar de conteúdos, pela professora, para o conjunto dos alunos.

Esses padrões de organização conformam o espaço e o tempo escolar, criam hábitos, valores e formas de comunicação: aspectos da cultura escolar que podem afirmar ou negar linguagens, saberes e culturas. Na hegemonia do conhecimento livresco (na tentativa de transmissão desses conhecimentos sob a forma de recitação e cópia, nos seus mais diversos sentidos), os saberes e, muitas vezes, a capacidade de aprender dos estudantes é negada, pois são negadas suas culturas e suas linguagens.

A sociedade brasileira tem-se configurado, politicamente, com alianças entre as camadas dirigentes conservadoras e as camadas médias da população, que, aliadas aos valores conservadores, efetivam um Estado que alija as classes populares dos direitos que constituem a cidadania (Vieira e Freitas, 2003). Essa configuração política reflete-se, também, na construção de uma cultura escolar que afirma linguagens, saberes e culturas adequados ao sucesso escolar das camadas dirigentes e médias da população (porque intimamente ligados aos seus saberes e suas culturas), e que, ao mesmo tempo, negam culturas e saberes outros (populares).

Por mais difícil que nos pareça, ainda hoje, a educação como um processo que possa afirmar valores de emancipação às camadas populares, as experiências brasileiras em torno dos conceitos de "educação integral" (anos 1920), "educação popular" (final dos anos 1950 e início dos anos 1960) e ciclos (anos 1990) foram algumas das que registraram a construção possível de alternativas, que afirmam a escola como espaço de vivência da cidadania, da pluralidade de saberes e de trocas culturais, ou seja, propõem a educação escolar como um processo de apropriação coletiva dos conhecimentos (que também são coletivos).

Experiências educativas brasileiras que tentaram outra noção de conhecimento escolar

O ensino primário de quatro anos, por exemplo, no período da Primeira República (tempo em que os concluintes do ensino fundamental eram cerca de 13% dos matriculados) foi alvo de tentativas de mudança: buscando possibilitar a conclusão do ensino primário por uma maior parcela da população, várias reformas pedagógicas tentavam implementar a "Escola Primária Integral": Lourenço Filho, Ceará, 1923; Anísio Teixeira, Bahia, 1925; Francisco Campos e Mário Cassasanta, Minas, 1927; Fernando de Azevedo, Distrito Federal, 1928; Carneiro Leão, Pernambuco, 1928.

Comentando a reorganização da instrução pública na Bahia, promovida por Anísio Teixeira, Moreira (2007, p. 88) diz:

> Novas perspectivas em relação ao currículo eram evidentes na reorganização da instrução pública na Bahia, promovida por Anísio Teixeira. Pela primeira vez,

disciplinas escolares foram consideradas instrumentos para o alcance de determinados fins, ao invés de fins em si mesmas, sendo-lhes atribuído o objetivo de capacitar os indivíduos a viver em sociedade. Tal concepção implicou a ênfase não só no crescimento intelectual do aluno, mas também em seu desenvolvimento social, moral, emocional e físico.

O ideário da Escola Primária Integral propunha desenvolver um ensino que, ligado à realidade sociocultural dos alunos, oportunizasse um conjunto de conhecimentos e habilidades básicas, tais como literatura, história pátria, manejo da língua como instrumento de pensamento e expressão, entre outros (Bahia, Lei nº 1.846, 1925). A motivação da proposta orientava-se por superar o ensino "livresco", descolado da realidade circundante e ministrado em uma linguagem de pouco acesso às crianças das camadas populares. Esse conceito inspirará o Manifesto dos Pioneiros da Educação Nova, em 1932.

Outros exemplos de movimentos que trabalharam com outros entendimentos de conhecimento escolar, entre 1958 e 1964, foram a Campanha De Pé no Chão Também se Aprender a Ler, promovida pela Prefeitura de Natal e o Movimento de Educação de Base, no âmbito da Igreja Católica (ver Fávero, 2008). Essas duas experiências tinham em comum o conceito de educação popular, no sentido de uma ampliação da preparação do povo, tanto para a vida como para o trabalho, com base em uma formação política e na valorização dos saberes da cultura popular; para a Campanha, por exemplo, a alfabetização deveria ter como objetivo máximo:

> ... integrar o educando, na sua comunidade, dando para isso a oportunidade de sentir e viver a cultura do seu povo (...). Tal integração deve ter como sentido uma profunda vivência com a problemática da terra, de tal forma que o aluno sinta a realidade regional, estadual e nacional e reflita sobre tais problemas (...). A integração da criança ao meio deve ser atingida através do próprio conteúdo do ensino. Assim é que todo o currículo deve ser desenvolvido através de grandes temas que procurem dar ao aluno uma visão de conjunto com uma interpretação de suas implicâncias no setor social (Secretaria de Educação, Cultura e Saúde de Natal *in* Germano, 1982, p. 144).

A educação popular traz, portanto, uma proposta de ruptura com o ensino livresco, propondo uma escola que se faça com o povo e para o povo, na defesa de seus direitos e saberes (Freire, 1975). A defesa dos saberes do povo como ponto de partida para o diálogo da educação nos permite compreender que as identidades, as linguagens e o trabalho do povo têm contribuição importante na democratização da escola. As práticas de diálogo com a comunidade, planejamento curricular e avaliações coletivas, ordenação dos espaços e tempos em acordo com as necessidades avaliadas pelo grupo seriam as bases do surgimento de outra cultura escolar.

Nesse debate, muito contribuiu Paulo Freire. A crítica ao ensino *bancário*, e a proposta de educar desde uma perspectiva crítica de mundo, por meio do engajamento do ensino à realidade, são marcas das suas discussões que reaparecem anos mais tarde, após a ditadura militar no Brasil, e terão influência na organização escolar em ciclos, implementada em sua gestão como Secretário de Educação no município de São Paulo (1989-1992).

Os ciclos, no entendimento trazido nesse trabalho, consistem no desdobramento das práticas de democratização da escola, a serem explicitados numa articulação entre os conceitos de participação e necessidades de desenvolvimento humano por meio do trabalho com um conhecimento escolar relevante para (e na) a vida dos estudantes. Mas as propostas de ciclos implementadas no Brasil possuem uma ampla diversidade conceitual.

As tentativas de rompimento com a escola seriada registram, no século passado, desde o final da década de 1950, propostas alternativas de organização no ensino fundamental, tais como a Reforma do Ensino Primário, no Rio Grande do Sul (1958), a organização em níveis, em Pernambuco (1968), o sistema de Avanços Progressivos em Santa Catarina (1970-1984), o bloco único no Estado de São Paulo (1968-1972) e o bloco único no Rio de Janeiro (1979-1984), os ciclos básicos de alfabetização na década de 1980 (Estados de São Paulo, Minas Gerais, Paraná e Goiás), os processos de aceleração escolar da década de 1990 entre outros (ver Mainardes, 2001 e Barreto e Mitrulis, 2004).

Após o início da experiência de ciclos no município de São Paulo (gestão de Paulo Freire), Belo Horizonte e, também Porto Alegre, realizaram movimentos que buscaram, em suas redes de ensino, implementar princípios de democratização do conhecimento escolar por meio da organização escolar em ciclos, onde as referências na idade e na mobilização curricular foram o enfoque da enturmação dos alunos, orientadas pela proposta de considerar a heterogeneidade da turma como força motriz da aprendizagem escolar (Fetzner, 2007).

Em 1996, com a aprovação da LDBEN 9495/96,[3] os ciclos foram previstos como uma das possíveis formas de organização escolar. As tipologias de ciclos fundamentam-se em dois princípios: o tempo de duração e a finalidade do agrupamento em ciclos.

---

[3] Lei de Diretrizes e Bases da Educação Nacional, a qual prevê, no artigo 23, a possibilidade da organização escolar com outras lógicas para além da seriação.

Os ciclos de alfabetização duram entre dois e três anos letivos e têm como foco o desenvolvimento da leitura e da escrita. Admitindo que o processo de alfabetização comece antes da escola e é um processo contínuo, os ciclos de alfabetização tendem a ser orientados por uma continuidade da criança com sua turma, sem reprovação escolar.

Os ciclos de aprendizagem organizam-se, também, entre dois, três ou quatro anos de escolaridade e possuem como argumentação, em seu processo de implementação, a questão do *tempo* ampliado para que o estudante aprenda determinados conteúdos. A diferença entre a organização em ciclos e a organização em séries, nesse caso, está na proposta de não reprovação durante determinados anos escolares e sua semelhança está na orientação dos ciclos pelos conteúdos que o estudante *deve* aprender; porém, essa orientação costuma ser para um conjunto de anos (dois, três ou quatro) e não apenas para um ano só (a série implica uma previsão anual dos conteúdos a serem aprendidos).

Os ciclos de formação orientam-se pela enturmação dos estudantes em idades aproximadas, em períodos de três anos letivos compondo cada ciclo. Em geral, o primeiro ciclo é chamado de ciclo da infância (reunindo crianças de 6 a 8 anos), o segundo ciclo é chamado ciclo da pré-adolescência (crianças de 9 a 11 anos) e o terceiro ciclo é chamado de ciclo da adolescência (crianças de 12 a 14 anos). A orientação de enturmação dos estudantes, no caso dos ciclos de formação, não se dá pelos conteúdos que devem ser adquiridos, mas pelas idades aproximadas que impõem a necessidade da escola considerar que, independentemente do conteúdo anterior adquirido, os estudantes precisam ser provocados quanto ao desenvolvimento possível (motor, afetivo e cognitivo) de acordo com as idades em que se encontram.

Essa proposta de que é mais importante que a escola considere a potencialidade de desenvolvimento dos estudantes considerando a faixa etária dos mesmos e não se restringindo ao conhecimento adquirido anteriormente (por exemplo, se um estudante de 14 anos não sabe ainda ler e escrever não poderia lhe ser proposto o mesmo trabalho que para crianças entre 6 e 7 anos, na mesma condição em relação à leitura e à escrita), pode encontrar nos estudos de Vygotski (1994, 1995, 1996, 2003), importantes contribuições.

Os ciclos de formação exigem uma orientação curricular flexível ao ponto de permitir, nas instituições educativas, que as professoras e os professores construam o currículo, considerando os saberes e não saberes de seus estudantes. Ao mesmo tempo é indicada a necessidade de uma organização curricular em *espiral*, o que significaria a retomada de conteúdos considerados importantes, em todos os ciclos, capazes de mobilizar as potencialidades de crianças, pré-adolescentes e adolescentes, em acordo com cada faixa etária.

Nos estudos sobre ciclos previamente realizados destacam-se o *Estado do Conhecimento – ciclos de progressão continuada (1990-2002)* de Sousa e Barreto (2004), que revisaram 117 trabalhos publicados sobre o tema e concluindo que:

> Como foi possível constatar, na literatura examinada, o conceito de ciclos está em vias de construção pelas múltiplas e diferenciadas experiências de organização da escola que visam romper com a fragmentação curricular com vistas a assegurar o direito de todos à educação. Cristalizar os ciclos em um modelo único seria empobrecê-los; implicaria perder as nuanças de seus significados, forjados em contextos históricos diversos, a partir de embates específicos e por meio de ideários educacionais que se foram modificando ao longo do tempo (p. 65).

Neste sentido, as diferentes propostas de ciclos vêm construindo entendimentos diversos de currículo e organização do tempo e, igualmente, operam com sensibilidades variáveis quanto à cultura da comunidade escolar.

Outro estudo, realizado sobre as propostas de ciclos implementadas em municípios do Rio de Janeiro (pesquisa que envolveu 17 municípios), Fernandes (2007) indicava como ponto comum entre as mesmas:

> Podemos dizer que a tentativa de reversão do fracasso escolar torna a experiência brasileira única, no sentido da conceituação dos ciclos e da escola com uma outra forma de organização. A concepção de conhecimento presente nas diversas propostas é perpassada pela compreensão da função social da escola pública e da reversão do fracasso escolar (p. 26).

No estudo apresentado em *Quinze anos de ciclos no ensino fundamental: um balanço das pesquisas sobre sua implementação,* de Gomes (2004), o autor indica que as pesquisas sobre os processos de implementação dos ciclos, em geral, *"apontam medidas de valorização do magistério, que melhoraram suas condições de trabalho em face das tarefas mais complexas da organização em ciclos"* (2004, p. 40). O mesmo estudo destaca que os projetos de implementação precisariam envolver toda a comunidade escolar e mais tempo para a melhoria das aprendizagens *"desde que este tempo não abrigue a repetição do que se faz no tempo usual"* (idem, p. 41). Outras questões como envolvimento e adesão do magistério, dos estudantes e de suas famílias também são consideradas importantes para um bom processo de desenvolvimento da organização em ciclos.

Desafios docentes: os mesmos e os outros

Considerando a realidade social e econômica brasileira desigual e excludente,[4] não é difícil imaginar o quanto é, para as professoras e os professores, desafiadora uma escola que se contraponha àquela que é hoje hegemônica, uma escola que se organize por meio da afirmação da capacidade de aprender e dos conhecimentos que trazem os alunos, sua linguagem, suas formas de ver o mundo para, em diálogo, construir e desconstruir visões. Tudo isto imerso nas enormes dificuldades enfrentadas pela falta de suficiente investimento público na educação, salários não condizentes com o trabalho a ser desenvolvido, falta de recursos pedagógicos adequados, carência de práticas de gestão democrática dos sistemas públicos e das escolas, salas de aula com muitos estudantes por professor.

Além das dificuldades decorrentes da desigualdade social e das condições objetivas do trabalho escolar (materiais, salários, formação), o processo de democratização da educação escolar está imerso em uma sociedade conservadora:

> O processo de democratização enfrenta a falta de referências significativas de prática democrática na sociedade brasileira. O caráter excludente e autoritário da nossa sociedade, o processo de apropriação privada do aparelho do Estado pelas elites, a luta pela democracia e a reação conservadora, agregam ao espaço escolar um lócus fundamental (...) (Azevedo, 2007, p. 150).

Na luta pela democratização da sociedade, a democratização escolar pode ser entendida em três dimensões: a democratização do acesso à educação (Azevedo, 2000 e 2007; Paro, 2001; Ghanem, 2004), a democratização da gestão da educação (*idem*) e a democratização do conhecimento (Azevedo, 2000 e 2007; Gandin, 2008).

Por democratização do acesso à educação, entende-se a ampliação da população atendida pelas escolas: crianças, jovens e adultos que têm respeitados o seu direito de acesso à escola básica e à formação intelectual e técnica necessária para a ampliação de seus conhecimentos e inserção crítica e ativa no mundo do trabalho.

A democratização da gestão da educação é entendida buscando-se a participação do povo na construção e implementação do projeto escolar. Já a democratização

---

[4] Dados de 2005 indicam que os 10% mais ricos do país detêm 75% da renda nacional, resultando em que os 90% mais pobres compartilhem 25% desta renda. Das 60 milhões de famílias brasileiras, 5 mil ficam com 45% da renda e riqueza nacional. Entre 1979 e 2005, a participação do trabalho na renda nacional caiu 12%. (Pochmann, 2007). De 2005 para cá, algumas políticas de distribuição de renda, implementadas pelo Governo Lula, têm mudado (embora ainda pouco, se considerada a grandeza da desigualdade) esta situação.

do conhecimento significa tanto o acesso a uma educação de qualidade, portanto, que trabalhe com conhecimentos substantivos para a formação do cidadão, quanto, também, a democratização do próprio conceito de conhecimento, incluindo, neste, os saberes populares.

A apropriação crítica da própria identidade e de conhecimentos escolares que possam contribuir para uma efetiva democratização da sociedade (inclusive da produção cultural) precisa incluir processos educativos democráticos e, nesse sentido, a organização escolar em ciclos pode ser uma possibilidade quando (esta organização) propicia a transformação do currículo, dos tempos e espaços e das práticas avaliativas em processos coletivos.

Ciclos: entre o reprodutivismo e a transformação

Após pesquisas realizadas em diferentes realidades escolares sobre a organização escolar em ciclos podemos dizer que esta se torna efetivamente transformadora das práticas escolares *reprodutivistas* quando favorecem:

a) o planejamento coletivo entre os anos de escolarização, sendo o currículo organizado pela própria escola, por meio de temas geradores ou complexos temáticos[5] ou, ainda, formas críticas de trabalho com o conhecimento escolar, que possibilitem articular saberes da comunidade com conceitos fundamentais de cada área de conhecimento a serem abordados, de acordo com as potencialidades do desenvolvimento das crianças, pré-adolescentes ou adolescentes;

b) organização dos tempos escolares de forma contínua, com horários mais extensos e não tão compartimentados entre as disciplinas como nas escolas seriadas e onde as aulas, organizadas com a perspectiva interdisciplinar, procuram oferecer ao estudante um todo coerente e o estudo de temas fundamentais para a compreensão crítica da realidade de sua comunidade;

c) espaços de aprendizagem diferenciados, tentando atender às necessidades específicas dos estudantes para seu desenvolvimento cognitivo, afetivo e motor e garantindo o atendimento escolar necessário para o desenvolvimento de todos, nas melhores condições possíveis (laboratórios de aprendizagem, salas de artes, informática educativa), serviços estes providos pelo Estado e não terceirizadas em parcerias com a iniciativa privada ou serviços voluntários;

---

[5] Os complexos temáticos eram formas de organizar coletivamente intra e interciclos o currículo escolar (ver Rocha, 1996; Krug, 2001 e 2007) e integrar os estudantes e suas famílias na discussão do currículo escolar, e às áreas de conhecimento no desenvolvimento dos estudos a serem realizados.

d) aulas que se organizam priorizando o trabalho em grupo, a troca de experiências e saberes entre os estudantes e a ajuda mútua, tomando a apropriação do processo de conhecer como foco do desenvolvimento intelectual;

e) práticas avaliativas coletivas, participativas e direcionadas para a reorganização das atividades, a busca de suporte adequado ao ensino e, também, direcionadas ao conjunto da escola.

Em pesquisa anterior (Fetzner, 2007) foi possível perceber a incorporação, em propostas de organização em ciclos, da participação na cultura escolar. Essa incorporação da participação como prática e valor da escola pode ser compreendida como resultado dos vários movimentos de participação popular: Orçamento Participativo, Congresso Constituinte Escolar, Conselhos Escolares, pela interlocução direta entre comunidade, escolar e sistema de ensino e, também, pela criação de processos de participação na organização do currículo da escola.

Gandin (2008, p. 229), analisando a experiência de Porto Alegre, por exemplo, na implementação dos ciclos diz:

> A transformação curricular é uma parte crucial do projeto de Porto Alegre para construir uma cidadania ativa. É importante dizer que essa dimensão não se limita ao acesso ao conhecimento tradicional. O que também se estava construindo era uma nova compreensão epistemológica sobre o que conta como conhecimento, que não se baseia na simples incorporação de novo conhecimento nas margens de um intocado "centro de sabedoria da humanidade", mas em uma transformação radical. O projeto da Escola Cidadã vai além da simples menção episódica de manifestações culturais ou da opressão baseada na classe, na raça, no sexo e no gênero, e inclui estes temas como uma parte essencial do processo de construção do conhecimento.

Estudo recente[6] fortalece a observação de Gandin: analisado os *complexos temáticos* de três escolas da rede de Porto Alegre, foi possível perceber que o movimento curricular provocado pelos complexos temáticos (forma de organização do ensino adotada naquele projeto) resultava de uma seleção sobre o que trabalhar, construída em diálogo com a comunidade e que, as seleções analisadas, apresentavam uma recorrência aos estudos sobre as diferenças individuais, as desigualdades sociais, identidades, discriminações, sexualidade, enfim, temas que sugerem estar

---

[6] Estudo apresentado no IV Congresso Luso-Brasileiro sobre questões curriculares: *Entre a regulação e a transformação:* a experiência com complexos temáticos na organização do ensino em Porto Alegre (Fetzner, 2008).

o currículo escolar aberto à diversidade, à diferença e ao cruzamento de culturas (Fetzner, 2008). Essas características quanto à escola e suas práticas parecem fundamentais para que o conhecimento escolar seja entendido e vivenciado como produção coletiva. Assim, o conhecimento seria, ao mesmo tempo, uma produção e um produto coletivamente construído e compartilhado.

A necessidade de outras práticas escolares

Trabalha-se neste texto a necessária perspectiva de uma transformação escolar que possibilite a aprendizagem, a produção e o compartilhamento dos conhecimentos escolares com todos os estudantes. Para isto, indicaram-se o caráter predominantemente *reprodutivista* das práticas escolares e a possível construção de formas de organização escolar provocativas de outras práticas (coletivas e valorativas dos conhecimentos e culturas populares).

Embora a transformação da escola acrescente aos desafios docentes outros pontos (como a criação de uma cultura democrática e a necessidade de questionamento sobre o que consideramos conhecimento escolar) existem experiências escolares brasileiras que podem contribuir significativamente com esta transformação.

As práticas da escola, na organização das condutas, do saber escolar (o que é considerado saber e o que não é) e, em especial, os significados e as ideias compartilhadas (Viñao Frago, 1995), indicam que é possível e necessário transformar a escola em um espaço democrático de aprendizagem. Essa transformação passa por uma construção coletiva de princípios para a ação e, nesse coletivo, necessariamente se incluem os estudantes e suas famílias e os conhecimentos docentes e discentes.

Referências

AZEVEDO, José C. A democratização da escola no contexto da democratização do Estado: a experiência de Porto Alegre. *In:* SILVA, Luiz Heron. *Escola cidadã:* teoria e prática. Petrópolis: Vozes, 1999. p. 12-30.
_____. *Escola cidadã:* desafios, diálogos e travessias. Petrópolis: Vozes, 2000.
_____. *Reconversão cultural da escola:* mercoescola e escola cidadã. Porto Alegre: Sulina, Editora Universitária Metodista, 2007.
BRASIL. INSTITUTO BRASILEIRO DE GEOGRAFIA E ESTATÍSTICA. Produto Interno Bruto dos Municípios 2003-2006. Disponível em: <http://www.ibge.gov.br/home/estatistica/economia/pibmunicipios/2006/tab01.pdf>
BRASIL. MINISTÉRIO DA EDUCAÇÃO. INSTITUTO NACIONAL DE ESTUDOS E PESQUISAS EDUCACIONAIS ANÍSIO TEIXEIRA.

Censos Escolares de 2005 e 2006. Disponível em: <http://www.inep.gov.br/basica/censo/Escolar/Sinopse/sinopse.asp>

BRASIL. MINISTÉRIO DA EDUCAÇÃO. CONSELHO NACIONAL DE EDUCAÇÃO. Parâmetros Curriculares Nacionais. Documento Introdutório. Disponível em: <http://portal.mec.gov.br/seb/arquivos/pdf/livro01.pdf>

BRASIL. MINISTÉRIO DO TRABALHO E EMPREGO. Rais. Estatísticas. Disponível em: <http://www.ibge.gov.br/home/estatistica/economia/municípios> acesso em 14.01.2005.

CUNHA, Luiz A. e GÓES, Moacyr de. *O golpe na educação.* 11ª ed. Rio de Janeiro: Jorge Zahar, 2002.

FAVERO, Osmar (Coord.). *Coletânea educação popular (1947-1966).* Rio de Janeiro: Núcleo de Estudos e Documentação de Educação de Jovens e Adultos. Programa de Pós-Graduação em Educação da Universidade Federal Fluminense. CD-ROM, 2008 (?)

FERNANDES, Claudia de O. *A escolaridade em ciclos:* a escola sob uma nova lógica. *Cadernos de Pesquisa.* São Paulo: v. 35, nº 124, p. 57-82, 2005.

_____. Claudia. Escola em ciclos: uma escola inquieta – o papel da avaliação. *In:* KRUG, Andréa (Org.). *Ciclos em Revista – A construção de uma outra escola possível.* Rio de Janeiro: Ed. WAK, 2007, V. 1.

_____. Claudia. *As concepções de professores de municípios do Rio de Janeiro acerca da organização da escolaridade em ciclos e sua formação.* Relatório de pesquisa. FAPERJ. 2007.

FETZNER, Andréa R. *Entre a regulação e a transformação:* a experiência com complexos temáticos na organização do ensino em Porto Alegre (1995/2004). IV Congresso Luso-Brasileiro sobre Questões Curriculares, *Anais.* CD-ROM. UFSC. 2008.

_____. *Falas docentes sobre a não-aprendizagem escolar nos ciclos.* 2007. 167f. Tese (Doutorado em Educação) – Faculdade de Educação. Universidade Federal do Rio Grande do Sul, Porto Alegre, 2007.

FREIRE, P. *Pedagogia do oprimido.* Porto: Afrontamento, 1975.

GANDIN, Luís Armando. Criando alternativas reais às políticas neoliberais em educação: o projeto escola cidadã. *In:* APPLE, Michael W. e BURAS, Kristen L (Orgs.). *Currículo, poder e lutas educacionais:* com a palavra os subalternos. Tradução Ronaldo Cataldo Costa. Porto Alegre: Artmed, 2008. p. 221-243.

GERMANO. José Willington. *Lendo e aprendendo:* a campanha de pé no chão. Coleção Teoria e Prática Sociais. São Paulo: Autores Associados, Cortez, 1982.

GHANEM, Elie. *Educação escolar e democracia no Brasil.* Belo Horizonte: Autêntica/Ação Educativa, 2004.

GOVERNO DO ESTADO DA BAHIA, Lei n° 1.846, ano 1925.

KRUG, Andréa. *Ciclos de formação:* uma proposta transformadora. 2ª ed. Porto Alegre: Mediação, 2001.

KRUG, Andréa R.F. *Desseriar o ensino:* qual currículo? Qual conhecimento? *In*: KRUG, Andréa R.F. (Org.) *Ciclos em revista*: *a construção de uma outra escola possível*. 2ª ed. Rio de Janeiro: WAK Editora, 2007, V. 1, p. 81-94.

MOREIRA, Antonio Flávio B. *Currículos e programas no Brasil.* 14ª ed. Campinas: Papirus, 2007.

PARO, Vitor Henrique. *Escritos sobre educação.* São Paulo: Xamã, 2001.

PILLA VARES, Sônia et al. *Estado, democracia e educação:* construindo a qualidade social. SMED, 1996. Mimeo.

POSCHMANN, Marcio. O país dos desiguais. *Le Monde Diplomatique Brasil*, ano 1, n. 3, p. 16-18, out. 2007.

ROCHA, Silvio (Org.). Proposta político-educacional para a organização dos espaços-tempos na escola municipal. *Cadernos Pedagógicos* n. 9, SMED, Porto Alegre, dez. 1996.

VIEIRA, Sofia Lersche e FREITAS, Isabel Maria Sabino. *Política educacional no Brasil:* introdução histórica. Brasília: Plano Ed., 2003.

VIÑAO FRAGO, Antonio. História de la educación e história cultural: posibilidades, problemas, cuestiones. *Revista Brasileira de Educação*, ANPEd, n. 0, p. 63-79, set.-dez., 1995.

VIGOTSKI, Liev S. *A formação social da mente*: o desenvolvimento dos processos psicológicos superiores. Tradução de José Cipolia Neto, Luís Silveira Menna Barreto, Solange Castro Afeche. 5ª ed. São Paulo: Martins Fontes, 1994.

_____. *Obras Escogidas:* psicología infantil. Madri: Visor Dist. S.A. 1996.

_____. *Obras Escogidas III:* Problemas del desarrollo de la psique. Madri: Visor Distribuciones S.A., 1995.

_____. *Psicologia pedagógica.* Edição comentada. Tradução de Cláudia Schilling. Porto Alegre: Artmed. 2003.

Reflexões sobre a organização curricular por área de conhecimento

Romir Rodrigues [1]

Este texto sistematiza o debate ocorrido no planejamento, execução e avaliação do tempo-aula da Área de Ciências Humanas e Sociais[2] – CHS – nas etapas 2 e 3 do curso de Licenciatura em Educação do Campo – LEdoC – e possui dois objetivos principais. O primeiro, registrar a experiência realizada pela equipe de CHS, procurando identificar seus limites e avanços para, somado com outros documentos produzidos pelas diversas instâncias e sujeitos do curso, possibilitar a elaboração de uma memória coletiva do processo em desenvolvimento. O segundo objetivo, organicamente articulado ao anterior, é refletir sobre a questão da formação de educadores por área do conhecimento, uma das centralidades da proposta da LEdoC, procurando, a partir de um aprofundamento teórico sobre a questão da interdisciplinaridade, reforçar o caráter heurístico da experiência realizada para a continuidade do curso.

---

[1] Do Instituto Federal de Educação, Ciência e Tecnologia do Rio Grande do Sul, campus Canoas. Participou como docente e membro da equipe de coordenação da Licenciatura em Educação do Campo, turma da parceria UnB-Iterra no período de 2007-2010 (junho). Texto finalizado em agosto de 2009.

[2] Apesar de ter clareza que está sendo realizada uma redução, neste curso, as ciências que integram a Área de Ciências Humanas e Sociais são História, Geografia, Sociologia e Filosofia por serem disciplinas obrigatórias dos currículos de ensino médio das escolas brasileiras, um dos principais focos de atuação dos futuros educadores que estão sendo formados.

Tendo em vista o fato de que a equipe da CHS integra a coordenação da LEdoC, acompanhando o processo desde os primeiros movimentos, é importante apresentar algumas considerações sobre a objetividade desta sistematização, para que não se estabeleça um aparente conflito com a concepção de isenção científica que impõe o distanciamento entre o pesquisador e seu objeto de estudo.

Essa imparcialidade está ligada a pressupostos positivistas de neutralidade da ciência e da adoção de metodologias próprias às ciências naturais para interpretação dos fatos sociais, e, conforme Michael Löwy (1989), deve ser compreendida como um erro fundamental. Para sustentar essa posição, o autor apresenta o caráter histórico dos fenômenos sociais, marcados pelo signo da transitoriedade e da transformação pela ação de homens e mulheres, o inevitável entrelaçamento entre o sujeito e o objeto de conhecimento, a característica dos problemas sociais em suscitarem a emergência de concepções antagônicas e as implicações político-ideológicas da teoria social, devido ao fato do conhecimento ter consequências diretas sobre a luta de classes. Nesse sentido, nossa preocupação foi a de estabelecer uma vigilância epistemológica que procurasse garantir a objetividade e rigorosidade da análise da experiência sem deixar de lado, de fato incorporando-as como elemento de análise, as concepções políticas e ideológicas da equipe da CHS.

Esta sistematização está organizada em quatro partes, cada uma explorando diferentes dimensões do processo instaurado pela CHS. A primeira parte objetiva compreender o papel previsto para a CHS no currículo do curso, indicando possíveis limites para o alcance do trabalho realizado. Na segunda parte, será analisada a questão da interdisciplinaridade, a partir de dois focos principais, a compreensão dos fatos sociais como totalidades e, dialogando com os trabalhos de Jurjo Torres Santomé e Ivani Fazenda, a superação do paradigma linear disciplinar que, apesar das críticas realizadas, ainda predomina nas escolas e instituições de ensino superior. Dessa forma, será apresentada a base teórica utilizada para subsidiar as práticas implementadas pelos educadores da Área de Ciências Humanas e Sociais. Uma análise do trabalho realizado pela CHS nas duas etapas em que atuou, demarcando a rota percorrida e a dinâmica desta travessia é o objetivo da terceira parte desta sistematização. A última parte apresenta a síntese construída pela CHS, na qual emerge alguns indicativos que poderão contribuir para as análises que acompanharão a continuidade do curso e, numa perspectiva ampliada, a construção do desenho de escola de Ensino Médio do Campo.

A CHS no currículo da Licenciatura em Educação do Campo

Originado das discussões da II Conferência Nacional por uma Educação do Campo, ocorrida em 2004, o curso de Licenciatura em Educação no Campo é uma parceria entre o Ministério da Educação – MEC –, a Universidade Federal de Brasília – UnB – e o Instituto de Educação Josué de Castro, com o objetivo de formar educadores para a atuação na Educação Básica em escolas do campo. Essa atuação está prevista em duas dimensões principais: a gestão de processos educativos escolares e a docência por áreas de conhecimento, sendo prevista a formação em quatro áreas: Linguagens, Ciências da Natureza e Matemática, Ciências Agrárias e Ciências Humanas e Sociais.

No recorte específico desta turma, o Projeto Político Pedagógico define que a habilitação dos educadores ocorrerá apenas nas áreas de Linguagens e das Ciências da Natureza e Matemática, devido à identificação de serem, atualmente, as principais carências das escolas do campo. Soma-se a isso a definição de que a formação deverá ocorrer visando a uma atuação pedagógica de perspectiva inter e transdisciplinar, que articule as diferentes dimensões da formação humana. Para tanto, o currículo da LEdoC está organizado em três níveis, articulados em cada etapa e ao longo do curso: o Núcleo de Estudos Básicos, o Núcleo de Estudos Específicos e o Núcleo das Atividades Integradoras.

No currículo deste curso, a área de CHS integra o Núcleo de Estudos Específicos, estando prevista como disciplina nas Etapas 2 e 3, com o objetivo principal de construir uma base teórica e metodológica que permita conhecer os fundamentos da área e estabelecer, dessa forma, um substrato comum para que os educandos possam construir relações com as demais áreas de formação ao longo do curso e, posteriormente, nos futuros planejamentos que desenvolverão nas escolas.[3]

Na etapa 2, foi desenvolvida a disciplina "Introdução ao Estudo da Área de Ciências Humanas e Sociais", com um total de 30 horas/aula e o objetivo de estudar os processos de formação das ciências que compõem a CHS, relacionando, com os diferentes contextos históricos, os instrumentos e métodos de trabalho que as caracterizam e como são trabalhadas na escola de educação básica. Articulada à anterior, na etapa 3 ocorreu a disciplina "Conceitos Organizadores da Área de Ciências Humanas e Sociais", com a previsão de 45 horas/aula e o propósito de construir alguns conceitos organizadores da CHS tendo como contexto, principalmente, a realidade e a educação do campo brasileiro.

A retomada do papel previsto para a CHS no Projeto Político Pedagógico e no currículo desta turma tem como objetivo deixar clara a intencionalidade da in-

---

[3] Nas outras turmas do curso, quando for ofertada a possibilidade de formação nas quatro áreas previstas inicialmente para a LEdoC, essas disciplinas têm, também, o caráter de subsidiar os educandos para a realização de sua opção de formação específica, que, de acordo com o currículo, passa a ser desenvolvida a partir da quarta etapa.

tervenção originalmente prevista para, posteriormente, ser cotejada com o que foi desenvolvido concretamente. Alguns limites, porém, podem ser identificados desde já, como a dificuldade de pensar e agir como área em contraponto à formação disciplinar dos educadores responsáveis por planejar e conduzir as práticas, a exiguidade do tempo para trabalhar temas complexos e a dificuldade de estabelecer um diálogo mais orgânico com as demais áreas.

Na próxima seção deste texto, aborda-se a questão da interdisciplinaridade, compreendida como central para a constituição de um currículo que visa à formação por áreas do conhecimento e que esteve presente na base do trabalho efetivamente realizado pela CHS. Não se trata de esgotar o tema da interdisciplinaridade, até por que se trata de um termo polissêmico, mas sim de apresentar as opções teóricas realizadas para percorrer o caminho da área de Ciências Humanas e Sociais neste curso e que refletem a concepção de área construída.

A interdisciplinaridade como conteúdo, a área como forma: a compreensão da CHS na LEdoC

Desde as primeiras reuniões para planejamento, tanto do curso como um todo quanto da área de CHS, esteve presente a preocupação relacionada ao que seria, de fato, uma formação por áreas do conhecimento, quais os elementos que a diferenciam de uma formação específica e disciplinar e como operacionalizá-la efetivamente nas aulas.

Outros pontos de tensão apareciam nas questões envolvendo a discussão entre aprofundamento e generalização dos conhecimentos científicos, entre a realidade dos currículos das escolas do campo, na qual predominam a organização linear-disciplinar, e a proposta do curso de formatação de um currículo por área, além do conjunto de inseguranças que envolvem a implantação de novos processos na educação.

Nesse sentido, visando elaborar possíveis indicativos para a construção de respostas dentro do contexto da LEdoC, torna-se significativo retomar algumas discussões que envolvem a constituição histórica das disciplinas e a proposição da interdisciplinaridade como possibilidade de superação dos limites apresentados pelas ciências na explicação dos fenômenos surgidos, em especial, a partir da segunda metade do século 20. Como lembra Jurjo Torres Santomé (1998), a assunção da interdisciplinaridade nesse período histórico tem duas linhas principais de argumentação: a primeira, e que apresenta maior poder de convencimento, é a da complexidade dos problemas enfrentados atualmente pela sociedade, que só seriam explicáveis a partir da conjunção de vários pontos de vista. A segunda, origina-se no questionamento aos limites entre as diferentes disciplinas e a organização do conhecimento, numa perspectiva de unificação do saber.

Analisando essa questão, Luiz Carlos de Freitas (1995) identifica que, devido à intensa e crescente articulação entre ciência e as relações de produção capitalistas, a afirmação da interdisciplinaridade na atualidade está muito mais vinculada à sua utilidade para o processo produtivo do que a uma evolução do processo científico. Nesse mesmo sentido, Santomé (1998) alerta para a possibilidade de conceitos como interdisciplinaridade, democracia, participação, autonomia, entre outros vinculados a lutas históricas dos movimentos sociais e de grupos progressistas da sociedade, perderem sua riqueza original ao serem absorvidos e adaptados nos discursos que justificam a reestruturação produtiva das grandes empresas e corporações e que acabam sendo reafirmados nas reformas educacionais implantadas pela maioria dos governos.

Para suplantar essa contradição entre a potencialidade de renovação do fazer científico presente na interdisciplinaridade e sua utilização prática nos processos produtivos capitalistas, Freitas (1995, p. 109) considera que "a interdisciplinaridade somente poderá ser equacionada como forma de resistência com a assimilação crescente do materialismo histórico-dialético. O uso das categorias do materialismo dialético poderá estimular a interdisciplinaridade no desenvolvimento científico".

Aceitando esse desafio, de incorporar categorias do materialismo histórico-dialético na construção da concepção de interdisciplinaridade, julgamos necessário trabalhar a categoria da totalidade como eixo central da intervenção da CHS no curso. Para isso, e sem a perspectiva de esgotar todas as dimensões que a discussão desse termo abarca, realiza-se um diálogo com Karel Kosic, em especial a partir de seu livro *Dialética do concreto*, e com Milton Santos, destacando sua obra *A natureza do espaço*.

Kosik (2002) conceitua a totalidade como a compreensão da realidade como um todo estruturado, dialético, no qual qualquer fato só pode ser compreendido de forma relacional a essa mesma totalidade concreta. Não se trata de buscar conhecer todos os aspectos da realidade, mas sim concebê-la como um todo que possui sua estrutura própria, que está em permanente desenvolvimento e que vai se criando no tempo e a partir das contradições.

Essa concepção de realidade, como totalidade concreta e dialética, propõe a emergência de uma ciência unitária, fundamentada na existência de analogias estruturais entre os mais variados campos do saber do real, e encontra sua base, segundo o autor, no fato de "que todas as regiões da realidade objetiva são sistemas, isto é, conjuntos de elementos que exercem entre si uma influência recíproca" (Kosik, 2002, p.46). Assim, o estudo das partes e dos processos isoladamente, por mais precisos que possam ser realizados pelos diversos ramos da ciência, não é suficiente para a compreensão da organização, da interação dinâmica e estrutural da realidade. Dessa forma, como fundamento de uma investigação dialética da realidade, tanto os fatos isolados são abstrações, separações artificiais de um todo que lhe dá sentido, quanto um todo no qual não são diferenciados os momentos também é abstrato. Nas palavras de Kosik (2002, p. 49):

> Um fenômeno social é um fato histórico na medida em que é examinado como momento de um determinado todo; desempenha, portanto, uma função dupla, a única capaz de dele fazer efetivamente um fato histórico: de um lado, definir a si mesmo, e de outro, definir o todo; ser ao mesmo tempo produtor e produto; ser revelador e ao mesmo tempo determinado; ser revelador e ao mesmo tempo decifrar a si mesmo; conquistar o próprio significado autêntico e ao mesmo tempo conferir um sentido a algo mais.

Nesse sentido, a reflexão sobre a sociedade e as relações sociais que a constituem nos diferentes momentos históricos e espaciais, objeto aglutinador das ciências que compõem a CHS, deve estar ancorada nessa análise dialética entre parte e todo. Como alerta Milton Santos, as mudanças nas sociedades acarretam alterações qualitativas e quantitativas no conjunto de suas funções e não se desenvolvem de forma linear em todos os espaços geográficos. Cada espaço, com seu movimento e caracterização específicos, tem um papel exclusivamente funcional nessas alterações, "enquanto as mudanças são globais e estruturais e abrangem a sociedade total, isto é, o Mundo, ou a Formação Socioeconômica" (Santos, 2008, p. 116).

A totalidade se constitui, dessa forma, em uma realidade em permanente construção, um processo dialético de desfazer-se para novamente se recompor, renovada, em um novo todo. Para buscar a compreensão dessa totalidade em permanente movimento, Santos (2008, p. 118) retoma duas noções centrais: "a primeira (...) é a de que o conhecimento pressupõe análise e a segunda (...) é a de que a análise pressupõe a divisão".

Dessa forma, retorna-se a instituição de duas verdades já relatadas no texto: que o todo só pode ser conhecido através do conhecimento de suas partes e as partes somente podem ser conhecidas pelo conhecimento do todo. Milton Santos alerta, porém, que essas são verdades parciais e que "para alcançar a verdade total, é necessário reconhecer o movimento conjunto do todo a das partes, através do processo de totalização" (2008, p. 120).

Dessa forma, podemos interpretar a totalidade, inalcançável em seu permanente movimento, como um real-abstrato, enquanto as formas sociais são a expressão da realização concreta dessa totalidade. Nas palavras de Santos,

> o movimento que a transforma em multiplicidade individualiza a totalidade por meio das formas. Os fragmentos de totalidade assim tornados objetivos continuam a integrar a totalidade. Eles ocupam os objetos em sua essência e atividade, mas sempre como função da totalidade, que continua integra. Cada indivíduo é apenas um modo da totalidade, uma maneira de ser: ele reproduz o todo e só tem existência real em relação ao todo (Santos, 2008, p. 122).

Segundo esse autor (2008), é a ação que une o universal ao particular, e permite desvendar as formas sociais em sua dialética parte-todo, bem como implementar processos de totalização. Ao ser particularizado em determinado local, o universal absorve parte dos processos anteriores enquanto incorpora as novas possibilidades oferecidas pelo Todo em permanente renovação. Dessa forma, cada formação social apresenta uma determinada configuração geográfica, expressão e condição de processos históricos, além de estar carregada de ideologias e símbolos.

Nas discussões realizadas pela equipe responsável por elaborar o planejamento da área de CHS no curso, a categoria totalidade ocupou uma posição central, tendo em vista a compreensão de ser a dialética parte-todo fundamental para pensar a articulação entre as diferentes ciências que compõem a área. Pensar de forma interdisciplinar remete à necessidade de compreender a realidade como uma totalidade concreta e dialética e cada ciência, nessa perspectiva, aponta possibilidades e limites para a interpretação dos fatos sociais. Quanto maior o número de relações estabelecidas para analisar determinado fenômeno, maior será a possibilidade de se perceber a realidade em seu movimento permanente de desconstrução e reconstrução; portanto, cada ciência, parte e todo ao mesmo tempo, apresenta um instrumental singular e necessário para a apreensão deste processo.

Ao seguir este caminho de reflexão, emerge a necessidade de discutir a interdisciplinaridade em sua aproximação com o fazer da educação, tendo em vista ser o curso em análise uma licenciatura, procurando debater o processo de especialização do saber, transposto para os currículos como disciplinas, seus limites e as possibilidades de superação a partir da integração dos saberes.

Originado nos anos de 1970, em especial a partir dos trabalhos do pesquisador Georges Gusdorf, o termo "interdisciplinaridade", segundo Ivani Fazenda (2002b, p. 25), ainda não apresenta um sentido único e estável, tratando-se "de um neologismo cuja significação nem sempre é a mesma e cujo papel nem sempre é compreendido da mesma forma". Portanto, torna-se significativo, para o entendimento do trabalho realizado pela área de CHS, a apresentação das principais ideias que fundamentaram o conceito de interdisciplinaridade adotado pela equipe.

Inicialmente, é importante entender como ocorreu o processo de fragmentação da ciência em disciplinas cada vez mais específicas, num movimento de disjunção do saber no qual a preocupação com a parte deixa opaca sua relação com o todo e, dessa forma, limita a própria compreensão da parte em si. Na detalhada pesquisa realizada por Jurjo Torres Santomé sobre interdisciplinaridade, registrada em seu livro *Globalização e interdisciplinaridade*, o processo de industrialização promovido pelos modelos econômicos capitalistas a partir do século 19 é apontado como o momento de abertura do caminho para o parcelamento e a ruptura do conhecimento em disciplinas. Segundo o autor,

> a indústria necessitava urgentemente de especialistas para enfrentar os problemas e objetivos específicos de seus processos de produção e comercialização. À medida que a revolução industrial e a tecnologia se desenvolviam, surgiam novas especialidades e subespecialidades que, por se basearem em algum ramo muito específico de um campo tradicional do conhecimento ou em uma nova metodologia e/ou tecnologia de pesquisa, exigiam maiores parcelas de independência até atingir a autonomia plena como campo profissional e de conhecimento (Santomé, 1998, p. 47 e 48).

O amálgama desse processo de especialização da ciência se dá a partir da consolidação da filosofia positivista que, na avaliação de Michael Löwy (2003), pode ser estruturada a partir de três premissas básicas: a primeira, que a sociedade é comandada por leis naturais, invariáveis e independentes da vontade e da ação humanas; a segunda premissa, decorrência da anterior, é que ao ser assimilada epistemologicamente pela natureza, a sociedade pode ser analisada pelos mesmos métodos, procedimentos e processos utilizados pelas ciências naturais; e, por último, que as ciências, naturais ou sociais, devem ater-se à observação e à explicação apenas das causas dos fenômenos, buscando a objetividade, a neutralidade, sem julgamento de valor ou ideologias.

A partir desses processos, a supremacia do positivismo na ciência, e sua ligação cada vez mais intensa como os processos produtivos, o conhecimento passou a ser também cada vez mais fragmentado e assume, especialmente quando nos referimos à escola, a forma de disciplinas. Como define Santomé (1998, p. 55), "uma disciplina é uma maneira de organizar e delimitar um território de trabalho, de concentrar a pesquisa e as experiências dentro de um determinado ângulo de visão". Dessa forma, cada disciplina mostra uma determinada dimensão da realidade, aquela delimitada pelo seu objeto de estudo, seus marcos conceituais, métodos e procedimentos específicos. Esse processo de especialização levou, inegavelmente, a uma vasta produção de conhecimentos como nunca antes vista na história da humanidade, porém, numa verticalidade que impede, em muitos casos, o diálogo entre os campos do saber numa perspectiva de totalidade.

É importante ressaltar que, por maior que seja a crítica que possamos realizar à fragmentação da ciência, para a implementação de processos interdisciplinares são imprescindíveis as disciplinas. São elas a base a partir da qual é possível construir novas formas de pensar a ciência, tornando mais permeáveis os limites que encapsulam as diferentes disciplinas. Como alerta Santomé (1998, p. 61), a "própria riqueza da interdisciplinaridade depende do grau de desenvolvimento atingido pelas disciplinas e estas, por sua vez, serão afetadas positivamente pelos seus contatos e colaborações interdisciplinares". Portanto, se, por um lado, não se pretende anular as contribuições das diferentes ciências para o desenvolvimento de uma abordagem interdisciplinar deve-se, por outro, ter o cuidado de não estabelecer hierarquias entre as ciências, dando uma maior valoração para determinados ramos do saber. Refletindo sobre essas questões em sua apresentação do livro de Ivani Catarina Fazenda (2002b), Hilton Japiassú, um dos pioneiros na pesquisa sobre a interdisciplinaridade no Brasil, afirma que, desde o início, a interdisciplinaridade

> se apresenta como um princípio novo de reorganização epistemológica das disciplinas científicas. Ademais, apresenta-se como um princípio de reformulação total das estruturas pedagógicas do ensino das ciências. Poderíamos dizer que ele corresponde a uma nova etapa do desenvolvimento do conhecimento científico e de sua repartição epistemológica. Ademais, exige que as disciplinas, em seu processo constante e desejável de interpenetração, fecundem-se cada vez mais reciprocamente. Para tanto, é imprescindível a complementaridade dos métodos, dos conceitos, das estruturas e dos axiomas sobre os quais se fundam as diversas práticas pedagógicas das disciplinas científicas (Japiassu *apud* Fazenda, 2002b, p. 14-15).

Nesse sentido, a interdisciplinaridade deve ser compreendida como processo e não como um conjunto de procedimentos a ser seguido. A busca pela superação da fragmentação, de olhar para a realidade como uma totalidade, formada por diferentes dimensões que se interpenetram, é um objetivo nunca plenamente atingido. Dessa forma, para além de uma proposta teórica, a interdisciplinaridade se consolida como prática, a partir do trabalho em equipe e da análise dos avanços e limites destas experiências concretas. Além disso, como lembra Santomé (1998, p. 67), "uma nova reconstrução mais interdisciplinar do pensamento também implica em recuperar dimensões que chegaram a ser satanizadas pelo forte domínio do positivismo, como a imaginação, a criatividade, a intuição, a incerteza etc.".

A caracterização da interdisciplinaridade como um devir, uma busca que incorpora as diferentes dimensões do humano em seu fazer, implica, antes de tudo, a proposição de uma nova atitude do pesquisador ou do educador visando à passagem, nas palavras de Fazenda (2002, p. 18), "da subjetividade para a intersubjetividade". A autora apresenta, como primeiro movimento para a instauração de um ensino interdisciplinar, a supressão do monólogo por práticas dialógicas nas quais "a preocupação com a verdade de cada disciplina, seria substituída pela verdade do homem enquanto ser no mundo" (Fazenda, 2002b, p. 42). Dessa forma, através do estabelecimento de um diálogo criador, alterando a forma de pensar e de fazer a educação, será possível romper com os isolamentos característicos do cotidiano dos espaços de produção do conhecimento, quer no ensino superior, quer na escola básica. Ao analisar o ensino existente hoje nas escolas, Fazenda considera a interdisciplinaridade

> – como meio de conseguir uma melhor formação geral, pois somente um enfoque interdisciplinar pode possibilitar certa identificação entre o vivido e o estudado, desde que o vivido resulte da inter-relação de múltiplas e variadas experiências;
>
> – como meio de atingir uma formação profissional, já que permite a abertura a novos campos do conhecimento e a novas descobertas;
>
> – como incentivo à formação de pesquisadores e de pesquisas, pois o sentido das investigações interdisciplinares é reconstituir a unidade dos objetos que a fragmentação dos métodos separou e, com isto, permitir uma análise das situações globais, dos limites de seu próprio sistema conceitual e o diálogo entre as disciplinas;
>
> – como condição para uma educação permanente, posto que através da intersubjetividade, característica essencial da interdisciplinaridade, será possível a troca contínua de experiências;
>
> – como forma de compreender e modificar o mundo, pois sendo o homem agente e paciente da realidade do mundo, torna-se necessário um conhecimento efetivo dessa realidade em seus múltiplos aspectos;
>
> – como superação da dicotomia ensino-pesquisa, pois, nesse novo enfoque pedagógico, a pesquisa se constitui na única forma possível de aprendizagem (Fazenda, 2000, p. 32).

Porém, são possíveis de identificar alguns obstáculos que precisam ser superados visando à implantação de uma proposta interdisciplinar que suprima as barreiras entre as disciplinas e entre as pessoas que se disponham a colocá-la em prática. Na avaliação de Ivani Fazenda (2000), os principais obstáculos a serem transpostos são: (i) epistemológicos e institucionais: como está fundamentada na aceitação de que cada disciplina tem sua verdade e essa é relativa quando se procura uma interpretação dos fenômenos em sua totalidade, a interdisciplinaridade pressupõe uma reorganização das estruturas institucionais que cristalizam a fragmentação das ciências; (ii) psicossomáticos e culturais: como o projeto interdisciplinar se constitui a partir do trabalho em equipe, a falta de compreensão de seu significado, de formação apropriada, a acomodação ao estabelecido e o temor da perda do prestígio pessoal são elementos que dificultam a abertura para o pensar coletivo e dialógico; (iii) metodológicos: a implantação de uma metodologia interdisciplinar leva, necessariamente, ao questionamento da forma como os conhecimentos são desenvolvidos por cada disciplina e impõe a convergência dos fazeres dos participantes em função do tipo de indivíduo a ser formado; (iv) formativos: como a interdisciplinaridade pressupõe a existência de uma postura dialógica, superando as relações pedagógicas baseadas apenas na transmissão do saber, é central o estabelecimento de processos de formação teórica e prática que exercite, desde o início, o trabalho interdisciplinar; e (v) materiais: como está baseado na experimentação e pesquisa, requerendo a constituição de coletivos de trabalho que envolvam diversos profissionais, o projeto interdisciplinar necessita de um planejamento eficaz, com a proposição de novos tempos e espaços, e de uma previsão orçamentária adequada.

A superação desses obstáculos no âmbito escolar, especialmente quando falamos de escola pública, requer o estabelecimento de uma nova forma de compreender e de agir pedagogicamente, um repensar sobre a função social da educação e o rompimento de práticas que, se um dia poderiam possuir correlação com a realidade, atualmente se perpetuam a partir de uma inércia paralisante, deixando-as sem sentido real para educadores e educandos. A interdisciplinaridade, sem ser uma panaceia para a educação, visa, na conclusão de Fazenda

> à recuperação da unidade humana através da passagem de uma subjetividade para uma intersubjetividade e assim sendo, recupera a ideia primeira de Cultura (formação do homem total), o papel da escola (formação do homem inserido em sua realidade) e o papel do homem (agente de mudanças no mundo) (Fazenda, 2000b, p. 48).

As propostas interdisciplinares, nessa ótica, apresentam uma grande potencialidade de alteração das práticas curriculares e, por conseguinte, possibilitam que os educandos desenvolvam aprendizagens mais significativas e completas, pois relacionam conceitos, teorias, procedimentos, entre outros, a partir de estruturas compartilhadas entre as disciplinas. Como salienta Jurjo Torres Santomé (1998, p. 73 e 74), "alunos e alunas com uma educação mais interdisciplinar estão mais capacitados para enfrentar problemas que transcendem os limites de uma disciplina concreta e para detectar, analisar e solucionar problemas novos".

Ainda nessa questão, Santomé, ao analisar algumas áreas de conhecimento atuais, como a oceanografia, as neurociências e a ecologia, bem como os estudos sobre a mulher, minorias étnicas e culturais silenciadas e oprimidas, registra que

> precisamente quando se começam a estudar estas temáticas sociais conflituosas de perspectivas mais amplas que as disciplinares, é que se descobrem as distorções e omissões de informação que serviam para construir e reconstruir uma importante quantidade de preconceitos, a fim de legitimar situações de marginalização e opressão (Santomé, 1998, p. 79).

Outras críticas realizadas pelo autor ao currículo linear disciplinar, predominante em nossas escolas e reforçado pelos livros didáticos e institutos de formação docente são o desconhecimento dos interesses e das experiências prévias dos educandos no planejamento educacional, a invisibilidade imposta às problemáticas específicas do meio sociocultural das comunidades escolares, a incapacidade de analisar os problemas ou questões mais práticas (como a luta pela terra, a educação sexual ou a drogadição), a rigidez na organização dos tempos, espaços e dos recursos humanos e o fato de remeter para os educandos, individualmente e sem proporcionar suportes para isso, a tarefa de articular os conteúdos trabalhados pelas diferentes disciplinas.

Visando interferir nesse cenário na busca de implementar processos interdisciplinares que articulem as diferentes ciências, religando seus saberes, é que aparece a proposta de organização curricular e, no caso desta licenciatura, de formação de educadores por áreas de conhecimento. O objetivo central consiste em reestruturar pedagogicamente o ensino das ciências de modo que os currículos escolares passem a ter sentido para os educandos e educadores, possibilitem a construção de conhecimentos por meio do diálogo e da constituição de uma intersubjetividade, rompendo, dessa forma, os estreitos limites do currículo linear disciplinar. As áreas de conhecimento seriam um novo referencial para a seleção dos conhecimentos integrantes dos currículos; portanto, são um instrumental para o planejamento e a avaliação curricular. Nas palavras de Santomé (1998, p. 124), essas "áreas de conhecimento e experiência tratam de identificar as principais vias pelas quais os seres humanos conhecem, experimentam, constroem e reconstroem a realidade; como organizam e sistematizam suas consecuções mais importantes e necessárias".

A utilização de áreas do conhecimento para a organização curricular não se apresenta como um fim em si mesmo ou como uma etapa obrigatória na implementação de projetos interdisciplinares voltados para a construção do conhecimento numa perspectiva de totalidade, mas sua potencialidade está no estabelecimento de espaços de diálogo antes inexistentes no interior das escolas e centros de formação de educadores. Essa direção é apontada por Santomé ao analisar a realidade educacional espanhola, que pode ser transposta para o cenário brasileiro, quando afirma serem as áreas de conhecimento um facilitador para a superação do pensamento disciplinar predominante, pois

> é preciso levar em consideração a forte tradição que domina a formação da totalidade dos professores em nosso país. Os planos de formação de professores nas escolas universitárias de magistério e faculdades universitárias forma e continuam sendo disciplinares. E em geral, a experiência profissional prática de grande porcentagem de professores e professoras, após sua formatura, também é de caráter disciplinar (Santomé, 1998, p. 126).

Portanto, a implementação das áreas de conhecimento como matriz organizadora do currículo das escolas necessita, para desenvolver todas as suas possibilidades, de um processo de formação continuada. Pois, somente com um trabalho permanente e de longo prazo poderão ser rompidas as práticas solidificadas pela cultura escolar tradicional.

Para contribuir com este movimento, nesta seção procurou-se detalhar e elucidar as bases teóricas que fundamentaram o planejamento e a concepção de área das Ciências Humanas e Sociais, partindo-se de uma discussão sobre a categoria da totalidade, central para a compreensão da metodologia de trabalho utilizada, que procurou incorporar o diálogo entre as ciências, alternando momentos de estudos específicos com a construção de sínteses coletivas, reafirmando a relação dialética entre parte-todo. Posteriormente, salientou-se a compreensão de interdisciplinaridade como processo, como forma de superar a fragmentação e, focalizando no fazer das escolas, como reestruturação pedagógica do ensino das ciências.

Apresentar e refletir sobre como essas questões teóricas foram trabalhadas nas práticas implementadas pela CHS nas duas etapas em que atuou, será o objetivo principal da parte seguinte do texto, de forma a possibilitar o cotejamento entre a teoria e a prática, identificando os limites e os avanços do trajeto realizado.

Planejamento de CHS, interdisciplinaridade e possibilidades de pensar a partir da área

O ponto de partida desta seção é o trabalho realizado pelo coletivo da CHS nas etapas 2 e 3 da Licenciatura em Educação no Campo, cuja intenção principal foi elaborar uma base teórica e metodológica que possibilitasse a compreensão dos fundamentos da área e o estabelecimento de um substrato comum para o diálogo dos educandos com as demais áreas de formação ao longo do curso e, posteriormente, nos planejamentos escolares.

A intervenção realizada pela CHS nas etapas previstas procurou, desde o início, constituir-se em um só movimento, apesar de ter sido desenvolvida a partir de duas disciplinas distintas: "Introdução ao Estudo da Área de Ciências Humanas e Sociais", na etapa 2, e "Conceitos Organizadores da Área de Ciências Humanas e Sociais", na etapa 3. O planejamento, portanto, abarcou esses dois momentos, procurando garantir a continuidade na construção e consolidação dos conceitos considerados centrais, mas, desdobrou-se em práticas e metodologias próprias de cada etapa.

Na etapa 2, o trabalho realizado pela CHS teve como ponto de partida as disciplinas[4] de História, Geografia e Sociologia por serem constituintes dos currículos de ensino médio[5] e baseou-se em uma dinâmica que alternou momentos de discussão específica de cada um dos ramos da ciência envolvidos com a construção de sínteses coletivas da área. Dessa forma, procurou-se evidenciar o movimento característico da evolução da ciência, no qual os novos desafios tensionam a base teórica anterior na construção de superações.

Esse movimento parte da existência da concepção de ciência originada historicamente a partir do processo de fragmentação de base positivista, intimamente articulado às demandas do setor produtivo e definidor da forma hegemônica de compreender e trabalhar as disciplinas, que está atualmente consolidada na maioria das escolas e instituições de ensino superior. Com a emergência de questões

---

[4] É importante salientar a diferença entre ciência e disciplina: a primeira constitui um conjunto circunscrito de conhecimentos socialmente adquiridos ou produzidos, historicamente acumulados, dotados de universalidade e objetividade que permitem sua transmissão, e estruturados com métodos, teorias e linguagens próprias; a segunda consiste na transposição didática das ciências com a finalidade primordial do ensino escolar – a partir das definições constantes no Dicionário Aurélio Eletrônico, Versão 3.0, novembro de 1999.

[5] A área de CHS nos currículos de ensino médio no Brasil incorpora, também, a disciplina de Filosofia. Porém, como a organização curricular do curso LEdoC apresenta a filosofia no Núcleo de Estudos Básicos, tendo carga horária específica distribuída ao longo de várias etapas, optou-se por focalizar a discussão nas demais disciplinas da área.

que não podem ser circunscritas a apenas um ramo científico, como a ecologia e as lutas sociais, essa forma de compreender a ciência passou a sofrer questionamentos na direção do rompimento das barreiras disciplinares e construção de novos paradigmas para o trabalho científico.

Buscando evidenciar esse movimento, o planejamento da área para esta etapa teve os seguintes objetivos:

analisar o processo epistemológico das ciências humanas e sociais, com destaque para a História, Geografia e Sociologia;

compreender os principais métodos e instrumentais utilizados no desenvolvimento de pesquisas na Área de Ciências Humanas e Sociais;

analisar a formatação, os limites e as possibilidades da Área de Ciências Humanas e Sociais nos currículos de ensino médio;

iniciar um processo de construção de referenciais para a pesquisa e o trabalho por áreas de conhecimento na escola média.

Para implementar esses objetivos, foram desenvolvidas atividades que podem agrupadas em três momentos: o primeiro, a problematização inicial, procurou viabilizar a emergência dos conceitos, ideias e concepções que os educandos possuíam sobre as diferentes ciências da CHS e sobre o trabalho por áreas do conhecimento; o segundo momento foi o do aprofundamento teórico, no qual os educadores da área realizaram diferentes aportes, individuais e coletivos, com o objetivo de questionar as concepções identificadas anteriormente e constituir uma nova base teórica; e, o terceiro momento, caracterizado pela elaboração de sínteses, no qual os educandos puderam avançar teoricamente, viabilizando a superação da visão primeira com o estabelecimento de entendimentos qualitativamente superiores.

Dentro dessa organização, foi proposta como problematização inicial a análise de uma história em quadrinhos de Robert Crumb,[6] com o título "Uma breve história da América", que enfoca a evolução de um mesmo espaço através do tempo, desde a existência apenas de elementos naturais até o início dos anos de 1970, relacionando, especialmente, com o desenvolvimento tecnológico e a destruição da natureza. Esta problematização visava discutir a impossibilidade de analisar o processo descrito pela sequência de imagens da história apenas a partir do enfoque específico de cada uma das ciências da CHS e que, quando pensamos a

---

[6] CRUMB, R. *Blues*. São Paulo: Conrad, 2004.

realidade como uma totalidade, elas se acham imbricadas umas nas outras. Dessa forma, para a compreensão mais aprofundada das questões sociais, econômicas e culturais, entre outras, é necessário romper as barreiras que compartimentalizam as disciplinas e a constituição de áreas pode ser uma das possibilidades de realizar essa interdisciplinaridade.

O aprofundamento teórico iniciou com a apresentação, cada educador individualmente, do processo histórico de constituição das disciplinas enfocadas, salientando seus respectivos objetos de estudo e as principais características de seu desenvolvimento escolar. Visando aprofundar as discussões realizadas, foi trabalhado o texto "Um discurso sobre as ciências", de Boaventura de Sousa Santos (1988), com a intenção de apresentar as questões que atravessam a discussão científica, no final do século 20, sob a ótica desse sociólogo português.

No terceiro momento, a partir da sistematização coletiva das discussões, foi possível definir quatro questões centrais que apontavam para a aproximação entre as trajetórias das ciências apresentadas, permitindo a configuração de uma área de conhecimento. A primeira está relacionada com a possibilidade de integração indicada pelos próprios objetos de estudo de cada uma das ciências que compõem a área de CHS, tendo em vista que, para serem desdobrados em todas as suas dimensões, necessitam dialogar com as demais ciências. A segunda questão remete para a identificação que as ciências da área têm, cada uma de sua perspectiva, com o foco na ação humana, compreendida como causa e consequência dos processos históricos, espaciais e sociais. A utilização do Materialismo Histórico-Dialético – MHD – como método de análise para implantar um patamar comum para unificar a interpretação das ciências da CHS foi a terceira questão sistematizada. É importante, nesse ponto, trazer alguns elementos da reflexão de Luiz Carlos de Freitas (2007), que entende o MHD como método em permanente recriação e redefinição, posto que é sua característica ser dialético, não se enquadrando em etapas, formulações simplistas ou manuais. Dessa forma, a questão central é trabalhar com conceitos e categorias que dão sentido ao MHD, como contradição, totalidade, movimento e síntese, pois, como afirma Freitas,

> as categorias da lógica dialética, as categorias do conhecimento materialista histórico-dialético são categorias que tentam reconstruir o desenvolvimento do pensamento humano e criar-recriar conceitos e categorias deste processo. (...) Esse é o entendimento mais confortável do materialismo histórico-dialético: como categorias do pensar (Freitas, 2007, p. 52).

A quarta questão apontada na sistematização foi a necessidade de implementação de processos interdisciplinares como forma de sustentação da proposta de organizar o currículo escolar por áreas do conhecimento. Como um permanente devir, a interdisciplinaridade deve ser compreendida, especialmente, na sua dimensão de prática de um fazer novo, capaz de articular os saberes das diferentes disciplinas na busca de dar sentido ao que é apreendido pelos educandos.

A partir dos elementos apresentados pela sistematização e os objetivos previstos no currículo da LEdoC, foi realizado o planejamento da etapa 3, cujo enfoque central residiu na definição e compreensão dos conceitos articuladores da área de CHS. Apesar de ser mantida a estrutura da etapa anterior, organizada em três momentos distintos e articulados, as principais alterações dessa etapa foram: (i) a utilização de um tema de estudo, no caso o Estado, visando atender a duas vertentes principais. Uma se refere à necessidade de estabelecer um foco de convergência para os olhares das diferentes disciplinas, de forma a permitir uma compreensão mais ampla do tema e, com isso, experimentar uma estratégia prática de implantação de processos interdisciplinares. A outra vem do diálogo entre as disciplinas e áreas da LEdoC durante o planejamento da etapa em foco, na qual foi identificada, pela equipe de trabalho responsável pelas aulas de filosofia, a necessidade de aprofundar esse tema, tanto como reforço a alguns conceitos já trabalhados quanto como preparação para discussões que ainda iriam acontecer; (ii) a estratégia de não compartimentalizar a discussão nas disciplinas, ou seja, não haveria momentos específicos para a Geografia, a História e a Sociologia, mas sim o trabalho integrado e coletivo entre os educadores no estudo do tema previsto e; (iii) reforçando uma intencionalidade iniciada na etapa anterior, transformar a própria disciplina em uma experimentação didática, com a utilização de variadas fontes e técnicas para o trabalho da área, como histórias em quadrinho, músicas, filmes e dinâmicas de constituição de grupos.

Com esses cuidados, os objetivos da etapa 3 foram:

- trabalhar os conceitos/categorias articuladores da área de Ciências Humanas e Sociais;

- realizar um exercício de articulação dos conceitos/categorias da área de CHS a partir do estudo sobre o tema "Estado".

Visando à consecução desses objetivos, a problematização inicial da etapa 3 foi organizada a partir de duas atividades complementares. A primeira, com o objetivo de proporcionar a continuidade entre as etapas, constituiu-se na leitura e discussão da sistematização realizada pelos educadores da CHS referente às principais questões e aos pontos de tensão relativos ao trabalho por área levantadas na etapa 2. A segunda atividade, realizada em grupo a partir de letras de músicas, proporcionou o levantamento das concepções e ideias dos educandos sobre o Estado e seu papel na sociedade. Com essas atividades, foi possível construir uma ligação entre as etapas, de forma a deixar mais evidentes os pontos de conexão, e demonstrar que o planejamento da etapa 3 proporcionava uma continuidade das reflexões da área de CHS. Além disso, a emergência das concepções sobre o tema em estudo expôs o limite de compreensão dos estudantes, seus pré-conceitos e, dessa forma, apresentou aos educadores as possíveis entradas para promover o avanço teórico da turma.

Nesse sentido, o aprofundamento teórico foi organizado a partir de intervenções dos educadores da CHS que, sem trabalhar a partir de sua ciência específica, alternaram-se na explicação dos diferentes modelos de Estado que ocorreram através da história. A intencionalidade era proporcionar o estabelecimento do maior número possível de relações, envolvendo as várias ciências que integram a CHS, de forma a traçar um amplo painel analisando o tema proposto. Utilizou-se, para isso, uma divisão clássica dos modelos de Estado, desde o seu surgimento, na forma Absolutista, passando pelas suas formatações Liberal e Fordista/Keynesiano (Bem-Estar Social), até chegar ao Estado Neoliberal.

No terceiro momento, na elaboração da síntese, e partindo-se da análise realizada sobre o Estado, procurou-se discutir quais seriam os conceitos articuladores da área de CHS e qual sua utilidade para a interpretação dos fenômenos sociais que os educandos enfrentariam nas diferentes realidades.

Torna-se significativo, aqui, retomar alguns pontos da discussão ocorrida sobre conceitos, procurando esclarecer qual o entendimento alcançado coletivamente, portanto, quais as carências em sua formatação que, num processo de continuidade do curso, deveriam ser retomadas.

A ideia-força trabalhada é serem os conceitos ferramentas de análise, confundindo-se, neste caso, com categorias, cuja função é elucidar o que está obscuro. São, portanto, estruturas mentais que possibilitam compreender, comunicar e fixar o significado dos fenômenos, sendo a base das teorias científicas, mas também da vida cotidiana, devendo ser entendidos como unidades simples do pensamento que exprimem uma ideia cujos significados são declarados por definições, transitórias e históricas, que servem de referência para compreender o mundo real. A própria expressão conceito se relaciona ao verbo latim *concipere*, resultante da soma de *cum* mais *captare*,[7] ou seja, mesmo etimologicamente, os conceitos servem para captarmos a realidade.

---

[7] Conforme José Adelino Maltez, no endereço eletrônico <http://maltez.info/Curso%20RI/a_linguagem_e_os_conceitos_das_r.htm>, acessado em 2 de agosto de 2009.

Na síntese construída, os conceitos articuladores da CHS são um conjunto de ferramentas que possibilita a análise dos diferentes processos e fenômenos da realidade, estando vinculados à estrutura das ciências que compõem a área e dotado de uma maior permanência. Para explicitar melhor essa questão e dentro, reafirmamos, dos limites da produção coletiva realizada, a globalização, por exemplo, apesar de ser um conceito, não seria articulador da área por ser transitório, vinculado a um determinado momento histórico. Enquanto espaço e modo de produção, para citar apenas dois, que permitem compreender diferentes dimensões da globalização, seriam considerados conceitos articuladores, pois desvendam ou possibilitam captar não só esse, mas grande parte dos processos históricos presentes na realidade. Dessa forma, foram considerados conceitos articuladores da CHS:

espaço;
escala;
território;
região;
processo histórico-geográfico;
temporalidade;
modo de produção;
totalidade;
contradição;
poder (relações de);
ideologia;
sociedade/classes sociais;
forças produtivas;
trabalho;
hegemonia;
cultura.

Essa identificação e aprofundamento de conceitos articuladores das ciências que integram a área de CHS permitem a constituição de um substrato a partir do qual pode ser estabelecido o diálogo fecundo intra-área e desse com as questões concretas a serem enfrentadas pelos educandos. Dessa forma, esses conceitos articuladores podem ser considerados a ossatura, a partir da qual novos conhecimentos podem ser construídos, não mais fragmentados e parciais, mas que procuram compreender a realidade em seu movimento permanente.

O estudo desses conceitos e, principalmente, sua utilização para a análise dos processos históricos, geográficos e sociais presentes nas vidas dos educandos seria um indicativo importante para a continuidade do curso da LEdoC, pensando em um quadro no qual ocorra a formação específica de educadores na área de Ciências Humanas e Sociais. No caso do curso em relevo, esse exercício permitiu a elaboração de um quadro conceitual que possibilita aos educandos, que se aprofundarão em outras especificidades, o início de um diálogo com as suas áreas de formação, estabelecendo pontes para potencializar a implantação de processos interdisciplinares nas escolas.

Na última parte do texto, a seguir, será realizada uma síntese das principais ideias trabalhadas ao longo da intervenção da CHS no curso, visando construir indicativos para pensar sobre a organização curricular por áreas de conhecimento e, dessa forma, contribuir para o processo de reflexão da LEdoC em sua totalidade, bem como, de forma indireta, para as discussões que estão sendo realizadas em torno da elaboração de um desenho de Escola de Ensino Médio do Campo.

Reflexões sobre a prática das CHS: alguns elementos para o trabalho por área do conhecimento

Em todo processo de inovação, que propõe rompimentos com as práticas tradicionalmente estabelecidas, é fundamental estabelecer momentos de reflexão sobre o que está sendo implementado para perceber os seus avanços e limites. Esse exercício, de olhar criticamente para o trabalho realizado de forma a extrair questões que possam ser generalizadas para a totalidade do curso, é o que caracteriza esta última seção. Retomando, o ponto de partida consiste na intervenção realizada nas etapas 2 e 3 pela equipe da CHS, portanto, limitando o alcance das questões ao que foi possível identificar a partir dessa experiência específica.

As questões, apesar de surgirem de uma mesma prática e, portanto, estarem articuladas no movimento do real, foram agrupadas a partir de três dimensões, de forma a dar destaque para aspectos considerados fundamentais à constituição de áreas como estratégia para a sistematização e produção do conhecimento, especialmente para o fazer das escolas. Assim, o primeiro grupo de questões se refere à formatação de um currículo por área, destacando os principais elementos que possibilitam propor essa forma de organização curricular. A reflexão sobre as mudanças na formação dos educadores para implementar formas de trabalho interdisciplinar e, desse modo, efetivar as áreas de conhecimento como possibilidade, integra o segundo grupo de questões. O último grupo engloba alguns limites internos do próprio curso da LEdoC no que se refere à constituição das áreas de conhecimento como matriz de formação de educadores.

Formatação de um currículo por área:

O currículo da escola deve ser entendido como a organização dos tempos e espaços do processo educativo, visando à construção de conhecimentos e, na concepção que tem embasado as discussões da Educação do Campo, envolve a totalidade da escola, para além dos tempos-aula. Porém, no caso específico deste texto, enfocamos primordialmente a adoção de áreas do conhecimento como estratégia para a organização e seleção dos conhecimentos que integrarão os currículos das escolas voltadas para a formação média das comunidades do campo. Portanto, as áreas do conhecimento devem ser compreendidas muito mais na dimensão da docência, como uma forma de implementar processos interdisciplinares com vista ao desenvolvimento de aprendizagens significativas do que, efetivamente, como forma de produção de conhecimentos científicos.

Nesse sentido, mesmo tendo partido da análise dos limites da produção científica atual, ainda marcada pela fragmentação da ciência em disciplinas cada vez mais específicas, apesar da ocorrência de movimentos contrários, a intervenção da CHS preocupou-se mais em dialogar com a realidade escolar e as possibilidades e aos limites para a implementação de uma organização curricular por área do conhecimento. A preocupação da CHS se traduziu na busca de implementar processos interdisciplinares que envolvessem, num primeiro momento, as disciplinas escolares que compõem a área e, posteriormente, construir pontes com as demais áreas do currículo escolar. Nesse sentido, como reforça Ivani Fazenda,

> O sentido das investigações interdisciplinares é o de reconstruir a unidade do objeto, que a fragmentação dos métodos separou. Entretanto, essa unidade não é dada 'a priori'. Não é suficiente justapor-se os dados parciais fornecidos pela experiência comum para recuperar-se a unidade primeira. Essa unidade é conquistada pela 'práxis', através de uma reflexão crítica sobre a experiência inicial, é uma retomada em termos de síntese (2002b, p. 45).

Na busca de elaborar essa síntese, apontando caminhos para a unidade entre as diferentes ciências que embasam a CHS – transformadas em disciplinas nos currículos escolares – foi construído coletivamente um objeto aglutinador para a área: analisar a sociedade e as relações sociais que a constituem nos diferentes momentos históricos e espaciais. Relacionado mas, de certa forma, sobrepondo-se aos objetos específicos de cada uma das ciências da área, a emergência de um objeto comum abre a possibilidade da adoção de um olhar coletivo, que supere a parcialidade da perspectiva específica e proponha um planejamento e execução interdisciplinar das atividades pedagógicas.

Nesse sentido, é importante avaliar que, apesar dos esforços realizados, a área de CHS conseguiu realizar apenas uma integração entre os conhecimentos, métodos e teorias envolvendo as ciências da área, ou seja, nas palavras de Fazenda (2002b, p. 39), não foi possível atingir, "uma relação de reciprocidade, de mutualidade, ou melhor dizendo, um regime de copropriedade que iria possibilitar o diálogo entre os interessados", que, segundo a autora, caracteriza a interdisciplinaridade. Porém, a integração é uma etapa, embora não a única ou obrigatória, da interdisciplinaridade, desde que seja esclarecido esse aspecto de estágio e não compreendida como um produto final. Como afirma Fazenda,

> Ao partir dela [a integração], as preocupações irão crescendo e desenvolvendo-se no sentido de questionar a própria realidade e suas perspectivas de transformação, ou seja, a integração seria uma etapa anterior à interdisciplinaridade, em que se iniciaria um relacionamento de estudo, uma exegese dos conhecimentos e fatos a serem posteriormente interados (Fazenda, 2002b, p. 48).

Mesmo não tendo conseguido superar a etapa da integração, alguns elementos para a implantação de processos interdisciplinares puderam ser identificados a partir da intervenção da área de CHS. O primeiro está relacionado com a necessidade de estabelecer um tema para a convergência dos olhares das disciplinas que compõem a área, pois, naturalmente, ou seja, sem criar estratégias que impulsionem o estabelecimento de um pensar coletivo, a inércia das práticas educativas não consegue ser superada. Importa deixar claro, porém, que, para a consecução dos objetivos da Educação do Campo, esses temas devem originar-se de uma pesquisa da realidade local, de forma a constituir-se em questões que, ao serem analisadas de forma interdisciplinar, contribuam para a transformação das situações inicialmente encontradas. O segundo elemento é a necessidade de estabelecer conceitos que articulem a área, formando um substrato comum para o desenvolvimento das análises, ou seja, apesar de originarem-se das ciências que compõem a área, a compreensão de suas variadas dimensões pressupõe a necessidade do diálogo, sendo, portanto, transversais a essas ciências. Esses conceitos, como frisado na seção anterior, não são o fim de um processo de pesquisa, mas sim o seu começo. Utilizando uma imagem mais simples, seriam óculos que a área utilizaria para captar diferentes aspectos da realidade, para compreendê-la e transformá-la.

Dessa forma, é importante reafirmar que, para a instalação da interdisciplinaridade, para que haja uma intervenção dialógica e integrada entre as ciências da área é fundamental o domínio do saber específico produzido por cada ciência. Não foi possível vislumbrar, dentro das fronteiras da experiência realizada, como superar esse limite da produção dos saberes especializados em curto prazo. Mesmo que somente em um tempo longo as barreiras entre as disciplinas poderão ser erodidas e uma nova forma de produzir e conceber a ciência possa se estabelecer, desde já devem ser experimentados movimentos, como os realizados por este curso para que esse processo possa ser acelerado.

Com a análise das questões levantadas é possível concluir que as áreas de conhecimento assumem uma das formas pelas quais é possível introduzir processos interdisciplinares no interior das escolas, a partir do estabelecimento de tempos e espaços próprios para o planejamento e a execução de práticas dialógicas. Como uma cunha, as áreas podem abrir caminhos na direção da superação dos paradigmas fragmentários, lineares e disciplinares que impõem condicionamentos para o fazer dos envolvidos no processo educativo. Especialmente quando falamos de Educação do Campo, a formação de educadores por área de conhecimento é um vetor importante, conquanto não o único, para garantir avanços na direção de uma formação articulada a uma concepção mais abrangente da organização e função social da escola, da produção coletiva de saberes vinculados às necessidades das comunidades e das lutas do campo.

Formação dos educadores

Apesar de importantes tentativas de superação, ainda predominam, nas escolas, práticas pedagógicas fragmentadas e, na maioria das vezes, desvinculadas da realidade das comunidades nas quais estão inseridas. Essas práticas consolidam concepções profundamente entranhadas nos educadores e, de certa maneira, no conjunto da sociedade, que apontam para uma forma tradicional de conceber a educação. Isso se reflete diretamente na atual organização escolar, parcelada em disciplinas que não dialogam umas com as outras, cujos conhecimentos trabalhados seguem listas pré-determinadas, definidas unilateralmente pelos educadores que, por sua vez, não possuem espaços orgânicos e eficazes para planejamento coletivo das atividades.

Os cursos de licenciatura, responsáveis pela formação dos educadores, também acabam por seguir essa mesma lógica fragmentada, reforçando uma formação especializada, muitas vezes desvinculada da realidade das próprias escolas para as quais preparam os profissionais. Em relação à formação para as Escolas do Campo, essa questão assume desdobramentos ainda mais complexos quando é possível identificar que, com exceção dos cursos específicos, ocorre uma valorização das temáticas relacionadas ao urbano e industrial.

Portanto, somente por meio de alterações nos processos formativos dos educadores será possível efetivar transformações no cotidiano das escolas, com o estabelecimento de processos interdisciplinares consistentes com os limites apresentados pelos diferentes contextos de atuação profissional e formalizados na organização dos tempos e espaços do currículo. Como lembra Ivani Fazenda (2002, p. 35), "proposições curriculares que apenas indiquem a interdisciplinaridade como objetivo, sem reflexão mais acurada, nem a investigação de uma realidade mais imediata, que considere as reais possibilidades e empecilhos com que se defrontam a escola e o professor em seu trabalho efetivo a nada conduzirão."

A organização curricular por área do conhecimento propõe a constituição de uma forma integrada de planejar o processo educativo, pois exige espaços e tempos para um pensar coletivo dentro da escola. A seleção dos conhecimentos, a preparação e a execução de atividades interdisciplinares e, portanto, a avaliação do trabalho desenvolvido deve se fundamentar no diálogo e na inauguração de uma intersubjetividade. Para isso, é central, usando as palavras de Fazenda (2002, p. 64), a consolidação de uma atitude interdisciplinar, que "não está na junção de conteúdos, nem na junção de métodos; muito menos na junção de disciplinas, nem na criação de novos conteúdos produto dessas funções; a atitude interdisciplinar está contida nas pessoas que pensam o projeto educativo". Assim, tanto a formação inicial quanto a continuada devem proporcionar a vivência de práticas coletivas, a experimentação de dinâmicas de trabalho nas quais as barreiras entre as disciplinas e, por conseguinte, entre as ciências que as estruturam, sejam permanentemente erodidas. Dessa forma será possível a emergência de uma intersubjetividade, uma nova maneira de olhar e compreender a realidade e seus movimentos que, entre outros elementos, contribua para a superação da dicotomia entre ensino e pesquisa nas escolas. Para a consolidação dessa nova atitude perante o conhecimento, Fazenda aponta como necessário

> (...) que se estabeleça um treino constante no trabalho interdisciplinar, pois interdisciplinaridade não se ensina, nem se aprende, apenas vive-se, exerce-se. Interdisciplinaridade exige um engajamento pessoal (...). Todo indivíduo engajado neste processo será, não o aprendiz, mas, na medida em que se familiarizar com as técnicas e quesitos básicos, o criador de novas estruturas, novos conteúdos, novos métodos, será motor de transformação, ou o iniciador de uma 'feliz liberação' (Fazenda, 2002b, p. 56).

A partir dessas questões, torna-se fundamental reafirmar a importância da pesquisa no desenvolvimento das aprendizagens que, numa proposta interdisciplinar, não pode mais ser pensado apenas no polo do ensino. Essa nova postura do educador em sala de aula, de não se preocupar em apresentar ou possuir todas as respostas prontas, mas de estar permanentemente aberto à troca, à procura de soluções coletivas que podem, em muitos casos, extrapolar os muros das escolas, deve ser experimentada desde a formação inicial e, mesmo tendo limites em sua operacionalização, foi um horizonte do trabalho desenvolvido pela CHS.O olhar para a LEdoC

Um dos grandes diferenciais desta Licenciatura em Educação do Campo está na proposta de formação de educadores por área de conhecimento, numa busca de superar a fragmentação presente na ciência atual e seus reflexos nos currículos das escolas do campo. Esta proposição, porém, apresenta um conjunto grande de obstáculos, como a falta do tempo necessário para o planejamento coletivo entre os diferentes educadores do curso, a formação disciplinar e especializada desses mesmos profissionais e a própria incerteza presente na implementação de novos processos.

Ao se deparar com essas *situações-limites*,[8] compreendidas, segundo Paulo Freire (2002, p. 107), como "realidades objetivas e [que] estejam provocando necessidades nos indivíduos", os educadores da LEdoC procuram, individual ou coletivamente, compreendê-las teoricamente e propor formas de superá-las. Essas novas possibilidades, originadas nos diversos esforços realizados, caracterizam a LEdoC como um *inédito viável*,[9] nas palavras de Freire (2002), "se concretiza na ação editanda, cuja viabilidade antes não era percebida".

A construção desse *inédito viável* está articulada a um intenso processo de pesquisa, de compreensão das *situações-limites* e da forma de superá-las; trata-se, portanto, de uma descoberta, de um processo. Como analisa Ana Maria Araújo Freire,

> Esse 'inédito viável' é, pois, em última instância, algo que o sonho utópico sabe que existe mas que só será conseguido pela práxis libertadora que pode passar pela teoria da ação dialógica de Freire ou, evidentemente, porque não necessariamente só pela dele, por outra que pretenda os mesmos fins (Freire, 2003, p. 206).

É nesse sentido, na dimensão da descoberta, da busca pela superação das *situações-limite* apresentadas na formação de educadores para as escolas do campo que a categoria do *inédito viável*, proposta por Paulo Freire, pode ser utilizada para analisar a LEdoC, em seu conjunto, e a intervenção da CHS, no particular. O registro articulado a uma análise rigorosa das práticas realizadas nesta primeira edição do curso, podem proporcionar elementos significativos para o avanço das demais edições e, numa visão mais ampliada, tensionar a formação de educadores de modo geral.

---

[8] Categoria apresentada por Paulo Freire em seu livro *Pedagogia do oprimido*.
[9] Categoria apresentada por Paulo Freire em seu livro *Pedagogia do oprimido* e retomada por Ana Maria Freire no livro *Pedagogia da esperança*.

A intervenção da área de CHS procurou, nesse sentido, consolidar-se como um exercício dialógico, aberto para a comunicação entre as ciências e sujeitos presentes no processo, de forma a proporcionar aos educandos uma experiência viva de integração e construção coletiva do conhecimento. Essa, talvez, tenha sido a principal contribuição da CHS para a formação dos educadores nos limites da LEdoC, a experimentação prática da interdisciplinaridade enquanto possibilidade, a compreensão de ser esse um caminho e não um fim e que o mapa para esse caminhar deve ser desenhado a partir da realidade efetiva de cada escola e dos passos que forem sendo dados.

Referências

FAZENDA, Ivani Catarina A. *Integração e interdisciplinaridade no ensino brasileiro:* efetividade ou ideologia. 5. ed. São Paulo: Edições Loyola, 2002b.

_____. *Interdisciplinaridade:* um projeto em parceria. 5. ed. São Paulo: Edições Loyola, 2002.

FREIRE, Ana Maria. Notas. *In*: FREIRE, Paulo. *Pedagogia da esperança*. 10. ed. São Paulo: Paz e Terra, 2003.

FREIRE, Paulo. *Pedagogia do oprimido*. 32. ed. São Paulo: Paz e Terra, 2002.

FREITAS, Luiz Carlos de. *Crítica da organização do trabalho pedagógico e da didática*. 8. ed. Campinas: Papirus, 2006.

KOSIK, Karel. *Dialética do concreto*. 7. ed. São Paulo: Paz e Terra, 2002.

LÖWY, Michael. *As aventuras de Karl Marx contra o Barão de Münchhausen:* marxismo e positivismo na sociologia do conhecimento. 8. ed. São Paulo: Cortez, 2003.

SANTOMÉ, Jurjo Torres. *Globalização e interdisciplinaridade:* o currículo integrado. Porto Alegre: Artmed, 1998.

SANTOS, Boaventura Souza. *Um discurso sobre as ciências*. Porto: Afrontamento, 1988.

SANTOS, Milton. *A natureza do espaço*. 4. ed. São Paulo: Edusp, 2008.

Licenciatura em Educação do Campo e projeto formativo: qual o lugar da docência por área?

Roseli Salete Caldart[1]

*Eu quero uma escola do campo que tenha a ver com a vida,
com a gente, querida e organizada e conduzida coletivamente.
Eu quero uma escola do campo onde o saber não seja limitado
que a gente possa ver o todo e possa compreender os lados...*
(Canção "Construtores do futuro", Gilvan Santos)

Este texto integra o trabalho de pesquisa sobre a escola e a organização do trabalho pedagógico que acompanha a implementação do curso de Licenciatura em Educação do Campo, desde o projeto experimental desenvolvido pelo Iterra em parceria com a Universidade de Brasília. Tem como fonte principal os debates que fundamentam o planejamento pedagógico e o desenvolvimento das atividades deste curso, as discussões que têm sido feitas com as escolas de educação básica onde trabalham ou realizam suas práticas pedagógicas os estudantes da primeira turma desse projeto, fundamentalmente escolas de acampamentos e assentamentos de Reforma Agrária, vinculados ao Movimento dos Trabalhadores Rurais Sem Terra (MST) da região sul do Brasil, e o diálogo com outras experiências e discussões sobre o curso que tem acontecido nesse período.

---

[1] Da Unidade de Educação Superior do Instituto Técnico de Capacitação e Pesquisa da Reforma Agrária (Iterra), integrante da coordenação pedagógica da Licenciatura em Educação do Campo, turma da parceria UnB-Iterra.

A Licenciatura em Educação do Campo é um curso novo de graduação que vem sendo implantado desde 2007 pelas universidades com apoio do Ministério da Educação, voltado especificamente para educadores e educadoras do campo. Nasceu das proposições da II Conferência Nacional Por Uma Educação do Campo de 2004. Sua proposta específica começou a ser construída no MEC em 2005, através de uma comissão instituída pelo Grupo Permanente de Trabalho de Educação do Campo da Secad (Secretaria de Educação Continuada, Alfabetização e Diversidade) e que teve a participação de representante do Iterra. Em novembro de 2006, o MEC decidiu convidar universidades para realização de projetos-piloto do curso.

Atualmente estão sendo desenvolvidos quatro projetos-piloto com apoio do MEC. Este da parceria Iterra e UnB foi o primeiro projeto-piloto a ter início, com a aprovação da criação institucional do curso realizada em julho de 2007, o vestibular em 2 de setembro e o início da primeira etapa em 24 de setembro de 2007. Acontece em Veranópolis, RS, na sede do Iterra, com uma organização curricular de etapas constituídas pela alternância entre Tempo Escola e Tempo Comunidade. A turma, que se autodenominou "Patativa do Assaré", em homenagem a esse poeta camponês, está em sua sétima etapa e deverá concluir o curso no primeiro semestre de 2011. Nesta turma, um traço distintivo é o do vínculo de todos os estudantes com Movimentos Sociais Camponeses. Atualmente são 35 estudantes provenientes dos Estados do RJ, SP, PR, SC e RS, vinculados a organizações da Via Campesina Brasil: MST, Movimento de Mulheres Camponesas e Pastoral da Juventude Rural. Os outros três projetos-piloto são da Universidade Federal de Minas Gerais, Universidade Federal da Bahia e Universidade Federal de Sergipe.

A partir do início das turmas dos projetos-piloto, o MEC criou um programa específico de apoio à implantação de cursos de Licenciatura em Educação do Campo (o Procampo) lançando anualmente editais de convocação às Instituições de Ensino Superior públicas para que apresentem projetos de criação da nova Licenciatura, dentro dos mesmos parâmetros da proposição inicial. Pelo levantamento apresentado na reunião da Comissão Nacional de Educação do Campo, em 11 e 12 de março de 2010, estavam em andamento até essa data 21 turmas de Licenciatura em Educação do Campo em universidades públicas brasileiras, com previsão de início de novas turmas ao longo deste ano de 2010 e novo edital para 2011.

O objetivo deste texto é contribuir nas reflexões sobre o projeto formativo do curso, especialmente em relação à turma de que participamos mais diretamente, mas também ao balanço que já se começa a fazer dos primeiros projetos experimentais apoiados pelo Ministério da Educação e à projeção de novas turmas em diferentes universidades, algumas delas já no desenho de cursos regulares, embora mantidas algumas características do projeto originário.

Há muitos aspectos a serem refletidos sobre este novo curso. Neste texto há uma focalização na questão da formação para a docência por área do conhecimento, que compõe a proposta do curso, e as implicações sobre a forma de organização curricular das escolas do campo. A pergunta indicada no título do texto visa problematizar certa primazia que vem sendo dada a esta dimensão nos debates sobre o curso, o que fazemos desde duas convicções fundamentais, para nós pressupostos do trabalho pedagógico nesta Licenciatura.

A primeira convicção é de que a centralidade do projeto político-pedagógico da Licenciatura em Educação do Campo (LEdoC) não está/não deve estar na questão da docência por área do conhecimento: ela é apenas uma das ferramentas escolhidas (dentro de circunstâncias históricas determinadas) para desenvolver uma das dimensões (a da docência) do projeto de formação de educadores que dê conta de pensar os caminhos da transformação da escola desde o acúmulo de reflexões já existente sobre isso no âmbito da Educação do Campo e especialmente dos movimentos sociais camponeses. Deslocada deste centro a questão da docência por área tende a ser absolutizada, exatamente pela novidade e os desafios de sua implementação, e desloca a atenção e o trabalho educativo dos aspectos centrais onde esta discussão específica faz sentido, pelo menos desde as finalidades formativas que entendemos devem orientar esse curso.

A segunda convicção é de que a discussão ou elaboração específica sobre a formação para a docência por área, deve ser ancorada em um projeto de transformação da forma escolar atual, visando contribuir especialmente no pensar de dois dos seus aspectos fundamentais que são a alteração da lógica de constituição do plano de estudos que leve à desfragmentação curricular pela construção de um vínculo mais orgânico entre o estudo que se faz dentro da escola e as questões da vida dos seus sujeitos concretos, e a reorganização do trabalho docente que visa superar a cultura do trabalho individual e isolado dos professores. E ambos os aspectos devem estar orientados por uma concepção de educação e de escola ligada aos nossos objetivos formativos mais amplos, enquanto classe trabalhadora, e fundamentados em uma abordagem histórico-dialética de compreensão da realidade e do modo de produção do conhecimento.

Os tópicos em que o texto foi desenvolvido visam situar a questão da área no projeto formativo originário da proposição deste curso, buscando desenvolver argumentos e algumas ideias propositivas em relação a estas convicções indicadas. Não se trata de reflexões conclusivas, mas sim de uma tomada de posição desde uma prática concreta em andamento visando participar dos debates necessários, e que já se realizam em torno dela, e da proposta geral deste novo curso.

Licenciatura em Educação do Campo e projeto formativo

Cabe retomar brevemente os motivos originários da proposta deste curso. O raciocínio básico que justificou a criação da Licenciatura em Educação do Campo perante o sistema educacional brasileiro teve como principais argumentos os seguintes:[2]

- A situação educacional no campo é, do ponto de vista humano e social, discriminatória e injusta. E é muito preocupante porque é indicadora de uma situação social mais ampla que inviabiliza qualquer iniciativa de construção efetiva de um projeto de Nação. As políticas gerais de universalização do acesso à educação não têm dado conta desta realidade específica.

- Esta situação fica insustentável pela contradição que estabelece: a dinâmica social do campo brasileiro fomenta hoje um debate sobre projetos de desenvolvimento do campo como parte de um projeto de país, projeto que é incompatível com a falta de tratamento público a várias questões da realidade vivida pela população do campo, entre as quais, a questão do acesso à educação.

- Foi neste contexto que surgiu a Educação do Campo, primeiro ponteada e organizada pelos movimentos sociais e organizações populares do campo, e aos poucos integrando, em um movimento tenso e contraditório, a agenda da sociedade, de alguns governos, do poder público. Não é por acaso que se têm multiplicado as experiências que buscam dar tratamento específico à formação de educadores do campo, tal como acontece, por exemplo, nos cursos de "Pedagogia da Terra", vinculados ao Programa Nacional de Educação na Reforma Agrária (Pronera).

---

[2] Apresentados pela Coordenação Geral de Educação do Campo (CGEC) à Câmara Temática de Formação de Professores do MEC, em sessão de trabalho de 7 de abril de 2006 e depois incorporados aos documentos de proposição do curso. Nessa ocasião foram apresentadas também as diferentes características propostas para o desenho do curso: ser destinado a educadores que trabalham em escolas do campo e a jovens e adultos do campo com esta perspectiva de trabalho, desenvolver-se na lógica da alternância entre Tempo Escola e Tempo Comunidade, organizar-se através de turmas específicas, ter um processo específico de seleção, prever na realização do curso pelas IES que se façam parcerias com secretarias de educação e com movimentos sociais ou outras organizações que realizem trabalho no âmbito da Educação do Campo.

– O debate com os diferentes atores deste processo tem nos mostrado que não se trata de expandir no campo o modelo de escola que hoje ali predomina, e mesmo o modelo constituído na lógica/forma urbana. A educação básica somente será garantida no campo, e com a qualidade a que seus sujeitos têm direito, desde uma outra lógica de organização escolar e do trabalho pedagógico. E as transformações não devem se sustentar em uma racionalidade apenas administrativa ou econômica, mas sim no próprio acúmulo pedagógico, cultural, político que existe nesta nova dinâmica social instituída pelas lutas sociais dos trabalhadores do campo, e dialogando com todo o debate pedagógico que está hoje no conjunto da sociedade e que também está em muitas escolas "da cidade".

– Pretende-se que este novo curso possa ser gerador, impulsionador de um debate mais amplo sobre que educação básica, que organização escolar e pedagógica, que profissionais são necessários para esta realidade, continuando o debate proporcionado pela elaboração das "Diretrizes Operacionais para a Educação Básica nas Escolas do Campo". E isso articulando na mesma reflexão as instituições de ensino superior, as secretarias de educação, o MEC, o CNE, os movimentos sociais e, principalmente, os próprios educadores do campo, organizados coletivamente para esta construção. A ideia, pois, não é o curso pelo curso, como iniciativa pontual de uma instituição ou outra, mas como parte deste movimento que busca construir um sistema público de Educação do Campo.

A proposição apresentada foi de "criação de uma Licenciatura que se constitua desde a especificidade da Educação do Campo (que inclui uma estreita relação entre educação e processos de desenvolvimento comunitário) e que faça a formação dos educadores que atuam/ou pretendem atuar nas escolas do campo". Trata-se de "desenvolver uma formação que articule as diferentes etapas (e modalidades) da educação básica, preparando educadores para uma atuação profissional que vá além da docência e dê conta da gestão dos processos educativos que acontecem na escola". De forma articulada com esta atuação mais ampla, esta Licenciatura "pretende habilitar os professores para a docência multidisciplinar em um currículo organizado por áreas do conhecimento".[3]

Desde esta proposição geral o perfil profissional projetado para o curso incluiu três conjuntos de aprendizados básicos de formação para os educadores do campo: (1) Docência multidisciplinar em uma das áreas de conhecimento propostas

---

[3] Registros da exposição realizada na sessão antes mencionada de 7 de abril 2006 com ideias depois incorporadas na minuta de proposição formal do curso de 19 de abril 2006.

pelo curso: Linguagens, Artes e Literatura; Ciências Humanas e Sociais; Ciências da Natureza e Matemática; Ciências Agrárias. (2) Gestão de processos educativos escolares, entendida como formação para a educação dos sujeitos das diferentes etapas e modalidades da Educação Básica, para a construção do projeto político-pedagógico e para a organização do trabalho escolar e pedagógico nas escolas do campo. (3) Atuação pedagógica nas comunidades rurais, o que significa uma preparação específica para o trabalho pedagógico com as famílias e ou grupos sociais de origem dos estudantes, para liderança de equipes e para a implementação (técnica e organizativa) de projetos de desenvolvimento comunitário sustentável.[4]

Do ponto de vista dos movimentos sociais envolvidos na proposição do novo curso, esta Licenciatura se insere no contexto de luta social por políticas de ampliação da rede de escolas públicas que ofertem a educação básica no e do campo, com a correspondente criação de alternativas de organização curricular e do trabalho docente que viabilizem uma alteração significativa do quadro atual, prioritariamente no que se refere à oferta dos anos finais do ensino fundamental e à oferta do ensino médio, de modo a garantir a implementação das "Diretrizes Operacionais para a Educação Básica nas Escolas do Campo", em especial no que prevê o artigo 6º de sua Resolução (CNE/CEB 1/2002).[5]

E pelo menos entre os Movimentos Sociais Camponeses da constituição originária da Educação do Campo havia clareza de que não se estava propondo a criação de uma Licenciatura específica por considerar que a formação de educadores e sua correspondente ciência pedagógica devam ser diferentes para quem atua no campo, no sentido de ter outras bases, outra estrutura, outra concepção, que se justifiquem somente pela especificidade, mas porque desde o campo, e particularmente desde as práticas e reflexões sobre educação e sobre escola destes movimentos, não se estava satisfeito com a lógica da formação de educadores dominante nas chamadas Licenciaturas, bem como com o desenho de escola que orienta seu projeto de preparação docente.[6] A LEdoC foi vista como uma possibilidade objetiva de provocar o debate

---

[4] Minuta de proposição do curso de 19 de abril 2006.
[5] Diz o artigo 6º: "O poder público, no cumprimento das suas responsabilidade com o atendimento escolar e à luz da diretriz legal do regime de colaboração entre a União, os estados, o Distrito Federal e os municípios, proporcionará Educação Infantil e Ensino fundamental *nas comunidades rurais*, inclusive para aqueles que não o concluíram na idade prevista, cabendo em especial aos estados garantir as condições necessárias para o acesso ao ensino Médio e à Educação Profissional de Nível Técnico" (grifo nosso).
[6] É interessante mencionar que na época da elaboração da minuta do projeto da Licenciatura em Educação do Campo alguns representantes do MEC chegaram a questionar, em algum momento da discussão, que certos traços colocados na proposta (especialmente a abordagem da educação básica como totalidade e a questão da formação por área) não se referiam ao campo, mas sim a uma proposição que também poderia servir à formação

sobre a necessidade de transformações na escola, em vista de outros objetivos formativos e desde seu acúmulo de discussão pedagógica e as matrizes da tradição de educação emancipatória que carregam e têm tentado levar aos educadores do campo, desde suas próprias atividades de formação. Esse é um entendimento que precisa ser realçado, porque não nos parece ser consensual entre os que hoje se identificam com a Educação do Campo e têm participado das discussões desse novo curso.

O encontro entre a Educação do Campo e uma Licenciatura só pode ser tenso. Primeiro porque o formato legal e institucional das Licenciaturas existentes no sistema educacional é expressão de uma concepção de formação de educadores e de escola que diverge dos debates originários da Educação do Campo. E segundo porque os sujeitos envolvidos nesse encontro, movimentos sociais, governos e universidades não têm, em seu conjunto, os mesmos interesses e objetivos e nem a mesma dinâmica de atuação, ou seja, se o curso mantiver sua proposta de origem ele encarnará as tensões e contradições que estão hoje no conjunto da Educação do Campo,[7] talvez agravadas pelas tensões específicas do debate sobre formação de educadores que está no conjunto da sociedade.[8]

Este texto não pretende se debruçar sobre essa análise mais geral das tensões e contradições do movimento entre Educação do Campo e Licenciatura, mas certamente ela integrará os esforços de balanço coletivo do processo de implantação do novo curso. Mas destacamos como alerta para nossas discussões que a expressão "se mantiver a proposta de origem" se refere a um movimento já visível de tentar enquadrar o curso em uma lógica mais parecida com a vigente no sistema atual, e que a centralização exagerada no debate sobre a docência por área faz parte deste enquadramento.

Desde a ótica da proposição originária, pois, este curso se insere em um conjunto bem amplo de desafios político-pedagógicos que conformam seu projeto formativo e que retomamos a seguir, em síntese, para ancorar depois a discussão específica sobre o lugar da docência por área nesse projeto.

Um primeiro e principal desafio se refere ao tratamento a ser dado ao foco de profissionalização do curso. O objeto central da Licenciatura em Educação do

---

de educadores das escolas da cidade, não se justificando por isso a criação do curso. Na ocasião, a reação de representantes de movimentos sociais presentes nessa sessão de debate foi: por que não podemos admitir que se produzam novas alternativas pedagógicas desde o campo para o conjunto das escolas? Por que o movimento tem que ser sempre o inverso, da cidade ao campo?

[7] Elementos desta análise específica podem ser encontrados em Caldart, 2009.
[8] Questões importantes deste debate estão em Arroyo, 2003.

Campo é a escola de educação básica (com ênfase nas etapas que correspondem aos ciclos de formação da adolescência e juventude), sua organização do trabalho escolar e pedagógico (que inclui o ensino), pensada nas relações que a integram em um projeto educativo e formativo mais amplo das novas gerações de trabalhadores do campo. A tarefa social que está posta ao curso é a de preparação de educadores para uma escola que ainda não existe, no duplo sentido, de que ainda precisa ser conquistada e ampliada quantitativamente no campo, e de que se trata de construir uma nova referência de escola para as famílias e comunidades que organizam sua vida em torno dos processos de trabalho/produção camponesa. Essa tarefa envolve um debate de concepção de educação e de escola e sobre que matriz formativa deve orientar a construção de uma nova forma de escola e envolve também a capacitação dos educadores para a análise da escola atualmente existente, no geral e na situação particular da escola em que cada um atua.

Mas não é o curso em si mesmo que pode construir essa referência de escola, até porque em boa medida ela já existe, especialmente no acúmulo de práticas e reflexões pedagógicas de Movimentos Sociais Camponeses que se pautam por um projeto histórico, e esteve presente nas próprias discussões de proposição da nova Licenciatura.[9] Cabe ao curso garantir a articulação e o aprofundamento deste debate a partir de seu vínculo orgânico com as escolas do campo e com os movimentos sociais, tendo como horizonte a construção da escola a que tem direito e que necessita a classe trabalhadora.

Um segundo desafio principal, que dá a direção política ao desafio de repensar a escola, é o de fazer do campo um objeto central de estudo sistemático e rigoroso do curso, integrando ao perfil de formação destes educadores o esforço teórico de compreensão e análise da especificidade do campo (nas tensões entre particularidade e universalidade) que se refere aos processos produtivos e de trabalho centrados ou de alguma maneira vinculados à agricultura, das lutas sociais e da cultura produzida desde estes processos de reprodução da vida, de luta pela vida. Na atualidade, esse desafio exige estudar como as contradições sociais do modo de produção capitalista se materializam no campo, notadamente nas relações entre burguesia agrária e campesinato e como os trabalhadores e suas organizações se movimentam e se formam nesse quadro, buscando retomar e transformar sua condição de camponeses seja fazendo a luta por uma reforma agrária de cunho popular, seja produzindo alternativas para o avanço da agricultura camponesa. E também exige compreender a lógica da produção/da vida camponesa não apenas como resistência social simples, mas como possibilidade (afirmação projetiva) de um outro modo de produção que implica outra racionalidade que não a domi-

---

[9] Uma reflexão sobre a transformação da escola nessa perspectiva está em Caldart, 2010a.

nante, incluindo uma nova forma de relação com a natureza, outras práticas de geração de renda, de uso de produtos através da agroindustrialização popular e práticas cada vez mais amplas de cooperação entre camponeses.[10] Educadores do campo precisam compreender que processos de formação/deformação integram estes modos contraditórios de fazer a agricultura, que implicações trazem para o conjunto da vida social (no campo e na cidade) e como a escola se articula (ou não) com as relações sociais que produzem seu entorno na perspectiva de uma lógica ou outra.

Não se trata de um estudo separado do foco de profissionalização do curso, como uma espécie de formação geral, de qualquer forma necessária à preparação de educadores, atuem eles no campo ou na cidade, mas, nesse caso, as questões ou as contradições fundamentais da realidade atual dos trabalhadores do campo precisam estar imbricadas nas diferentes dimensões da formação destes educadores, de tal modo que não se deveria considerar como Licenciado em Educação do Campo quem não consiga formular sínteses básicas que permitam identificar e analisar o contraponto entre estes projetos de agricultura (basicamente entre agronegócio e agricultura camponesa) e, principalmente, tomar posição para desenvolver seu trabalho educativo considerando este confronto e a luta de classes que ele expressa e reproduz desde a especificidade do campo.

Um terceiro grande desafio, necessário ao encontro do primeiro com o segundo, é o de organizar o curso como um processo formativo orientado por uma visão alargada de educação e pensar que formação é necessária para um educador que assume esta concepção dentro da escola. Isso quer dizer assumir uma visão que vincula a educação a processos de formação do ser humano, que podem acontecer com intencionalidade pedagógica em diferentes lugares sociais, diferentes situações, diferentes tempos da vida. Intencionalidades que implicam um mesmo desafio que é o de transformação do ser humano ou sua formação cada vez mais plena, em diferentes dimensões, mas que têm especificidades pedagógicas próprias aos diferentes sujeitos, aos seus tempos de formação, à materialidade de cada situação ou lugar e às ênfases que dela podem decorrer, ou seja, educação não é igual à escola e escola não é igual a ensino ou instrução cognitiva. Mas há uma especificidade do processo educativo escolar (e da docência), e preparar-se para atuação (alargada) nele é um dos principais objetivos dessa Licenciatura.

Este desafio envolve tensões que precisam ser enfrentadas. Uma delas é a de descentrar a formação do educador da escola, mantendo-a como objeto central do curso

---

[10] Um maior desenvolvimento desta perspectiva de compreensão do campo hoje pode ser encontrado em Carvalho, 2010.

(olhando-a, pois, em perspectiva, nas suas relações, internas e externas), trabalhando na prática o alargamento das tarefas e do horizonte de atuação do educador do campo, o que inclui seu necessário envolvimento nas lutas sociais e, particularmente, na luta por escolas no/do campo. Outra tensão é a de descentrar a formação do educador da docência, sem deixar de dar a ela o tratamento rigoroso que o objeto de profissionalização do curso exige, ou seja, é preciso superar uma dicotomia, que é histórica, entre docência e educação ou formação humana, trabalhando a docência como dimensão da prática do educador (daquele educador que atua em escola) e não em si mesma: conhecimentos de sua área a serviço de um projeto educativo que vise o desenvolvimento omnilateral do ser humano. Esta tensão acaba se desdobrando noutra de mesma natureza, especialmente pela pressão dos tempos, da carga horária para os diferentes componentes curriculares, que se refere à necessidade de trabalhar no próprio curso, ou na formação destes educadores diferentes dimensões da formação humana, exatamente como se espera que trabalhem com seus educandos.

Outra tensão ainda é a de formar para uma nova concepção de educação básica, trabalhando-a como totalidade, mas sem deixar de focalizar a especificidade do trabalho pedagógico com os sujeitos dos anos finais do ensino fundamental e do ensino médio; educação básica que deve ser trabalhada toda ela na perspectiva de universalidade e obrigatoriedade (o ensino médio obrigatório foi uma das lutas em que nos inserimos enquanto curso, enquanto Educação do Campo), superando o corte entre anos iniciais e anos finais, entre ensino fundamental e ensino médio, e superando a visão seletiva e propedêutica especialmente destas etapas da educação básica.

Um quarto grande desafio do projeto formativo da LEdoC é o de construir estratégias pedagógicas que materializem dentro do próprio curso o exercício da práxis, ou seja, que permitam ao educador aprender a juntar teoria e prática em um mesmo movimento que é o de transformação da realidade (do mundo) e de sua autotransformação humana, de modo que esteja preparado para ajudar a desencadear este mesmo movimento nos processos educativos de que participe. Esta é uma preparação que inclui a capacidade do educador de trabalhar de forma articulada diferentes processos que integram a formação de um ser humano; articular diferentes conhecimentos, habilidades, valores, dimensões; saber formular sínteses básicas que permitam fazer escolhas pedagógicas, fundamentadas em opções éticas, políticas e intelectuais conscientes e que efetivamente guiem sua ação diante de situações concretas do processo educativo.

E a tarefa maior que o curso deve assumir nesta perspectiva tem a ver com o primeiro desafio indicado, que é o de construir a nova referência de escola, também a partir das próprias práticas desenvolvidas no curso ou a propósito dele, ou seja, que a organização do trabalho pedagógico do curso possa servir de parâmetro para repensar/refazer a forma escolar presente (ou ausente) hoje no campo e o curso ajude a articular e fortalecer o debate dos estudantes e seus coletivos sobre projeto de escola, através do vínculo entre as práticas pedagógicas e de pesquisa do curso e as escolas de atuação destes estudantes.[11]

Faz parte do processo de construção do novo desenho de escola e do exercício da práxis uma reflexão epistemológica ou sobre como as práticas educativas escolares devem trabalhar com a dimensão do conhecimento, e como essa dimensão integra o processo educativo mais amplo: que conhecimentos, que modos de produção do conhecimento, que forma de trabalho pedagógico para garantir o movimento entre apropriação e produção do conhecimento e o engate entre conhecimento e processo formativo como um todo: que conhecimentos ajudam nos processos de formação do ser humano, na formação de sujeitos coletivos, nas lutas sociais emancipatórias; que conhecimentos se produzem nestes processos; que concepção de conhecimento, que matriz teórica de produção do conhecimento, de ciência, de pesquisa, nos deve servir como referência.

É nesse contexto que está a organização curricular por área do conhecimento, que tem neste curso como desafio principal a habilitação para a docência por área, mas também a organização do estudo para além das aulas, e as aulas para além de um ensino apenas transmissivo, mas que não descuidem da apropriação do conhecimento historicamente produzido pela humanidade e que ajudem na compreensão da realidade que precisamos transformar. Nesse âmbito, o desafio pedagógico de que as aulas do curso possam pela sua forma provocar a reflexão sobre didáticas, métodos de ensino consideradas as distinções dos tempos da formação e etapas da educação escolar, incluindo o desafio de pensar em aulas que possam ser exposições ou produções teóricas exigidas pelas diferentes dimensões do processo formativo e/ou pelas diferentes atividades-processo que integram o currículo do curso. E no mesmo contexto de debate pedagógico está o desenvolvimento da pesquisa como estratégia pedagógica de integração curricular e como experiência específica de apropriação e produção de conhecimento, trabalhada de forma articulada com as atividades de inserção nas escolas e comunidades e com as práticas pedagógicas que integram o currículo do curso.

---

[11] Em nossa experiência de curso isso tem sido trabalhado através da estratégia identificada como "Inserção Orientada na Escola", que inclui, além da processualidade de práticas pedagógicas e estágios, o encontro sistemático entre curso e escolas de inserção, em seminários de discussão sobre questões de concepção de educação e de escola, da organização escolar e do trabalho pedagógico e sobre o próprio processo de inserção dos estudantes nas escolas, seja na condição já de educador integrado ao seu quadro ou de quem participa como aprendiz ativo de sua dinâmica.

Para dar conta destes desafios indicados é necessária uma determinada postura a ser assumida como educadores e como instituições formadoras, que precisa ser destacada considerando principalmente as parcerias que se fazem para realização do curso. Trata-se de aceitar pensar a formação de educadores concretos (não educadores "em tese"), estes que ali estão, em cada turma reconhecendo-os como sujeitos, pessoas e coletivos, que fazem parte de uma realidade específica, que são detentores de práticas, de conhecimentos, de valores, de concepções de campo, de educação. É preciso inverter a lógica escolar tradicional: exigir que a vida real esteja no curso, fazendo-o parte desta vida, de modo que as pessoas entrem por inteiro e como sujeitos da produção coletiva do conhecimento e do seu próprio processo formativo.

Esta postura implica superar também uma visão discriminatória que pode não estar verbalizada, mas orientar a prática dos educadores, das instituições ou dos próprios estudantes do curso. Visão segundo a qual para quem vive ou vai trabalhar no campo "qualquer coisa serve", e a exigência da formação pode ser menor, sendo a própria opção de organização curricular por área adequada para as escolas do campo porque ali bastam os conhecimentos mais rudimentares. Na prática essa postura implica algumas subversões e rupturas no jeito mais convencional de um curso de Licenciatura e um grau elevado de exigência, de rigor, de preparação dos educadores e docentes que vão trabalhar nele.

O debate sobre área

Por que foi feita a proposição da docência por área do conhecimento neste curso? Novamente nos parece importante retomar a discussão originária, não porque se deva ficar nela, mas para ter presente o patamar de compreensão que orientou seu início e considerá-lo depois no balanço da experimentação.[12]

A preocupação específica de preparação de docentes através do novo curso era com os anos finais do ensino fundamental e o ensino médio, pelo gargalo de acesso que estas etapas ainda representam na realidade educacional do campo. Por isso, a necessidade de entrada no âmbito das licenciaturas específicas, embora no início das discussões se tenha cogitado fazer a proposição de um novo curso de Pedagogia, voltado à formação do profissional da educação básica (como totalidade) e incluindo a preparação para a docência. Esta ideia sequer foi amadurecida em função da coincidência do período em que a discussão estava sendo feita e a aprovação das novas diretrizes curriculares para o curso de Pedagogia, fixando-a

---

[12] Nossa fonte são os registros de participação na comissão de elaboração da proposta inicial do curso.

no trabalho com os anos iniciais do ensino fundamental e educação infantil.[13] Considerou-se que esta coincidência tornaria ainda mais difícil a aceitação de um novo formato de curso de Pedagogia e, por isso, logo se passou a discutir outras alternativas, ainda que esta Licenciatura tenha permanecido como referência, pelas experiências de tratamento específico constituídas nos cursos que ficaram conhecidos como "Pedagogia da Terra", e pela preocupação com a formação mais ampla dos educadores, para além da docência.

A escolha de um curso nos moldes das licenciaturas disciplinares já existentes foi descartada por dois motivos principais. O primeiro motivo foi porque um dos problemas alegados para garantir escolas de educação básica completa nas comunidades camponesas é a inviabilidade de manter um professor por disciplina em escolas que nem sempre conseguem ter um número grande de estudantes e cuja localização torna mais difícil a lógica de cada professor trabalhar em diversas escolas para completar sua carga horária. À medida que não consideramos que esta é a lógica que deve ser a referência para as escolas do campo, não teria porque propor um curso específico que a reproduzisse. E o segundo motivo porque se a referência fosse uma licenciatura disciplinar (especialmente do ponto de vista de legislação e diretrizes curriculares já consolidadas ainda que com muitas críticas) seria muito difícil conseguir aprovar as subversões necessárias na lógica do curso em vista dos objetivos formativos mais amplos que estavam sendo discutidos. E o tratamento da especificidade do campo ou não seria aceito ou o seria da forma mais equivocada possível, considerando a diferenciação nos próprios conteúdos disciplinares (teríamos uma Geografia do campo ou uma Física do campo), algo que as concepções originárias da Educação do Campo sempre combateram com veemência.

A ideia da área já estava nas diretrizes do próprio MEC para as escolas de educação básica e, portanto, poderia ser uma forma mais facilmente aceita (pelo menos nessa instância de discussão). E a docência por área poderia ser trabalhada na dupla perspectiva de viabilizar a criação de mais escolas no campo (menos professores nas escolas com mais carga horária, assumindo a docência em mais de uma disciplina), e de constituir equipes docentes (por área), fortalecendo a proposta de um trabalho mais integrado em vista de superar a lógica da fragmentação curricular e seu afastamento das questões da realidade, algo tão criticado por todos. O trabalho por área poderia ser um bom pretexto para rediscussão da forma de organização curricular das escolas do campo.

---

[13] As Diretrizes Curriculares Nacionais para o Curso de Pedagogia foram aprovadas pelo Parecer CNE/CP 3/2006.

Notemos, no entanto, que a docência por área foi incluída na proposição do novo curso, como um dos focos da profissionalização pretendida, mas não se optou por uma licenciatura por área e sim pela formatação de uma Licenciatura em Educação do Campo, efetivamente uma nova concepção de licenciatura.[14] A escolha foi feita em função da análise de que o foco na área, em si mesma, não alteraria os limites identificados nas licenciaturas disciplinares e também porque nessa outra formatação se poderia concentrar em um só curso a nova proposição que incluiria as quatro áreas como possibilidades de habilitação diferenciada a ser definida para cada turma. Do ponto de vista legal a nova licenciatura poderia se pautar pelas "Diretrizes Curriculares Nacionais para a Formação de Professores da Educação Básica", mais gerais e por isso mais abertas às mudanças pretendidas em relação às demais licenciaturas.

Outra discussão de fôlego feita na comissão de elaboração da proposta inicial do curso foi sobre a designação "docência multidisciplinar na área de conhecimento" em vez de apenas "docência na área de conhecimento", uma decisão que levou em conta especialmente a validade da certificação a ser fornecida pelo curso. A palavra "multidisciplinar", entendida por alguns participantes do debate como um retrocesso (por manter a disciplina como referência), quis resguardar o direito dos novos Licenciados em Educação do Campo de trabalhar nas escolas do campo, ainda que elas não tenham seus currículos organizados por área e antes que o novo curso pudesse influenciar na revisão do formato dos concursos públicos. Mas também foi uma opção de deixar em aberto, para posterior amadurecimento, a relação entre áreas e disciplinas, tanto no pensar a organização do currículo das escolas de educação básica como do próprio curso de formação de educadores, que na maioria dos casos não conseguiria se inserir no sistema de matrículas da universidade se não mantivesse sua base curricular por disciplinas, ainda que pudessem ser subvertidas ou inovadas em sua concepção convencional e na forma de organização do trabalho docente. Nessa mesma linha de raciocínio, a interdisciplinaridade e a transdisciplinaridade foram colocadas como objetivos da formação, por se entender que indicavam muito mais perspectivas de trabalho docente do que a forma de uma habilitação específica.

Na tramitação dos projetos de curso no âmbito das universidades a questão da docência por área acabou assumindo uma dimensão bem maior do que teve nos debates iniciais de proposição do curso, em alguns lugares superando o próprio

---

[14] Essa novidade foi entendida por algumas pessoas como uma espécie de fusão entre certa concepção do curso de Pedagogia e a lógica das licenciaturas específicas, no que se refere à preparação de docentes para os anos finais do ensino fundamental e ensino médio, temperada com as características próprias da especificidade da abordagem da Educação do Campo, ou seja, acerto ou erro, um desafio e tanto!

debate da especificidade, em geral muito polêmico. Essa é uma questão que deverá ser analisada com mais cuidado no processo de balanço da implantação deste curso.[15] Mas nos parece que, ao mesmo tempo em que essa constatação nos alerta para um possível desvio dos propósitos mais amplos da criação deste curso, também nos indica potencialidades importantes da opção pela área, relacionadas ao processo de desestabilização de uma ordem dada e de desnaturalização de uma forma curricular (a disciplinar) que é histórica, mas passa a ser assumida como a única possível no trabalho com o conhecimento, principalmente no âmbito da universidade e, consequentemente, para a formação dos docentes.

Feito esse pequeno resgate, também com o objetivo de contribuir para os registros de memória da criação da LEdoC, já nos parece possível estabelecer, para continuidade de nosso debate, algumas balizas de compreensão sobre o lugar e a concepção do trabalho com as áreas no curso e nas escolas com as quais ele guarda relação, pensadas desde as práticas do curso de que participamos e das discussões de seu entorno.

Uma primeira baliza de compreensão diz respeito à relação que precisa ser estabelecida entre a discussão das áreas e a crítica à fragmentação do conhecimento que está na sociedade e não apenas na escola, movida fundamentalmente pelas exigências do mundo da produção. O modelo disciplinar integra historicamente a lógica do modo de produção da ciência próprio do modo de produção capitalista (modelo positivista de pensar o conhecimento, a ciência) que é caracterizado pelo isolamento e fragmentação: isolam-se recortes e se constituem campos epistemológicos para produzir a ciência. Mas, em determinado estágio, este isolamento é questionado pela realidade (que não é assim despedaçada), cujos problemas, cada vez mais complexos, exigem a desfragmentação. Surgem então as tentativas de reintegração através de esforços interdisciplinares e transdisciplinares,[16] o que

---

[15] Balanço já iniciado em produções coletivas sobre a Licenciatura em Educação do Campo como as que podem ser encontradas em Antunes-Rocha e Martins (Org.), 2009. Este livro trata da experiência da UFMG, que já formou sua primeira turma deste curso em fevereiro de 2010, turma que não é a do projeto-piloto com o MEC, mas uma Pedagogia da Terra (Pronera) que no processo do curso foi convertida em Lecampo pela afinidade com a proposta que estava, na época, sendo elaborada.

[16] Não vamos aprofundar neste texto a discussão sobre as diferenças entre inter e transdisciplinaridade, que envolve questões bem pouco consensuais entre educadores e pesquisadores do tema. Mas registramos aqui os conceitos que temos presente quando mencionamos estes termos: a interdisciplinaridade, como método, "é a reconstituição da totalidade pela relação entre os conteúdos originados a partir de distintos recortes da realidade; isto é, dos diversos campos da ciência representados em disciplinas. Isto tem como objetivo possibilitar a compreensão do significado dos conceitos, das razões e dos métodos pelos quais se pode conhecer o real e apropriá-lo em seu potencial para o ser humano" (Ramos, 2005,

acontece antes no âmbito da pesquisa/produção da ciência, para mais tardiamente chegar à discussão do currículo escolar.

A ideia da interdisciplinaridade surge ligada à finalidade de corrigir possíveis erros e a esterilidade acarretada por uma ciência excessivamente compartimentada e sem comunicação entre si. Nesse sentido, a crítica à compartimentalização das matérias será igual à dirigida ao trabalho fragmentado nos sistemas de produção da sociedade capitalista, à separação entre trabalho manual e intelectual, entre teoria e prática, à hierarquização e ausência de comunicação democrática entre os diferentes cargos de trabalho em uma estrutura de produção capitalista, entre humanismo e técnica (Santomé, 1998, p. 62). E a interdisciplinaridade não supõe a eliminação das disciplinas, mas sim uma articulação entre elas que pode chegar (especialmente no âmbito da produção científica) a modificar ou mesmo a criar novas disciplinas.

Mas é preciso ter presente que a crítica à fragmentação é quase tão antiga quanto ela mesma. Se, pelo menos desde o século 18 o modelo positivista controla a ciência e o pensamento ocidentais, Marx, no século 19, ainda que não estivesse imune aos efeitos desse modelo conseguiu, desde um contraponto de projeto histórico, radicalizar a crítica ao positivismo através da forma e concepção de sua própria obra e pelas formulações do materialismo histórico-dialético, que continuam influentes até hoje. Como afirma Santomé, "é possível que o marxismo tenha sido um dos modelos teóricos que mais ajudaram a promover a interdisciplinaridade. Uma boa prova disso está no impacto que esta teoria causou praticamente sobre todas as disciplinas e campos do conhecimento, da economia, sociologia, história, pintura, música, escultura, à biologia, ecologia etc." (1998, p. 50). E conseguiu isso porque seu objeto de estudo não era uma disciplina ou uma teoria, mas sim um fenômeno da realidade que, pela complexidade exigiu para sua análise conhecimentos acumulados historicamente em várias ciências/disciplinas. Uma lição que continua muito importante para nossas discussões atuais de integração curricular.

Hoje, quando as necessidades da reestruturação das formas de produção capitalista tornam mais amplas e visíveis as exigências da desfragmentação (tornando interdisciplinaridade, integração curricular, transdisciplinaridade, palavras da moda) fica mais fácil de perceber que as razões e finalidades das propostas in-

---

p. 116). A transdisciplinaridade pode ser entendida como um esforço de efetiva superação das fronteiras entre as disciplinas, compondo "novos arranjos de conteúdos das várias áreas do conhecimento, articulados por eixos temáticos definidos pela práxis social", ainda que sem desconsiderar no tratamento destes conteúdos os saberes disciplinares, mas podendo ir além deles (Kuenzer, 2003).

terdisciplinares (ou transdisciplinares) podem ser muito diferentes, mesmo contraditórias, ainda que coincidam na afirmação da necessidade de derrubada das fronteiras entre as ciências e, na educação escolar, de modificação das divisões e do tratamento dados às disciplinas para que se chegue a compreender o mundo em que vivemos e enfrentar os problemas cotidianos e futuros.[17]

Essa compreensão é importante para percebermos uma contradição fundamental em que o debate das mudanças curriculares está inserido. A própria lógica da reprodução do capital exige iniciativas de desfragmentação do conhecimento, mas que, se radicalizadas, podem se tornar força material contra esta própria lógica. Por isso estas iniciativas, de um lado precisam ser acompanhadas de forte investida ideológica no individualismo para que a visão mais ampla, de totalidade da produção não repercuta em força política de classe para os trabalhadores, e, de outro lado, precisam ser dosadas, ou seja, a tendência de superação da histórica contradição entre trabalho manual e trabalho intelectual que estas iniciativas de desfragmentação projetam não pode chegar à educação básica massivamente destinada à nova geração de trabalhadores, mas apenas a uma pequena parte deles em sofisticados cursos de educação profissional, já pensados nessa perspectiva.[18] Do ponto de vista de um projeto de transformação social esta contradição poderá ser tanto mais potencializada quanto nos dermos conta dela.

Vista neste contexto de debate, a questão da área entra no repensar do currículo da escola de educação básica, como uma referência de mediação entre uma tradição disciplinar fortemente arraigada, porque constituinte da própria forma escolar e, por isso, difícil de mudar, e a pressão externa por iniciativas de reintegração ou desfragmentação curricular. Mas a área pode ser (tem sido) entendida de formas muito diferentes, desde um simples agrupamento multidisciplinar visando promover algum diálogo entre docentes de disciplinas mais afins, o que não chega a alterar a lógica do trabalho escolar, até iniciativas de rearranjos curriculares que deslocam a referência das disciplinas, ou como uma forma de articulação de

---

[17] Como continua na reflexão Santomé: "Chama muito a atenção o fato de que um dos campos nos quais a interdisciplinaridade produziu e continua produzindo resultados mais frutíferos é o da pesquisa militar (...). As máquinas e tecnologias da agressão ou, falando eufemisticamente, de defesa, são fruto da colaboração de especificidades muito diferentes: biologia, química, física, engenharia, astronomia, até psicologia, sociologia, economia etc..." (Santomé, 1998, p. 53). "Os âmbitos mais antagônicos aos da guerra, como o pacifismo e a ecologia, também trabalham sempre com pressupostos interdisciplinares. Suas análises, propostas e soluções são resultado de pesquisas efetuadas por equipes de especialistas de uma grande variedade de campos de conhecimento social, científico e tecnológico (biologia, geologia, química, física, sociologia, antropologia, medicina, informática, engenharia etc.)" (p. 55).
[18] O texto de Kuenzer, 2003, nos ajuda a compreender a complexidade dessas relações contraditórias no âmbito específico da educação profissional.

práticas inter e transdisciplinares que mantém as disciplinas, mas as coloca em outra perspectiva de trabalho com o conhecimento. São diferentes formas que, por sua vez, podem estar orientadas por finalidades educativas também diferentes ou contraditórias, como acontece em suas discussões originárias, fora da escola.

Chegamos assim a uma segunda baliza fundamental de compreensão do debate das áreas, em nosso caso pensando nos desafios da formação docente no âmbito da LEdoC. Trata-se de vincular a questão da área com as discussões sobre concepção de escola, ou mais precisamente sobre as mudanças necessárias na escola, debate que hoje está sendo feito pelo conjunto da sociedade, mas, novamente, não com as mesmas finalidades ou com as mesmas referências de objetivos formativos e projetos mais amplos.

Fazendo uma análise do ponto de vista dos interesses da formação dos trabalhadores, podemos afirmar (correndo o risco de certa simplificação, mas buscando demarcar melhor o debate) que a questão das áreas pode ser ancorada hoje em pelo menos três visões diferentes sobre os rumos da transformação da escola. Uma primeira possibilidade, que tem a força da hegemonia do pensamento que a sustenta hoje na sociedade, é que a área seja ancorada em uma visão neoliberal de escola, como um instrumento da ilusão que precisa ser criada de uma pedagogia voltada à desfragmentação e que trata dos problemas da realidade dos estudantes, mas sem efetivamente garantir uma formação que permita às novas gerações de trabalhadores uma abordagem de totalidade fundamentada no acesso a uma base de conhecimentos produzidos histórica e socialmente, e em uma formação geral mais ampla. Essa visão pode ser materializada sem a opção das áreas, mas essas podem ajudar a compor ou mediar iniciativas de desdisciplinarização do currículo desde um referencial pragmático e instrumental de ajustes necessários na forma escolar para que ela continue a cumprir sua função social relacionada às exigências (contraditórias) de reprodução da forma de sociedade que a criou e sustenta.[19] Quase desnecessário dizer que se for essa a ancoragem do trabalho por áreas na LEdoC estaremos diante de uma traição às suas finalidades formativas de origem.

Uma segunda possibilidade, contraposta à primeira, é que a questão das áreas seja ancorada em uma análise histórico-crítica da escola, que não coloca a transformação no âmbito da forma escolar, mas sim da sala de aula, ou seja, na revisão ou reafirmação dos conteúdos (pela compreensão que a escola atual trabalha

---

[19] Uma análise de como essa visão se objetiva na chamada "pedagogia das competências", principalmente na educação profissional, mas também na educação básica, pode ser encontrada em Ramos, 2005 e 2010.

efetivamente pouco com conteúdos) e dos métodos de ensino que devem ser trabalhados de modo a permitir que a escola cumpra sua principal função social, ou seja, de socialização do conhecimento, pensando especialmente na classe trabalhadora, e desde um referencial que contribua para a crítica das contradições da sociedade contemporânea. A busca da desfragmentação do conhecimento se dá, nessa abordagem, pela contextualização dos conteúdos, através de uma didática que os relacione com dimensões da prática social, que nessa visão não tem como estar na própria vida da escola, mas que deve ser ponto de partida no trabalho com o conhecimento.[20] A área não costuma ser referência curricular para quem defende essa visão, mas ela pode compor (tem composto em algumas práticas) um esforço de articulação dos professores em relação à revisão dos conteúdos básicos das disciplinas, que continuam como o centro da organização do currículo, mas podendo integrar projetos interdisciplinares desde a perspectiva da contextualização do conhecimento, incluindo iniciativas de articulação dos quadros conceituais de disciplinas diferentes, que podem ajudar a uma compreensão mais rigorosa do objeto de estudo de cada uma delas.

E uma terceira possibilidade de ancoragem do trabalho por área, para nós a que deve ser assumida pela LEdoC, incorporando reflexões importantes da visão anterior, em especial sobre o trabalho com os conteúdos na perspectiva da apropriação do conhecimento pela classe trabalhadora, se refere a uma visão também contraposta à primeira e com um entendimento diferenciado da segunda sobre a abrangência da tarefa educativa da escola (ainda que compartilhe com esta objetivos sociais e educativos mais amplos), que compreende a necessidade de sua transformação mais radical, projetando-a para além dos limites condicionados pela forma de sociedade atual e que, por isso mesmo, não se realizará integralmente fora de um conjunto maior de transformações sociais a que seu projeto educativo deve ser vinculado. Em texto anterior[21] desenvolvemos com mais detalhes a compreensão de como se trata de recriar a "forma escolar" tal como instituída pela sociedade capitalista a serviço de sua lógica (que é a escola que conhecemos na atualidade), o que não diz respeito apenas ou principalmente aos conteúdos de ensino (ainda que sejam muito importantes), mas fundamentalmente se refere ao formato das relações sociais que acontecem no interior da escola, inclusive no trabalho pedagógico com os conteúdos, que determina o seu isolamento em relação à dinâmica da vida, das lutas sociais e que conforma a educação das pessoas desde a concepção de sociedade e de ser humano que estas relações representam.

---

[20] Uma análise das potencialidades e dos limites dessa visão, no contraponto com a que será tratada a seguir, pode ser encontrada em Freitas, 2003 e 2010.
[21] Caldart, 2010a. Na mesma perspectiva há elementos de reflexão sobre a transformação da escola que complementam este raciocínio desde as concepções discutidas pelo MST em Caldart, 2010b.

Nesse entendimento, a forma da escola educa e não apenas seus conteúdos de ensino. Por isso é essa forma, ou seja, a lógica do trabalho escolar como um todo, que precisa ser alterada para colocá-la na direção da sociedade dos trabalhadores (o que inclui os conteúdos, mas não fica neles).

Transformar a escola é, de acordo com essa visão, e como também sintetiza Freitas (2010, p. 4), reconfigurar a forma escolar para poder restabelecer sua ligação com a vida, tomando-a (enquanto atividade humana criativa que tem por base o trabalho) como princípio educativo e vinculando os conteúdos escolares com os conteúdos da vida, que é também luta por ela e implica contradições a serem examinadas pelos estudos organizados pela escola. Isso significa ampliar sua tarefa educativa para além da sala de aula e romper com a ideia da aula como unidade única do trabalho pedagógico (Freitas, 2003, p. 34), redimensionando a lógica do estudo ou do trabalho com o conhecimento. Práticas inter ou transdisciplinares terão lugar pela mediação necessária das questões da realidade, que não têm como ser compreendidas pela abordagem fragmentada de cada disciplina. Do mesmo modo que são essas questões que podem exigir o contraponto ou o complemento entre diferentes formas de conhecimento.

O grande desafio curricular não é nessa visão apenas garantir momentos de contextualização dos conteúdos, mas sim o de juntar teoria e prática, integrando em uma mesma totalidade de trabalho pedagógico, não somente disciplinas ou conteúdos entre si, mas estudo e práticas sociais, fundamentalmente práticas de trabalho e de organização coletiva dos estudantes, totalidade inserida na luta pela criação de novas relações sociais e na formação omnilateral dos trabalhadores que lhe corresponde. O conhecimento é tratado, nessa concepção, como parte da educação omnilateral dos trabalhadores, em que a instrução integra um projeto de formação que tem objetivos de transformação coletiva da realidade, com intervenções organizadas na direção de um projeto histórico e assumida a orientação teórica e política do materialismo histórico-dialético para o trabalho pedagógico escolar. Temos presente que se a fragmentação e o descolamento da realidade, bem como a contradição entre trabalho manual e intelectual que os sustenta, não foram produzidos pela escola, também não terão solução plena somente ou primeiro nela. Mas como nos adverte Freitas (2010), os limites que possamos encontrar nas escolas atualmente existentes não podem ser os limites da teoria que projeta a direção do nosso trabalho em relação a elas.

Não pretendemos, nos limites deste texto, fazer uma análise mais aprofundada de cada uma destas visões de escola e seus desdobramentos para o trabalho educativo. Identificá-las, como possibilidades diferentes de ancorar o trabalho docente por área, nos ajuda a demonstrar como a área é meio e não fim e não pode ser discutida em si mesma, a não ser que o objetivo seja o de não explicitar as concepções de escola e de educação a que seu desenho acabará se vinculando. De qualquer modo, o trabalho por área problematiza a forma disciplinar do currículo e pode ajudar na desmistificação das disciplinas como se fossem as guardiãs absolutas do conhecimento. As disciplinas são a marca, inclusive simbólica da fragmentação, e por isso colocá-las em questão pode ser muito importante no processo de desnaturalização da forma escolar como um todo. Ainda que a problematização das disciplinas não seja suficiente na transformação da escola, ela também não pode ser considerada uma questão menor, exatamente porque há uma forte relação entre a tradição disciplinar do currículo, ou seja, a lógica de "compartimentalização dos conhecimentos e habilidades em matérias" (Enguita, 1989, p. 201) e todos os demais traços que compõem a forma escolar atual, ou "a face oculta da escola", como a analisa Enguita, e que temos como desafio transformar. Dificilmente professores que não estejam dispostos a compartilhar seus "territórios de trabalho"[22] se engajarão em processos coletivos de transformação mais radical da escola. Mas, por isso, é que não se trata de dar centralidade à área e nem de trabalhá-la em qualquer direção. Tampouco se trata de assumir uma posição antidisciplina como se todos os problemas da escola estivessem concentrados na existência das disciplinas.

Nesse raciocínio de compreensão que estamos formulando, uma terceira e última baliza diz respeito ao papel específico da área (ou da docência por área) e a forma de trabalho com ela nos desafios dessa visão sobre a transformação da escola em que, segundo nosso entendimento, a área deve ser ancorada, especialmente pensando nos objetivos que a instituíram na proposição da Licenciatura em Educação do Campo.

Trata-se, nessa visão, de construir uma forma de organização do currículo ou do plano de estudos da escola que desloca a centralidade das disciplinas e seu rol de conteúdos, não para que a escola deixe de ensinar conteúdos, mas sim para trabalhá-los de modo a garantir que os estudantes se apropriem de conhecimentos e de métodos de produção do conhecimento (ou de análise da realidade), indispensáveis aos desafios de compreensão e atuação sobre as questões da vida (humana e socialmente considerada). Note-se que não estamos trocando a centralidade das disciplinas pela das áreas, porque isso seria manter a mesma lógica da forma escolar atual. O desafio é construir um currículo cujo centro esteja no estudo dos próprios fenômenos da realidade (da vida), mas, fazendo isso, conforme nos

---

[22] É Santomé quem afirma que uma disciplina pode ser entendida como "uma maneira de organizar e delimitar um território de trabalho, de concentrar a pesquisa e as experiências dentro de um determinado ângulo de visão" (1998, p. 55).

alerta Ramos (2005, p. 121), sem que se percam no plano de estudos da escola os referenciais das ciências básicas (bem como do conjunto de conhecimentos historicamente sistematizados, que inclui os conhecimentos do campo da arte), e sem desconsiderar que certos conteúdos implicam pré-requisitos e em métodos específicos para sua apropriação.

No trabalho com a LEdoC de que participamos houve uma decisão de retomar as discussões sobre os "complexos de estudo"[23] como alternativa de lógica de constituição curricular que vai nessa direção. A base dos complexos é constituída pelos fenômenos da realidade atual, selecionados como objeto de estudo direto pelos estudantes durante um determinado período e de modo articulado com o ensino dos conteúdos das disciplinas (que implicam métodos específicos de ensino/aprendizagem) e com práticas concretas (de trabalho e de auto-organização dos estudantes). Articulação que deve permitir uma compreensão das questões em estudo, pela abordagem agrupada dos fenômenos e o exame das contradições, transformações e relações entre eles.

Seja na alternativa dos complexos ou noutras formas que possam ser construídas, de modo a colocar como centro do currículo os fenômenos da realidade articulados com os conteúdos escolares e garantir a relação entre teoria e prática no próprio âmbito do processo educativo escolar, o papel das áreas nos parece estar fundamentalmente no âmbito da *organização do trabalho docente,* o que quer dizer que não se trata de defender para nossas escolas que o currículo seja organizado por áreas, mas sim que a docência possa ser organizada dessa forma.

Organizar a docência por área significa, voltando a um dos motivos originários da proposta da Licenciatura em Educação do Campo, prever a possibilidade de não ter na escola um professor para cada disciplina, mas sim uma equipe docente trabalhando com o conjunto das disciplinas de cada área do conhecimento. Pensamos, então, em equipes de dois ou três professores, conforme a área e o espectro de componentes curriculares que ela envolva, trabalhando a área em cada ciclo[24]

---

[23] Os complexos de estudo integram a formulação para a organização curricular da escola na experiência do início da Revolução Russa (década de 1920, com destaque para o trabalho da equipe de Pistrak e Shulgin). Esta retomada dialoga com as pesquisas do prof. Luiz Carlos de Freitas sobre este período de formulação da pedagogia socialista, especialmente com as ideias desenvolvidas no capítulo introdutório à obra de Pistrak e sua equipe *A escola-comuna*, São Paulo, Expressão Popular, 2009, e no texto "A escola única do trabalho: explorando os caminhos de sua construção", junho, 2010.

[24] Não entramos no debate sobre ciclos neste texto, mas é sempre bom deixar registrado que os ciclos, principalmente na sua concepção de ciclos de formação, se aproximam muito

ou outra forma de agrupamento dos educandos que corresponda aos anos finais do ensino fundamental e ao ensino médio, trabalhando em uma lógica de tempos educativos que já tenha deixado para trás a forma fragmentada dos períodos de aulas de 45 minutos, com docentes que tenham desenvolvido uma formação específica nessa direção.

Essa proposição de forma de organização do trabalho docente visa atingir dois objetivos muito importantes. O primeiro é o de instaurar ou organizar o trabalho coletivo dos educadores, o que é fundamental tanto do ponto de vista formativo mais amplo, ou seja, na perspectiva do padrão de relações sociais ("escola organizada e conduzida coletivamente" por educadores e educandos) que se quer que a escola também "ensine", como do ponto de vista de garantir a implementação da nova lógica de estudo não centrada no trabalho de disciplinas isoladas. E o segundo objetivo é o de resguardar no trabalho docente a especificidade das áreas do conhecimento na formulação dos objetivos instrucionais (aqueles relacionados especificamente à apropriação de conteúdos básicos), que devem acompanhar o trabalho pedagógico com o conhecimento dos fenômenos da realidade, e a preparação específica do ensino dos conteúdos disciplinares, que continua necessário, apenas não de forma independente nem descolada do trabalho educativo mais amplo da escola.

Considerando a tradição curricular que temos, essa tarefa específica de relacionar conteúdos com o estudo de fenômenos da realidade, que pode implicar rever a "lista" de conteúdos de cada disciplina, seja na ordem de seu desenvolvimento ou pela necessidade de incluir novos conteúdos exigidos pelas questões reais, será mais produtiva se feita por área (ou entre disciplinas afins), pela maior possibilidade de percepção de que há conceitos ou conteúdos que são estudados em mais de uma disciplina (ou há alguns ainda não previstos em nenhuma disciplina), e de que é possível uma abordagem articulada, mesmo que específica. Temos percebido nas práticas da LEdoC (e de escolas do seu entorno) como essa forma de discutir o ensino de conteúdos é difícil, tanto para aqueles docentes com estudos muito especializados nas disciplinas (às vezes já em recortes ou subdivisões delas) como para aqueles que, tendo feito licenciaturas disciplinares, não chegaram através delas a identificar os conceitos estruturantes e o modo de conhecimento próprio à ciência que serve de referência para sua disciplina.

Nesse sentido, o esforço que está sendo feito pelos docentes da LEdoC, de ter que discutir com outros docentes de outras disciplinas o que deverá trabalhar na

---

mais dos nossos objetivos formativos do que as séries, que representam outra das marcas constitutivas da forma escolar que precisa ser transformada.

perspectiva da composição da área e ter que reavaliar o que realmente é básico na lista de conteúdos que está habituado a trabalhar em uma licenciatura específica, porque ela toda não cabe na carga horária desse novo curso, é uma situação para muitos deles inusitada e perturbadora, mas nos mostra a importância desse desafio para que se compreenda melhor os fundamentos de cada disciplina, a lógica do seu rol de conteúdos e como, afinal, os conhecimentos que ela trabalha podem integrar um projeto educativo mais amplo.

Mas quando pensamos no desafio da relação entre o estudo dos fenômenos da realidade e os conteúdos (tradicionalmente) escolares há certamente uma necessidade de trabalho docente entre as áreas (para não ficarmos reféns de outro tipo de fragmentação), que pode então ter dois níveis, um primeiro relacionado ao conjunto dos educadores de um determinado ciclo ou grupo de educandos, e outro por área (em vez de por disciplina) para o planejamento e trabalho específico de ensino dos conteúdos.

É preciso considerar, ainda, que o papel da organização do trabalho docente por área será diferente em uma escola que já desencadeou mudanças na sua organização curricular, na direção discutida, e noutra onde a reorganização do trabalho dos educadores talvez seja a primeira mudança feita, decorrente da própria formação específica. Por isso, aqui também vale a análise que fizemos em outro lugar sobre a necessidade de ter presente que qualquer desenvolvimento mais avançado, que aconteça em uma escola concreta, terá como ponto de partida a escola que já existe e, por isso, tão importante como ter as referências de onde queremos chegar é ter capacidade de uma análise rigorosa da realidade específica em que atuamos.

Para finalização deste texto gostaríamos de chamar atenção rapidamente sobre algumas implicações desse raciocínio exposto para o trabalho com as áreas no currículo da Licenciatura em Educação do Campo, tratando de duas questões combinadas: o que é básico no que chamamos de formação específica para a docência por área e quais as tarefas da área em relação ao projeto formativo do curso como um todo.

Primeiro é preciso firmar o entendimento de que a formação dos docentes para a concepção de escola que discutimos vai além do preparo para o ensino dos conteúdos, em sentido estrito (algo importante inclusive nas conhecidas disputas de carga horária no curso). A docência, vinculada ao objetivo de formação para a "gestão de processos educativos escolares", inclui um preparo para a organização do trabalho pedagógico, que supõe conteúdos e didáticas relacionadas às diferentes dimensões do processo educativo. O uso do trabalho como método de "ensino" ou o acompanhamento pedagógico às práticas de auto-organização dos estudantes exigem uma capacitação didática específica.

Na focalização da área, entendemos que no momento atual (do modo de produção e divulgação do conhecimento científico na sociedade e de organização do trabalho escolar), esta formação específica deve incluir o estudo das disciplinas, tais como elas aparecem (dominantemente) nos currículos escolares. Isso para que os educadores compreendam a mediação necessária com a organização curricular que irão encontrar nas escolas concretas e tenham ferramentas conceituais necessárias para participar de novos desenhos curriculares e para que se assumam como construtores das alternativas de desfragmentação e não simplesmente adotem alternativas previamente construídas pelos docentes do curso.

A formação específica deve garantir o domínio das bases das ciências a que correspondem as disciplinas que hoje compõem sua área de habilitação, o que quer dizer trabalhar no curso os conceitos estruturadores e básicos e a epistemologia de cada disciplina. Também é preciso aprender a identificar as aproximações possíveis entre as disciplinas atualmente existentes: entender porque se junta Física e Química e não Física e Sociologia em uma mesma área, por exemplo, mas também que arranjos de docência podem ser criados dentro de sua própria área de habilitação, pensando nas equipes de docentes das escolas, antes mencionadas. Também é necessário trabalhar no curso a relação entre modos de produção de conhecimento e métodos de ensino. E nos esforços de integração entre as disciplinas, é preciso não descuidar de estudar conteúdos básicos de uma disciplina porque não combinam com as outras disciplinas da área. No caso da LEdoC isso pode acontecer, por exemplo, pela junção da Matemática com as Ciências da Natureza, já que o modo de produção do conhecimento matemático é bem específico.

Mas a formação para a docência por área não pode ficar restrita às disciplinas, e menos ainda às disciplinas convencionais e na lógica segmentada predominante nos currículos, tanto da educação básica como da educação superior, devendo incluir a apropriação de conhecimentos que já são fruto de esforços interdisciplinares ou transdisciplinares, de fusão ou de criação de novas disciplinas. Os estudantes da LEdoC precisam ter acesso ao debate sobre as transformações na produção do conhecimento, que hoje se vincula muito mais às exigências da reestruturação produtiva a serviço do capital, mas que também tem exemplos em práticas de resistência à lógica capitalista. Nessa perspectiva é importante destacar a potencialidade de incluir, no currículo da área de habilitação, componentes que não sejam estritamente disciplinares, ou que já acompanhem o movimento de desfragmentação da própria ciência, como é o caso, por exemplo, do estudo da Agroecologia (que articula diferentes ciências na sua própria constituição).

Esta formação deve incluir também exercícios de trabalho pedagógico interdisciplinar, transdisciplinar ou de integração dentro de uma área ou entre áreas de conhecimento diferentes, entre disciplinas e outros tipos de atividades ou componentes curriculares, além do próprio debate crítico sobre o currículo atual das escolas e a participação em experimentações pedagógicas mais ousadas, sempre que isso integrar as discussões da rede de escolas em que o curso participa. Junto com isso, a formação destes docentes não pode descuidar do estudo das próprias questões da atualidade (e, em particular, no caso da LEdoC, das contradições fundamentais da realidade do campo brasileiro hoje) para que possam ter referência de conteúdo e de método para pensar em uma escola que integre o trabalho com o conhecimento aos aspectos mais significativos da vida real de seus sujeitos.

Nesse processo será muito importante que os novos docentes se assumam como sujeitos de sua formação e participem do esforço dos educadores do curso na construção do trabalho por área, especialmente os da sua área de habilitação para a docência.

Olhando para as tarefas da área em relação ao projeto formativo da LEdoC, o que também orienta o desafio da formação específica, consideramos importante destacar, primeiro, a importância de buscar ampliar o horizonte de trabalho pedagógico da área, pensando na dimensão formativa de seus conteúdos constitutivos para além do ensino e para além da própria escola, pensando na contribuição do conhecimento elaborado que lhe serve de referência na formação das novas gerações de trabalhadores, e fazendo o crivo de projeto educativo e social para o conjunto de seu trabalho no curso e para além dele.

Segundo destaque é para sua contribuição específica a uma tarefa do curso relacionada à discussão do currículo atual da educação básica ou à análise do que tem sido as diferentes orientações de "listas" de conteúdos: qual sua origem, critérios, o que foi deixado de lado e por que, considerando os objetivos formativos mais amplos da escola, que exigem pensar muito rigorosamente também sobre que recortes da realidade atual devem ser priorizados para estudo e qual a relação com faixa etária, nível de escolarização, realidade específica em que se situa a escola. Pensar a área (mesmo mantendo as disciplinas como referência) exige um repensar dos conteúdos trabalhados em cada disciplina que a compõem: o que de cada disciplina é realmente a base de sua ciência originária? Por que trabalhar com estes e não com outros conteúdos? Quais os critérios de seleção, que reafirmamos devem estar relacionados a uma questão ainda mais fundamental: que conhecimentos são necessários na formação dos educandos para que se desenvolvam como seres humanos mais plenos (considerado o ciclo etário em que se encontram), para que compreendam e participem dos esforços coletivos de análise e de transformação da realidade atual?

E no trabalho da área há um esforço de pensar quais os temas, as questões, os conceitos básicos que podem compor os planos de estudo integrados, partindo da estrutura e do que costuma ser trabalhado em cada disciplina e, nas áreas em que isso for possível, avançando para o raciocínio dos conceitos estruturadores da área ou para novas possibilidades de arranjos de conteúdos, em novas disciplinas ou em outras formas de componentes curriculares que extrapolem o trabalho em sala de aula. Essa discussão será mais fecunda se já vinculada ao crivo da realidade, ou seja, se integrar iniciativas curriculares das escolas onde a reorganização do plano de estudos está sendo feita pela articulação dos conteúdos com fenômenos da realidade. Uma tarefa especialmente importante se considerarmos que pode servir de suporte ao mesmo esforço que defendemos seja feito nas escolas, mas não em cada uma delas por sua conta e sim em uma articulação entre escolas, em nosso caso pela mediação de movimentos sociais, que compartilhem do desafio de construção dos caminhos de transformação da escola, na perspectiva de um mesmo projeto histórico.

Reafirmamos para encerrar, que as reflexões apresentadas nesse texto, não se pretendem conclusivas, mas visam tomar posição diante de questões que integram o diálogo necessário e em curso sobre os desafios de construção da Licenciatura em Educação do Campo. No debate específico proposto é importante não perder de vista que para nós não se trata, como advertiu Marx em outro contexto de discussão, de uma "questão de reconciliação dialética de conceitos", mas sim "da compreensão das relações reais",[25] aquelas em que precisamos interferir para garantir os objetivos que nos movem.

As questões estão postas porque nos dispusemos a fazer algo novo, de forma organizada e coletiva e com intencionalidades que vão para além do mundo da pedagogia. A história dirá sobre a pertinência desse nosso esforço.

Referências

ANTUNES-ROCHA, Maria Isabel & MARTINS, Aracy Alves (Org.). *Educação do campo:* desafios para formação de professores. Belo Horizonte: Autêntica, 2009.

ARROYO, Miguel González. Reinventar e formar o profissional da educação básica. *Educação em Revista,* n. 37, Belo Horizonte, p. 7-32, julho 2003.

---

[25] *Apud* Shanin, 2005.

_____. *Políticas de formação de educadores (as) do campo*. Documento para discussões da CGEC MEC, 2006.

CALDART, Roseli Salete. Educação do campo: notas para uma análise de percurso. *Revista Científica da EPSJV/Fiocruz, Trabalho, Educação e Saúde*. Rio de Janeiro, v.7, n.1, p. 35-64, mar./jun. 2009.

_____. A educação do campo e a perspectiva de transformação da forma escolar. Texto produzido a propósito do *I Seminário de Pesquisa sobre Educação do Campo: desafios teóricos e práticos*, UFSC, novembro de 2009. Concluído em janeiro de 2010a.

_____. *O MST e a escola: concepção de educação e matriz formativa*. Texto. Porto Alegre, julho de 2010b.

CARVALHO, Horacio Martins de. *Na sombra da imaginação (2):* a recamponesação no Brasil. Texto. Curitiba, maio de 2010.

ENGUITA, Mariano F. *A face oculta da escola*. Educação e trabalho no capitalismo. Porto Alegre: Artes Médicas, 1989.

FREITAS, Luiz Carlos de. *Crítica da organização do trabalho pedagógico e da didática*. 6ª ed., Campinas: Papirus, 2003 (1ª ed., 1995).

_____. A luta por uma pedagogia do meio: revisitando o conceito. *In.*: Pistrak (Org.) *A escola-comuna*. São Paulo: Expressão Popular, 2009 (capítulo introdutório), p. 9-103.

_____. A Escola Única do Trabalho: explorando os caminhos de sua construção. Texto produzido para *Cadernos do Iterra* n.15, 2010.

KUENZER, Acácia Zeneida. Competência como práxis: os dilemas da relação entre teoria e prática na educação dos trabalhadores. *Boletim Técnico do Senac*, Rio de Janeiro, v. 29, n.1, jan./abr., 2003.

MEC/SECAD. *Minuta de proposta da licenciatura em educação do campo*. Brasília/DF, 19 de abril de 2006.

RAMOS, Marise, Possibilidades e desafios na organização do currículo integrado. *In.*: FRIGOTTO. Gaudêncio, CIAVATTA, Maria e RAMOS, Marise (Orgs.). *Ensino médio integrado: concepção e contradições*. São Paulo: Cortez, 2005.

_____. Pedagogia das competências (entrevista). *Revista Poli: saúde, educação e trabalho*. Rio de Janeiro: EPSJV, Ano II – n. 10, p. 23-24, mar./abr. 2010, (sessão "dicionário").

RODRIGUES, Romir. *Reflexões sobre a organização curricular por área de conhecimento*. Texto de sistematização do trabalho com a área de Ciências Humanas e Sociais na Licenciatura em Educação do Campo, Turma UnB/Iterra, agosto, 2009.

SANTOMÉ, Jurjo Torres. *Globalização e Interdisciplinaridade:* o currículo integrado. Porto Alegre: Artes Médicas Sul, 1998.

SHANIN. A definição de camponês: conceituações e desconceituações – O velho e o novo de uma discussão marxista. *Revista NERA*, jul./dez. 2005.

A Escola Única do Trabalho:[1] explorando os caminhos de sua construção[2]

Luiz Carlos de Freitas[3]

Nos acostumamos com a escola em sua forma atual, e tanto, que não podemos mais conceber a formação humana fora da escola. Esta, quando reconhecida, é sempre definida em contraposição à escola, como educação não escolar, ou seja, de segunda categoria, assistemática ou informal. Ao longo de séculos de capitalismo, a escola aprisionou o conteúdo estudado pelas ciências e autodeclarou-se a única credenciada para transmiti-los à juventude dentro de salas de aula. As classes dominantes necessitavam de uma instituição que monopolizasse e homogeneizasse a formação da juventude, colocando-a em sintonia com a sociedade que a cerca – como consumidores e como força de trabalho, submetida à lógica do capital.

---

[1] Sob este nome os pioneiros da Revolução Russa organizaram seus primeiros ensaios sobre a nova escola.

[2] As ideias aqui apresentadas são, em parte, baseadas no estudo da pedagogia socialista desenvolvida na União Soviética entre os anos de 1917 e 1930 (Freitas, 2009) e expressam a visão deste autor. Seu entendimento foi beneficiado com a vivência delas com os estudantes dos cursos de formação de professores das várias turmas de Licenciaturas do Campo e em especial se beneficiaram de uma longa interlocução nos últimos anos com a equipe pedagógica do Instituto de Educação Josué de Castro em Veranópolis (RS) onde essas ideias começaram a ser organizadas, ampliadas e testadas, bem como com a interlocução com lideranças do Setor de Educação do MST. O texto visa contribuir com os esforços que estão sendo desenvolvidos há décadas no interior deste movimento. No entanto, eventuais equívocos que venham a ser encontrados pelo leitor neste texto devem ser atribuídos exclusivamente ao autor.

[3] Professor Titular da Faculdade de Educação da Unicamp.

A escola e a sala de aula são uma construção histórica (Dussel & Caruso, 2003) cujas funções foram moldadas com o objetivo de facilitar as condições gerais do processo de acumulação de riqueza por uma classe em detrimento de outra. Tais funções não se referem apenas à exclusão da classe trabalhadora do acesso ao conhecimento sistematizado, mas também ao exercício, pela escola, de processos de subordinação dos estudantes (Tragtenberg, 1982).

Se em determinado momento histórico garantir acesso a esta escola representa um avanço para as classes trabalhadoras, expropriadas do conhecimento, isso não elimina ou redireciona as funções sociais historicamente constituídas para a escola atual. A maior prova disso é que mesmo conseguindo estar dentro desta escola, boa parte da classe trabalhadora continua sem aprender, relegada a trilhas de progressão cuja função é produzir a não aprendizagem. Tais trilhas podem ser vistas no interior das salas de aula, entre salas de aula e entre escolas. Guetos são criados em todos estes espaços, destinados a acomodar (e sonegar) o anseio da classe trabalhadora pelo conhecimento. Enganadas, aguardam nestes espaços o dia de serem eliminadas do jogo, por decurso de prazo (Freitas, 1991); (Bourdieu & Champagne, 2001); (Freitas, 2002).

Há razões para que se tenha aceito colocar a classe trabalhadora na escola. Ocorre que ela ensina, mesmo quando aparenta não ensinar. O espaço escolar está cheio de vivências. De fato, "a escola é uma relação" (Shulgin, 1924). Aprendem-se relações de subordinação no processo de gestão escolar; aprendem-se relações de submissão na sala de aula; aprendem-se valores e atitudes nas variadas vivências oportunizadas pela escola – sem que se tenha que aprender Português e Matemática. A escola produz a aceitação da vida e a submissão do aluno às regras vigentes e, em relação à classe trabalhadora, continua a sonegar conhecimento, distribuindo-o, quando o faz, segundo o nível que é esperado pelas condições gerais de funcionamento do processo de acumulação de riqueza.

Com boa vontade, podemos olhar para este processo é ver nele aspectos positivos como a própria presença da classe trabalhadora na escola, o desconforto que esta presença cria para a classe dominante, a apropriação – por um motivo ou por outro – de maior volume de conteúdo escolar pelas classes trabalhadoras, entre outros aspectos. Além disso, permite que afirmemos a educação como um direito de todos e cobremos do Estado o exercício da redistribuição da cultura e do conhecimento.

Tudo isto é certo e constitui uma luta importante, por dentro do sistema educacional, envolvendo profissionais da educação progressistas e comprometidos com a tarefa de criar um mundo mais justo. Entretanto, o projeto de futuro para a formação da juventude da classe trabalhadora não pode ser reduzido à dimensão da luta possível no presente. Tal projeto necessita considerar a experiência acumulada pela classe trabalhadora em sua caminhada mundial por revolucionar as relações sociais vigentes e ter horizontes mais amplos, a partir dos quais possamos orientar nossa luta presente. Esta é a função de um projeto histórico.

Reconhecemos o papel relevante da instituição escolar, da escola, mas entendemos que ela é uma entre muitas outras instituições "educativas" em uma sociedade, responsáveis pela formação da juventude. Há, de fato, uma rede de agências formativas na vida social (Shulgin, 1924). No ambiente capitalista, como tendência geral, este conjunto de instituições está a serviço primeiro do capital, facilitando as condições gerais de funcionamento do sistema, bem como sua manutenção. Porém, como esses espaços são disputados pelas forças progressistas, aparecem bolsões de resistência onde fica viável articular um conjunto maior de instituições no projeto formativo da classe trabalhadora. Tais espaços, às vezes, se constituem mais fragilmente em projetos de governos progressistas, mas aparecem com vigor no interior dos movimentos sociais, em especial no interior do Movimento dos Trabalhadores Rurais Sem Terra, o MST. Aqui, a posse da terra, permite que todo um novo modo de vida seja ensaiado. A solidariedade e a vivência coletiva são uma necessidade vital e a completa ausência do Estado abre possibilidades para a criação da vida sob novos valores, na contraditória precariedade em que são lançados seus atores. Esta recriação não é espontânea, mas apoiada na experiência acumulada pelo MST e como não é uma receita, seus resultados são, portanto, diversos na dependência das correlações de força envolvidas no processo.

Como afirma Caldart:

> Se o trabalho é educativo, então é possível pensar que o sujeito educativo, ou a figura do educador não precisa ser necessariamente uma pessoa, e muito menos necessariamente estar na escola ou em outra instituição que tenha finalidades educativas. Uma fábrica também pode ser olhada como um sujeito educativo (Kuenzer, 1985); da mesma forma, um sindicato, um partido (Gramsci), as relações sociais de produção, *um movimento social*. E se o que está em questão é a formação humana, e se as práticas sociais são as que formam o ser humano, então a escola, enquanto um dos lugares dessa formação, não pode estar desvinculada delas. Trata-se de uma reflexão que também nos permite compreender que *são as relações sociais que a escola propõe, através de seu cotidiano e jeito de ser, o que condiciona o seu caráter formador, muito mais do que os conteúdos* discursivos que ela seleciona para seu tempo específico de ensino" (Caldart, 2004, p. 320) (grifos meus).

Os movimentos sociais, portanto, criam exigências práticas e teóricas em sua ação. Uma delas é pensar a ação educativa em ambientes que não estão sufocados pela regulamentação do Estado, no interior das redes de ensino oficiais. Nesses espaços, criados pelos movimentos sociais, portanto, podemos exercitar projetos mais arrojados de formação humana para a classe trabalhadora (Camini, 2009). Seria, então, desalentador se nos reduzíssemos à dimensão do que é possível fazer no interior das redes oficiais de ensino, por mais que esta luta seja importante.

Mas há outra razão importante para não repetirmos as soluções previstas para as escolas urbanas. Nossa concepção de educação nos informa que, se são várias as agências formativas, nosso campo educacional não se limita à escola, mas transborda em relação ao meio natural e social. Por esse caminho, a vida é a nossa referência, entendida como trabalho humano o qual, ontologicamente, é atividade humana criativa e, só depois, no âmbito do capitalismo, trabalho assalariado (Marx, 1983). Ter o trabalho como princípio educativo é mais do que ligar a educação com o trabalho produtivo de bens e serviços. Tomar o trabalho como princípio educativo é tomar a própria vida (atividade humana criativa) como princípio educativo. Vida que é luta, que implica contradições. Aqui é preciso que evitemos o entendimento de que a educação, ao assumir o trabalho como princípio educativo, se resume à politecnia. Esta é a face educativa em sua relação com uma instituição social específica, a fábrica, mas é apenas uma delas no amplo leito da vida.

Portanto, se a ligação da escola é com a vida, entendida como atividade humana criativa, é claro que a vida no campo não é a mesma vida da cidade. Os sujeitos do campo são diferentes dos sujeitos da cidade. Portanto, a cidade não é o lugar do avanço, e o campo, um lugar de atraso a ser "atualizado" pela cidade ou pelo agronegócio. O campo tem sua singularidade, sua vida, e a educação no campo, portanto, não pode ser a mesma da educação urbana, ainda que os conteúdos escolares venham a ser os mesmos.[4] A questão aqui não é reconhecer que há uma identidade para os sujeitos do campo, mas reconhecer que há toda uma forma diferente de viver, a qual produz relações sociais, culturais e econômicas diferenciadas. Se tomamos o trabalho, ou seja, a vida como princípio educativo, então, necessariamente, os processos educativos no campo serão também diferenciados no sentido de que o *conteúdo da vida* ao qual se ligará o conteúdo escolar é outro. Reconhecer sua diferença não é atribuir a ela um sentido menor: "os pobrezinhos do campo" justificando, com isso, uma qualidade educacional menor. Isso também não implica necessariamente técnicas de

---

[4] A Deliberação sobre a Escola Única do Trabalho de 30 de setembro de 1918 e o documento Princípios fundamentais da Escola Única do Trabalho, de 16 de outubro de 1918, já no início da Revolução Russa falam de uma escola única entre o campo e a cidade no sentido de que uma não pode ser inferior à outra.

ensino diferentes[5] e menos ainda um conteúdo escolar diferenciado em relação à escola urbana.[6]

O conteúdo da escola é preliminarmente o conteúdo da vida, do meio natural e social, sistematizado na forma de conceitos, categorias e procedimentos pelas ciências. No entanto, tal conteúdo não está desprovido de lutas e contradições. Se o conteúdo expresso nas bases das ciências é o conteúdo da vida em um outro nível de elaboração, seu domínio pela juventude não pode se dar fora da vida, fora do meio sem considerar suas contradições. E a vida não é a mesma em todo lugar. Não há como usar uma metodologia para padronizar e "empacotar" as contradições, as lutas e levá-las para "dentro da escola" com o objetivo de conscientizar o aluno fora da vida. Há uma pedagogia no meio (Shulgin, 1924) que é intransferível, intimamente ligada aos processos contraditórios em curso, em cada local de formação.

A questão é como construir a formação em ligação com este meio, recuperando os "motivadores naturais" da ação da juventude. Tais ligações ocorrem na área cultural, histórica, social e econômica. Ocorrem nas lutas, nas contradições da vida, e também no contato com a natureza. Esta "aprendizagem" não deve ser deixada ao acaso – deve ser planejada como parte da formação da juventude. A escola capitalista limitou a formação dos jovens às salas de aula como um mecanismo de impedir seu contato com a vida e suas contradições. É fundamental abrir as portas da escola para a vida (Pistrak, 2009).

A ampliação da noção de trabalho, feita acima, não exclui o trabalho produtivo, o qual, na forma como se configura em nossa sociedade capitalista, aliena o trabalhador. Não é deste trabalho, no entanto, que estamos falando, mas sim do trabalho que é, antes, atividade humana e só depois trabalho assalariado aprisionado pelo capital. Qualquer vinculação acrítica com o trabalho assalariado, sem uma reflexão sobre sua condição de assalariamento, é obviamente não educativa, do nosso ponto de vista. Entretanto, não é o que se espera de educadores que pretendam a transformação social. Para esses, o trabalho produtivo em sua forma

---

[5] Se argumentamos, hoje, por metodologias e técnicas de ensino diferentes para o campo é porque não aceitamos a existente nas escolas da cidade, pelo fato de estarem limitadas pela forma escolar atual, ou seja, não estamos advogando aqui a impossibilidade de se ter uma ciência pedagógica pelo fato de que o processo educativo esteja intimamente ligado à vida e esta seja diferenciada. Também não estamos falando de uma ciência pedagógica específica para o campo e outra para a cidade, da mesma forma que não estamos advogando que o conteúdo escolar da educação no campo seja diferente da educação urbana, exceto pela vida que é diferente e que colocará, portanto, questões e temas diferenciados para um mesmo conteúdo escolar básico.

[6] Não estamos, com isso, ratificando a listagem de conteúdos prevista pela escola capitalista. Entendemos que a ligação com a vida certamente trará modificações neste conteúdo mas, pensando na necessidade de acesso aos conteúdos da escola, partimos deles entregando-os à crítica da vida.

atual tem que ser objeto de uma crítica que o desvele. Nesse sentido, uma das facetas de seu caráter educativo, no presente, está no próprio desvelamento de sua condição assalariada e da necessidade de sua superação.

Mas o trabalho é um aspecto relevante de uma proposta revolucionária de educação também no sentido mais amplo, como *atividade humana construtora do mundo e de si mesmo*; como vida, fundamento. Dessa forma, é mais do que trabalho produtivo. No caso desse, no entanto, há que libertá-lo de sua condição assalariada e nisso consiste nosso projeto histórico na medida em que, nele, todos os seres humanos se convertem em trabalhadores. Mas esse processo não começa apenas depois da revolução. Basta olhar, por exemplo, o exercício das cooperativas nos assentamentos do MST e em outras áreas. Além disso, devemos lembrar que se o trabalho produtivo está fortemente sobre o domínio do assalariamento, outras formas de trabalho socialmente úteis não estão. A escola pode ligar seus processos educativos ao autosserviço, às oficinas escolares, às cooperativas etc.

A formulação de Saviani (Saviani, 2009, p. 63-65) propondo que se parta da prática social para retornar à prática social em um outro nível de compreensão, tem sido útil para marcar a relação do processo educativo com a prática social, ou seja, com a vida – embora o autor não dê tal ênfase à sua formulação. Porém, esta proposição tem produzido enfoques limitados quando se trata de pensar o processo pedagógico real. Creio que o fato de ter partido de uma comparação, ainda que crítica, com a estrutura própria de outras teorias pedagógicas burguesas (chamadas de tradicional e Nova) (Saviani, 2009, p. 63) pode ter influenciado a formulação pois a forma escolar atual emerge intacta na proposição, sugerindo um *caminho por dentro da atual forma escola* entre estes dois momentos (prática social inicial e prática social final) – ou seja, um *terceiro momento* em que a escola não estaria mais na prática e operaria internamente a apropriação do conhecimento, sua incorporação, *preparando o estudante* para, depois, debruçar-se novamente sobre a prática final, em seu retorno a ela.[7] O processo pedagógico acaba sendo colocado na dependência da psicologia, como atesta Gasparin (Gasparin, 2009).

Mas, além disso, a proposta não se manifesta de forma explícita sobre o conteúdo das variadas práticas de submissão vivenciadas no interior da escola e nem sobre a posição do estudante enquanto sujeito que constrói sua auto-organização, o que implicaria uma reformatação profunda das relações intraescolares e a criação das relações extraescolares com a vida, admitindo-se a não centralidade da escola

---

[7] A posição de Libaneo, que examinarei mais adiante, me faz pensar que o problema está em que ao atribuir ao trabalho do professor uma característica de trabalho imaterial, esta categoria acabou tornando a prática social igualmente imaterial. Perdeu, assim, sua materialidade enquanto vida. Aqui há um problema com a categoria da "prática teórica".

no processo formativo. A atual forma escolar, não suportaria tais exigências. Que no momento histórico que vivemos não possamos dar este passo em toda sua amplitude, isso é claro, entretanto, trata-se aqui, como anunciamos, de pensar a formação da juventude como um projeto que almejamos enquanto futuro, mas que construímos, nele inspirados, desde o presente – em especial fazendo uso da experiência acumulada pela luta dos trabalhadores.

Portanto, a nova escola deverá *estar* sempre na vida, na prática social, no trabalho socialmente útil, onde os sujeitos se constituem inclusive pela inserção nas lutas sociais e pela vivência das contradições, constituindo-se como sujeitos que se auto-organizam para intervir na construção do mundo. Neste processo, a escola será mais uma agência entre tantas outras. A escola do trabalho é a escola da vida, incluído aí o trabalho produtivo, quando adequado à idade da criança.

Freinet, que conheceu o sistema educacional russo ainda na fase em que as ideias dos pioneiros da revolução estavam sendo praticadas, escreve:

> Isso não significa que se utilizará o trabalho manual como ilustração do trabalho intelectual escolar, nem que se imprimirá uma orientação no sentido de um trabalho produtivo prematuro, nem que o pré-aprendizado destronará, na escola, o esforço intelectual e artístico. *O trabalho será o grande princípio, o motor e a filosofia da pedagogia popular, a atividade de que decorrerão todas as aquisições*. Na sociedade do trabalho, a escola assim regenerada e corrigida estará perfeitamente integrada ao processo geral da vida ambiente, uma engrenagem do grande mecanismo de que, hoje, ela está demasiado arbitrariamente desconectada (Freinet, 2001, p. 11) (grifos de Freinet).

Mas, por onde iniciar o processo de conexão da escola que temos com a vida, guiados por este projeto maior e atingível plenamente somente no interior de novas relações sociais agora inexistentes?

Este caminho, se realizado por dentro da forma escolar atual, como propõe a pedagogia histórico-crítica, toma a própria *situação escolar como ambiência* para a resolução da questão, limitando-nos em demasia. É o que se vê em Gasparin (Gasparin, 2009) em seu livro, *Uma didática para a pedagogia histórico-crítica*.[8] Em seus procedimentos práticos para iniciar o processo pedagógico, partindo da prática social, o autor, seguindo os preceitos da pedagogia histórico-crítica propostos por Saviani, diz:

---

[8] O livro é prefaciado pelo Prof. Dermeval Saviani que considera que a obra "interessa, de modo particular, àqueles que compartilham as ideias constitutivas da pedagogia histórico-crítica, porque este livro se apresenta como um precioso auxílio para a realização da prática educativa em consonância com essa teoria pedagógica" (Gasparin, 2009, p. xvi).

> Antes de iniciar o trabalho propriamente dito, os *alunos são informados* de que o conteúdo será abordado numa determinada linha política, através do processo teórico-metodológico que tem como suporte o materialismo histórico, com a finalidade de transformação social. O professor anuncia, então, o conteúdo a ser trabalhado. *Dialoga* com os educandos sobre o conteúdo, busca verificar que domínio já possuem e *que uso fazem dele na prática social cotidiana*" (p. 20, grifos meus).

E continua:

> A Prática Social Inicial é sempre uma *contextualização do conteúdo*. É um momento de *conscientização do que ocorre na sociedade* em relação àquele tópico a ser trabalhado, evidenciando que qualquer assunto a ser desenvolvido *em sala de aula* já está presente na prática social, como parte constitutiva dela. Com base na explicitação da Prática Social Inicial, o professor *toma conhecimento do ponto de onde deve iniciar sua ação* e o que falta ao aluno para chegar ao nível superior, expresso pelos objetivos, os quais indicam a meta a ser atingida. (...) Entende-se que, dentro da pedagogia histórico-crítica, podem ser utilizadas, entre outras, duas formas de encaminhamento dessa atividade: a) *anúncio dos conteúdos* (...); b) vivência cotidiana dos conteúdos, *explicitando o que os alunos já sabem e o que gostariam de saber mais* (p. 21-22, grifos meus).

Estas são as recomendações para a fase inicial do "partir da prática social". Fica claro, o foco na sala de aula. Tudo ocorre no interior dela. A indicação não vai além de um processo destinado a "envolver os educandos na construção ativa de sua aprendizagem" (p. 29) na própria sala de aula, ou seja, não vai além de um *processo de motivação do aluno*.

Em 1996 fiz a crítica de uma outra tentativa da pedagogia histórico-crítica de estabelecer uma didática (Freitas, 1996) promovida por J. C. Libaneo, sob o nome de pedagogia crítico-social dos conteúdos (Libaneo, 1991). Este autor afirmava, como agora Gasparin o faz também, que "o trabalho docente, portanto, deve ter como referência, como ponto de partida e como ponto de chegada, a prática social, isto é, a realidade social, política, econômica, cultural da qual tanto o professor como os alunos são parte integrante" (p. 79). Mas em outro trabalho imediatamente anterior, mostra o limite desta sua afirmação quando diz: "O ensino não é, portanto, a prática de vida; ele propicia o vínculo dos conhecimentos com a prática de vida, ou melhor, torna a prática de vida (as verdades da prática de vida) conteúdos de conhecimento" (Libaneo, 1990, p. 225).[9]

---

[9] Tese de Doutorado desenvolvida sob a orientação do Prof. Dermeval Saviani.

Estimo, portanto, que o problema está na própria matriz teórica da pedagogia histórico-crítica, a qual circunscreve as tentativas de gerar uma metodologia alternativa ao âmbito da forma escolar atual. Perde, então, sua característica materialista ao deixar a materialidade da vida do lado de fora da escola, sendo esta, dentro da escola, apenas objeto de "conversa" entre professor e aluno, como propõe agora Gasparin.

Para Gasparin (Gasparin, 2009) a chegada à Prática Social Final:

> é o momento em que o professor e aluno, havendo se aproximado na compreensão do novo conteúdo, dos novos conceitos aprendidos, *mantêm um diálogo*. Juntos definirão estratégias de como podem usar de modo mais significativo os conceitos novos no contexto de operações sociais práticas (...) Isso significa que, na nova forma de agir, o educando *tem a intenção, a predisposição, o desejo de por em prática os novos conceitos aprendidos*. Assume, em consequência, *o compromisso de usar*, em seu cotidiano, esses conceitos (...) (p. 143, grifos meus).

Parafraseando Pistrak (Freitas, 2009) poderíamos dizer que o que se propõe é uma "prática social sentada" no interior das salas de aula das nossas escolas. Talvez este seja o limite das nossas escolas, mas não pode ser o limite da nossa teoria.

Libaneo, cujas propostas são mais sofisticadas teoricamente do que as de Gasparin, imaginava que, se apoiando em autores cubanos, poderia encontrar ali um caminho mais seguro para sua tarefa de construir uma didática crítica. Hoje, sabemos que não, pois Cuba sofreu grande influência da União Soviética e para lá foram exportados todos os problemas vividos pela educação soviética após 1931, quando Stalin decide alinhar a escola soviética às necessidades do desenvolvimento econômico em curso. A escola passa a formar prioritariamente quadros técnicos e o domínio dos conteúdos escolares ganha centralidade. A aula volta a ser a forma básica de organização da escola soviética, com destaque para o papel do pessoal pedagógico, o livro didático e grupo fixo de alunos. Cuba implementou, com auxílio da União Soviética, a mesma teoria pedagógica que se seguiu à reforma educacional soviética de 1931, a qual focou a sala de aula, em contraposição aos estudos dos pioneiros da educação soviética (Freitas, 2009).

Como podem os estudos dos pioneiros da educação soviética, anteriores, portanto, a 1931, ajudar a destravar esta tarefa?

O primeiro cuidado é não tentar formular um método de ensino, mas sim um procedimento orientador da ação do coletivo da escola. A questão, portanto, já de partida está posta em outra perspectiva. A escola tem que ser vista, necessariamente, na perspectiva do trabalho coletivo entre educadores (incluído aqui os gestores) e estudantes, de caráter democrático participativo. Retira-se, portanto, o foco do educador, isolado em uma ponta, e do estudante isolado na outra, administrados por um poder superior. Complementarmente, a escola se abre para a relação com outras agências sociais existentes no seu entorno.

Em segundo lugar, tanto quando possível, a vida escolar deve ser colocada nas mãos dos estudantes, apoiados pela atuação dos educadores, valorizando-se a criação de conselhos e comissões de trabalho para os vários aspectos da vida escolar. Essa organização deve, se possível, respeitar a própria organização social dos trabalhadores existente na vida, criando continuidades. No caso do MST é típica a organização social por núcleos de base. Isso não deve ser confundido, entretanto, com repassar para o estudante a responsabilidade pela sua própria aprendizagem. Estamos aqui no âmbito da recriação da forma escolar mais ampla e seus mecanismos decisórios. A categoria que orienta esta ação é a da auto-organização com a participação do estudante na gestão, no autosserviço, em oficinas escolares e no próprio trabalho produtivo, quando apropriado.

Trata-se, então, de dar vida aos estudantes, no sentido de que se sintam os construtores da *sua vida* dentro e fora da escola. Sem um esforço para alterar as relações de poder vigentes na escola, isso não pode ser realizado.

Este é o pano de fundo da formação sobre o qual podemos iniciar a discussão sobre a questão mais pedagógica. O primeiro momento de nossa reflexão estará destinado a elaborar um arcabouço teórico que aponte as categorias centrais para a este esforço.

A questão que ainda permanece aberta é como construir a *formação da juventude* levando-se em conta a escola como a agência que *organiza o acesso às bases das ciências e das artes* em ligação com o *meio educativo* mais amplo e *suas lutas*, bem como com suas *múltiplas agências formadoras*. Já sabemos que o *trabalho socialmente útil* em suas várias formas (autosserviço, oficinas, trabalho produtivo, outros) é um elemento-chave nesta ligação, uma forma de se conectar o processo educacional à *atualidade, à vida*. Parte desta conexão à vida, em especial com os grupos mais velhos de estudantes, se resolve pela noção de *politecnia*. Também sabemos que a categoria da *autodireção*, um elemento importante para o desenvolvimento de sujeitos lutadores e construtores do futuro, é uma âncora educativa de grande valor. Como pano de fundo, ainda estão a própria *matriz formativa multilateral* e os *objetivos da educação* postos a partir dos interesses e anseios da classe trabalhadora.

Mas como construir uma unidade para a "didática socialista", diferente da aula verbalista e que acolha esta malha conceitual? Acreditamos que tal unidade básica possa ser a noção de complexo de estudo (Pistrak, 2009). Pistrak, como se pode ver em Freitas (Freitas, 2009), criticou este conceito após 1930; entretanto, acreditamos que ele ainda pode ser de grande ajuda no processo de se pensar a escola do trabalho.

A noção de complexo de estudo é uma tentativa de superar o conteúdo verbalista da escola clássica, a partir do olhar do materialismo histórico-dialético, rompendo com a visão dicotômica entre teoria e prática (o que se obtém a partir da centralidade do trabalho socialmente útil no complexo). Ele não é um método de ensino, em si, embora demande, em associação a ele, o ensino a partir do trabalho: o método geral do ensino pelo trabalho. Para Pistrak e também para Shulgin, o trabalho socialmente útil é o elo, a conexão segura, entre teoria e prática, dada sua materialidade. A interdisciplinaridade é garantida pela materialidade da prática em suas múltiplas conexões, e não via teoria, como exercício abstrato.

Nesse sentido, o complexo é uma construção teórica da didática socialista como um espaço onde se pratica a tão desejada articulação entre teoria e a prática, pela via do trabalho socialmente útil. Sendo "socialmente útil" acontece no meio, em contato com a natureza e com a sociedade, o que se articula com as outras duas categorias vistas anteriormente: atualidade (a realidade tal qual se expressa no meio educativo e sua transformação) e a auto-organização (forma de se preparar sujeitos históricos). Não há, portanto, separação entre atualidade, auto-organização, trabalho e complexo de estudo. O complexo é um espaço articulador dos três primeiros elementos (e não apenas um "tema").

Figura 1 – Categorias componentes da noção de Complexo de Estudo

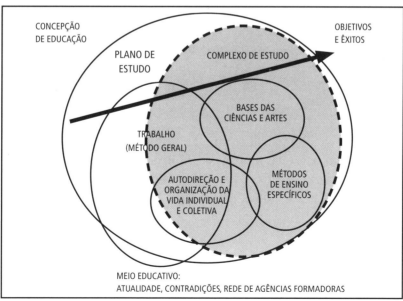

Na Figura 1, tanto quanto possível, procuramos evidenciar as principais categorias e algumas de suas relações. Esquemas são sempre imprecisos, mas talvez este possa nos ajudar a enxergar algumas relações.

No plano das categorias mais amplas do processo educativo, temos a definição de nossa *concepção de educação* e o meio educativo (nossa materialidade) representando a *realidade atual* a vida e sua *atualidade*, suas contradições e agências formativas da juventude.

Essas concepções iniciais direcionam a *formulação de objetivos – formativos e instrutivos*. Esses objetivos são o ponto de partida para o desenvolvimento das situações concretas de formação e para a própria definição dos êxitos obtidos neste processo.

Trata-se de, a partir de uma *concepção de educação* comprometida com a construção de uma nova sociedade, formar uma juventude que pretenda lutar pelas transformações sociais que produzam uma sociedade com outras relações sociais, portanto não capitalista, e formá-los no sentido de que tal luta inclui a construção desta nova sociedade desde já, nos limites das restrições de nosso momento histórico. Para tal, nossa concepção de educação também parte de uma *matriz formativa* que não se centra apenas no cognitivo, como na escola capitalista, mas que exige a formação mais ampla, que inclui o desenvolvimento da afetividade, da criatividade, do corpo, a habilidade de trabalhar coletivamente, de auto-organizar-se, enfim, o desenvolvimento pleno de todas as possibilidades do ser humano. A *formulação dos objetivos e dos conteúdos* devem ser influenciados por essas decisões de forma que forneçam a necessária capacitação teórico-prática da juventude na direção desses compromissos.[10]

É no interior das categorias do processo pedagógico mais amplo (concepção de educação, matriz de referência, objetivos formativos e instrutivos) aqui rapidamente resumidas, que se dá o desenvolvimento do plano de estudo. Sua unidade básica é o complexo.

O complexo, tendo (a) o trabalho como método geral, promove sua ligação com o (b) domínio das bases das ciências e das artes, (c) com a formação da autodireção e organização da vida individual e coletiva, e com os (d) métodos de ensino específicos das disciplinas, tendo como foco uma determinada porção da realidade atual (e), escolhida para acolher os estudos e pesquisas. Tal aspecto da

---

[10] Na maioria das situações, estes objetivos estão controlados pelo Estado. Em geral, a escola capitalista apropria-se dessas decisões iniciais e as fixa unilateralmente segundo os interesses das classes dominantes. Quanto se pode fugir a esta realidade depende das correlações de força locais.

realidade, da atualidade, irá receber uma denominação que identifica o complexo, mas *não se reduz a um tema ou eixo temático*, como se verá.

Partindo disso, podemos destacar as principais categorias que devem orientar o *planejamento dos complexos*. Tais categorias se inserem nas preocupações já manifestas por outros autores e estudos, por exemplo Shulgin (Shulgin, 1924), Pistrak (Pistrak, 2009), Caldart (Caldart, 2004) e Camini (Camini, 2009), entre outros. O presente texto se insere na continuidade deste movimento de recriar a escola, entendendo-a como uma escola do trabalho, portanto, em dois sentidos: trabalho como atividade humana genérica, a escola da vida; e, dentro desta, o vínculo essencial com o trabalho socialmente útil, produtivo. São elas:

1. bases das ciências e das artes;[11]

2. autodireção e organização da vida individual e coletiva;[12]

3. meio educativo em geral, a vida;[13]

4. o trabalho específico;[14]

5. Métodos específicos de ensino.[15]

---

[11] Nesta categoria, incorporamos a análise crítica que Pistrak (Freitas, 2009) faz da experiência russa na utilização dos complexos, valorizando o acesso ao conhecimento, às bases da ciência e das artes. Essa categoria também incorpora a visão da pedagogia histórico-crítica, ao enfatizar a importância do acesso ao conhecimento sistematizado (Saviani, 2009).

[12] Aqui, é incorporada a preocupação da pedagogia do movimento (Caldart, 2004) com a "pedagogia da organização coletiva" indicada na segunda matriz pedagógica (p. 342). Essa dimensão também é examinada por Camini (Camini, 2009, p. 225). Como afirma Pistrak (Pistrak, 2009) aprende-se a vida coletiva vivendo-se coletivamente. Também é incorporada aqui a alerta que Tragtenberg (Tragtenberg, 1982) faz colocando a importância de se olhar para a organização da vida escolar e seus efeitos na formação do estudante.

[13] Nesta categoria é incorporada a preocupação da pedagogia do movimento (Caldart, 2004) com a "pedagogia da luta social", expressa na sua primeira matriz pedagógica "tudo se conquista com luta e a luta educa as pessoas" (p. 331), bem como as suas matrizes pedagógicas 4 e 5, respectivamente, a "pedagogia da cultura" e a "pedagogia da história" (p. 360 e p. 370). Estas dimensões são formuladas pela pedagogia do movimento a partir das importantes contribuições do Prof. Miguel G. Arroyo. Esta categoria também é examinada em Camini (Camini, 2009, p. 203).

[14] Aqui incorpora-se a matriz pedagógica 3 da pedagogia do movimento (Caldart, 2004) referente à "pedagogia da terra" ou "como (...) o MST se educa em sua relação com a terra, com o trabalho e com a produção" (p. 351).

[15] Esta categoria também é extraída da análise crítica de Pistrak (Freitas, 2009) sobre o uso dos complexos na União Soviética.

A questão que segue é como identificar aqueles elementos que essas categorias[16] apontam, ou suscitam e que têm valor pedagógico e educativo para a ligação da escola com a vida. Neste caminho, várias estratégias de construção têm sido exercitadas junto a escolas e cursos de licenciatura no MST, com o objetivo de gerar alguns procedimentos para serem testados e que podem maximizar a resposta a ser dada a esta questão.

A primeira indicação, do ponto de vista prático, garantidas as demais categorias já elencadas antes, é realizar um conjunto de inventários sobre a *realidade atual*, com o objetivo de identificar as fontes educativas do meio.

1. Inventário das lutas sociais e das principais contradições vivenciadas na vida local, nacional e mundial.

2. Inventário das formas de organização e de gestão dentro e fora da escola em nível local, nacional e mundial.

3. Inventário de fontes educativas disponíveis na vida local, no meio, de caráter natural, histórico, social e cultural. Inclui-se aqui a identificação das variadas agências educativas existentes no meio social local.

4. Inventário de formas de trabalho socialmente úteis que incluem entre outros, o autosserviço, as oficinas escolares, o trabalho produtivo e as agências em que se desenvolvem.

Esse roteiro deverá ser realizado em dois níveis: em um primeiro nível de planejamento dos complexos para um conjunto de escolas sobre responsabilidade de uma unidade administrativa; e em um segundo nível de planejamento no âmbito de cada escola em particular.

Em nível do planejamento geral destinado a um conjunto de escolas, este levantamento é feito de forma a levar em conta *aspectos gerais da realidade atual* orientado pela concepção de educação, a matriz formativa e os objetivos e conteúdos fixados para uma determinada idade da criança.

Como a vida não é a mesma em todo lugar, os inventários precisam ser reelaborados por cada escola, inserindo a vida local nos complexos gerais. Tal

---

[16] Embora as categorias descritas anteriormente partam de diferentes autores com diferentes pressupostos (Saviani; Tragtenberg, por exemplo) inseridos em suas proposições teóricas específicas muitas vezes contraditórias entre si, as tomamos aqui como categorias da prática educativa.

produção, refeita com professores e alunos quanto ao nível da escola, é um processo cumulativo e que deve ficar arquivado no interior desta, como fonte para todas as disciplinas e trabalhos. Nesse sentido, não necessita ser reproduzida inteiramente a cada ano, devendo apenas ser periodicamente atualizada. Cada escola se converte, assim, em uma pequena instituição que pesquisa e produz conhecimento de caráter etnográfico sobre o seu entorno, sua realidade atual, *apropriando-se*, portanto, de sua materialidade, da vida, da prática social.

A finalidade do planejamento geral dos complexos é marcar um certo nível de abrangência que deverá ser desenvolvido pela escola com a finalidade de evitar desníveis na formação dos jovens entre as escolas.

O quadro que segue, reúne tais categorias e propõe um conjunto de inserções no meio educativo com a finalidade de conhecê-lo e estabelecer as necessárias articulações visado a definir os complexos que serão estudados.

Figura 2 – Categorias do complexo e interações com atividades preparatórias à definição do complexo.

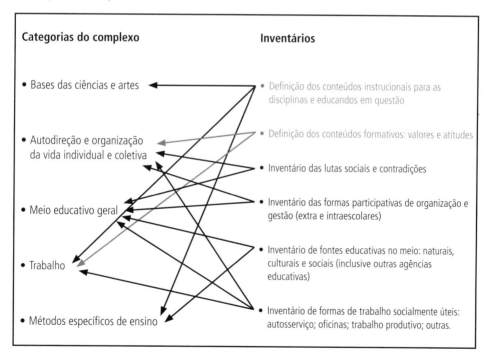

Vejamos algumas das relações indicadas na Figura 2 entre os inventários sugeridos e as categorias constitutivas do complexo:

a) A definição dos conteúdos instrucionais para as disciplinas e dos educandos que deverão estar no processo de formação são fundamentais para orientar a definição da categoria das bases das ciências e artes que serão estudadas. É fundamental que se garanta o acesso ao conhecimento sistematizado (Saviani, 2009 e Pistrak, 1934). Tais bases sofrem importantes modificações em função destas definições. Aqui, formulam-se os aspectos teóricos (conceitos, categorias e procedimentos) de cada disciplina segundo a idade do educando em questão. Esta atividade é importante também para que se possa visualizar, no momento seguinte, os tipos de trabalhos que devem ser escolhidos, no sentido de que esses permitam a vivência dos aspectos teóricos das ciências e artes. Finalmente, sua importância também está posta para a definição dos métodos específicos que tais conteúdos exigirão durante a ação pedagógica. Por exemplo, conteúdos relativos à alfabetização exigem métodos específicos para tal. O método geral do trabalho não pode impedir ou anular o uso de métodos específicos nas disciplinas (Pistrak, 1934 e Freitas, 2009).

b) A definição dos objetivos formativos, valores e das atitudes é de fundamental importância porque permite que exercitemos aspectos da formação que valorizem a solidariedade, o trabalho coletivo, a lealdade no relacionamento, entre outros. Dá suporte para a configuração da categoria da autodireção e organização da vida individual e coletiva, bem como apoia também a seleção daqueles trabalhos socialmente úteis que serão escolhidos como parte do processo pedagógico e que devem permitir a vivência desses objetivos formativos, valores e atitudes.

Em seguida, temos um conjunto de inventários etnográficos que permite descrever a vida ao redor da escola (social, econômica, cultural, histórica) com suas fontes educativas.

c) Inventário das lutas e contradições sociais existentes no entorno da escola. Permite que se identifiquem aspectos importantes do entorno para ligar-se formação dos educandos às lutas sociais, em especial a categoria da autodireção e organização da vida individual e coletiva, apoiando também o entendimento da categoria meio educativo em geral.

d) Inventário de formas participativas de gestão e organização existentes dentro da agência educativa e fora dela. Dentro da escola devem ser descritos os mecanismos de poder e de participação existentes. Fora dela, deve ser examinado como a sociedade se organiza para participar nos diferentes aspectos da vida local, nacional e mundial. Sua principal ligação é feita com as categorias da autodireção e organização da vida e com o entendimento do meio educativo em geral.

e) Inventário das fontes educativas do meio educativo em geral: naturais, históricas, sociais e culturais, incluindo-se outras agências formativas existentes (cooperativas, associações, entre outras). Aqui trata-se de identificar os elementos existentes na vida que podem apoiar os processos educativos previstos. Meios naturais: geográficos (rios, montanhas), fauna, flora etc.. Meios sociais como formas de sobrevivência e produção da vida, bem como formas de organização da comunidade local. Históricas: marcas históricas deixadas na região, pessoas que detêm a memória do local ou da região, fontes históricas objetivas existentes, entre outras. Meio cultural: como danças, músicas, contos, tradições locais ou regionais, saberes, entre outras. Esse levantamento é importante para que se possa caracterizar o meio educativo em geral, a vida local e regional, bem como permite também definir métodos específicos de aprendizagem que deverão valer-se destes aspectos descritos.

f) Deve-se ainda construir um inventário das formas de trabalho socialmente úteis que poderão ser utilizadas no processo de domínio dos conteúdos e das demais categorias. Aqui inclui-se todo o trabalho socialmente útil entre estes o autosserviço (serviço que o estudante pode prestar a si mesmo e aos outros rotativamente), o trabalho em oficinas escolares disponíveis na escola ou em ambiente externo que seja adequado a propósitos pedagógicos, e o próprio trabalho produtivo, cuja utilização será feita em adequação à idade do estudante em questão. Esta categoria contribui para as categorias de autodireção e organização da vida, para a categoria da compreensão do meio educativo em geral e para a própria implementação da categoria trabalho como método de desenvolvimento.

g) Finalmente, está a necessidade de visualizar métodos de ensino específicos em função dos objetivos e conteúdos esperados e em função dos levantamentos produzidos.

Estas são as atividades iniciais de preparação para a formulação dos complexos. Elas acontecem no nível de planejamento geral (para todas as escolas) como forma de marcar o âmbito da formação em geral, mas são refeitas, como dissemos, a partir dessas orientações gerais, no ambiente de cada escola para que esta esteja fortemente vinculada ao seu meio local e regional, a partir do qual a análise avança para os níveis nacional e mundial, segundo a amplitude dos conteúdos pautados para a idade do educando.

Vamos, agora, revisar os elementos dos quais devemos dispor, antes de se empreender a definição dos complexos a serem estudados.

1. Especificação da concepção de educação e da matriz formativa.

2. Especificação de quem é o educando, suas características e necessidades em geral.

3. Definições iniciais quanto à unidade de tempo disponível e às disciplinas envolvidas.

4. Formulação dos objetivos instrucionais e formativos e especificação dos êxitos esperados.

5. Definição dos aspectos teóricos a serem ensinados nestas disciplinas e os aspectos formativos necessários ao educando.

6. Adequação destes objetivos e seus aspectos teóricos correspondentes à unidade de tempo disponível, subdividida em bimestres ou outra unidade de organização, para todas as disciplinas envolvidas.

Esses elementos devem estar claros antes de se propor a formulação dos complexos. Note-se que é um trabalho que envolve, tanto no nível de planejamento geral como no nível de cada escola, vários profissionais, incluindo-se os que lidam com os conteúdos específicos das disciplinas. A identificação dos complexos envolve:

1. Distribuir os objetivos e conteúdos a serem trabalhados divididos em alguma unidade de tempo, por exemplo bimestral, de forma a obter-se uma *visão simultânea e justaposta* do conjunto das disciplinas em cada bimestre.

2. Com o olhar dos professores especialistas nas disciplinas envolvidas, configurar, a partir dos levantamentos disponíveis, que aspectos da *atualidade da vida* dão conta de ancorar o processo educativo previsto nos objetivos formativos e instrucionais do bimestre. Quais são as grandes questões da vida que podem ser conectadas a tais objetivos. Aqui são articulados os elementos dos inventários do meio com os aspectos teóricos das disciplinas, simultaneamente, agrupando-os de forma a propor complexos gerais (partes da realidade que permitem a integração de conceitos explicativos e procedimentos de análise, oriundos das várias disciplinas em questão) e que são comuns a todas as disciplinas. Os complexos são produzidos para cada bimestre (um ou mais de um) e organizados segundo o tempo disponível (semestre ou ano).

3. Retomar o inventário dos métodos de ensino específicos e estabelecer sua relação com o estudo do complexo em cada disciplina.

4. Identificado cada complexo, sugere-se para as escolas formas de utilizar o complexo e de como fazer sua implementação no nível da realidade local da escola.

Entendemos que estas tarefas precisam ser primeiro produzidas em nível geral, envolvendo todo o sistema de escolas, para, depois, serem objetivadas e apropriadas por cada escola. De posse desse plano de estudos geral, as escolas objetivam seus planos de estudo locais, no nível do coletivo escolar. Um possível caminho para a escola pode ser visto a seguir:

1. Estudar a concepção de educação e matriz formativa no processo.

2. Entender o educando local, suas características e necessidades específicas.

3. Examinar com os professores as definições iniciais quanto à unidade de tempo disponível e as disciplinas envolvidas.

4. Estudar com os professores os objetivos instrucionais e formativos e os êxitos esperados, bem como os aspectos teóricos e formativos que compõem o conteúdo escolar.

5. Examinar com os professores a distribuição inicial dos complexos na unidade de tempo disponível e defini-la.

6. Conduzir com os professores e estudantes os inventários (ou atualização dos existentes quando necessário) do meio educativo local, tendo em vista as disciplinas envolvidas e os educandos, de forma a ligar o meio educativo, sua atualidade, com a escola.

7. Por em prática metodologias para articular os inventários sobre o meio educativo local com os complexos sugeridos no plano geral de estudos.

8. Examinar com professores e alunos os objetivos formativos referentes à auto-organização visando definir como se dá o envolvimento com a vida da escola e da comunidade e a estrutura de participação na criação da vida escolar (comissões e instâncias de decisão, por exemplo).

9. Levar cada professor a compreender o aproveitamento em termos de objetivos e êxitos que cada disciplina fará de cada complexo, bem como os eventuais métodos específicos necessários ao estudo dessas disciplinas específicas, agregando outras ações que forem convenientes (estudo do meio, estudo in-

dependente, aula em laboratório, excursões pedagógicas, aprendizagem em oficinas escolares, aprendizagem junto ao trabalho produtivo, aula expositiva quando necessário etc.. Como nossa matriz formativa é alargada, será necessário contemplar métodos e técnicas que atendam às várias dimensões formativas: criatividade, trabalho coletivo, corpo, afetividade e não apenas aspectos do desenvolvimento cognitivo. Imagino que algumas indicações podem ser buscadas em Freinet: por exemplo, o livro da vida, correspondência escolar, a roda, jornal escolar etc. (Freinet, 1975 e Freinet, 1974).

10. Examinar cada complexo com os professores e estudantes de forma a elencar as atividades de preparação necessárias e outras providências para sua implementação, fixando responsabilidades na equipe de educadores e educandos.

11. Implementar momentos de balanços coletivos quanto aos êxitos planejados e obtidos pelos educandos e seu redirecionamento, se necessário.

Note-se que não se pretende que cada escola crie seus próprios complexos de estudo independentemente, criando um eventual desequilíbrio na amplitude da formação dos estudantes entre escolas. É dado um ponto de partida que deve ser apropriado pela escola e implementado em função da realidade local.

À medida que a experimentação desses processos avance, poderemos começar a lidar com situações concretas encontradas pelas escolas e que poderão mostrar melhor o que se pretende com esta abordagem. Os caminhos aqui apresentados, com certeza, serão recriados pelas próprias escolas na prática. Esta atividade prática do magistério, em espaços privilegiados como o dos movimentos sociais, *deve ser a base para a construção coletiva, com o magistério, de uma nova escola e sua teoria pedagógica correspondente*, como queria Krupskaya (Krupskaya, 2009).

A expectativa é que estas ideias sirvam um bom começo de conversa.

Referências

BOURDIEU, P., & CHAMPAGNE, P. (2001). Os excluídos do interior. *In*: P. Bourdieu, *Escritos de educação* (p. 217-227). Rio de Janeiro: Editora Vozes.
CALDART, R. S. (2004). *Pedagogia do Movimento Sem Terra*. São Paulo: Expressão Popular.
CAMINI, I. (2009). *Escola itinerante: na fronteira de uma nova escola*. São Paulo: Expressão Popular.
DUSSEL, I., & CARUSO, M. (2003). *A invenção da sala de aula*. São Paulo: Moderna.

FREINET, C. (1975). *As técnicas Freinet da escola moderna.* Lisboa: Estampa.
FREINET, C. (1974). *O Jornal Escolar.* Lisboa: Editorial Estampa.
FREINET, C. (2001). *Para uma escola do povo.* São Paulo: Martins Fontes.
FREITAS, L. C. (1991). A dialética da eliminação no processo seletivo. *Pro-posições*, p. 265-285.
FREITAS, L. C. (2002). A internalização da exclusão. *Educação e Sociedade*, 80, p. 301-327.
FREITAS, L. C. (2009). A luta por uma pedagogia do meio: revisitando o conceito. *In*: M. M. PISTRAK, *A Escola-Comuna.* São Paulo: Expressão Popular.
FREITAS, L. C. (1996). *Crítica da organização do trabalho pedagógico e da didática.* Campinas (SP): Papirus.
GASPARIN, J. L. (2009). *Uma didática para a pedagogia histórico-crítica.* Campinas (SP): Autores Associados.
KRUPSKAYA, N. K. (2009). Prefácio da Edição Russa. *In*: M. M. Pistrak, *A Escola-Comuna* (p. 105-109). São Paulo: Expressão Popular.
LIBANEO, J. C. (1991). *Didática.* São Paulo: Cortez.
LIBANEO, J. C. (1990). *Fundamentos teóricos e práticos do trabalho docente.* Tese de Doutorado, PUC-SP, Campinas (SP).
MARX, K. (1983). *O Capital.* São Paulo: Abril Cultural.
PISTRAK, M. M. (2009). *A Escola Comuna.* São Paulo: Expressão Popular.
PISTRAK, M. M. (1934). *Pedagogia.* Moscou: Gosudarstvennoe Uchebno-pedagogicheskoe Izdatelstvo.
SAVIANI, D. (2009). *Escola e democracia.* Campinas (SP): Autores Associados.
SHULGIN, V. N. (1924). *Questões fundamentais da educação social.* Moscou: Izdatelstvo Rabotnik Prosveshcheniya.
TRAGTEMBERG, M. (1982). *Sobre educação, política e sindicalismo.* São Paulo: Cortez.

Parte 3

Reflexões específicas sobre a Educação Básica de Nível Médio

O Ensino Médio No Brasil:
da invisibilidade à onipresença

Romir Rodrigues[1]

Morro Velho
Milton Nascimento

No sertão da minha terra
fazenda é o camarada que ao chão se deu
fez a obrigação com força
parece até que aquilo tudo ali é seu
só poder sentar no morro
e ver tudo verdinho, lindo a crescer
orgulhoso camarada de viola em vez de enxada

Filho do branco e do preto
correndo pela estrada atrás de passarinho
pela plantação adentro
crescendo os dois meninos, sempre pequeninos
peixe bom dá no riacho
de água tão limpinha, dá pro fundo ver
orgulhoso camarada conta história pra moçada

---

[1] Professor do Instituto Federal de Educação, Ciência e Tecnologia do Rio Grande do Sul, campus Canoas.

> *Filho do sinhô vai embora*
> *tempo de estudos na cidade grande*
> *parte, tem os olhos tristes*
> *deixando o companheiro na estação distante*
> *"não se esqueça amigo, eu vou voltar"*
> *Some longe o trenzinho ao deus-dará*
> *Quando volta já é outro*
> *trouxe até sinhá-mocinha para apresentar*
> *linda como a luz da lua*
> *que em lugar nenhum rebrilha como lá*
> *já tem nome de doutor*
> *e agora na fazenda é quem vai mandar*
> *e seu velho camarada já não brinca, mas trabalha*

A música de Milton Nascimento, em epígrafe, pode ser empregada como uma ilustração da organização do sistema educacional brasileiro que, apesar dos avanços na democratização do acesso, ainda apresenta trajetórias educacionais distintas para cada segmento social. Nas duas estrofes iniciais, é possível visualizar o ensino fundamental gerando um conjunto de experiências comuns que são compartilhadas entre o filho do dono das terras e o do seu empregado. Quando esgotam as possibilidades de educação oferecidas na localidade, para cursar o ensino médio, "filho do sinhô vai embora, tempo de estudos na cidade grande", deixando para trás seu companheiro de infância e, ao voltar, já é doutor, e seu camarada, filho do empregado, segue como um trabalhador.

Essa interpretação da letra da música salienta alguns dos elementos fundadores das políticas públicas para o ensino médio no Brasil e no Rio Grande do Sul, que devem ser entendidas em suas relações com o modelo de desenvolvimento, com os demais níveis de ensino do sistema educacional e em suas particularidades internas. Apresentar a trajetória dessa etapa de ensino na evolução da educação brasileira, visualizando suas principais contradições, é o objetivo do presente capítulo que, para tal propósito, está organizado em três partes.

Inicialmente, são abordados alguns elementos da história dessa etapa da educação básica, destacando sua dualidade estrutural gerada na divisão social do trabalho, característica do sistema do capital em sua formatação capitalista, que acaba por estabelecer uma cisão entre a formação acadêmica e a profissional. Nesse sentido, destaca-se a qualificada discussão entre educação e trabalho surgida no meio acadêmico brasileiro no final dos anos 1970, que envolveu a produção teórica de pesquisadores brasileiros como Dermeval Saviani, Miguel Arroyo, Carlos R. Jamil Cury, Gaudêncio Frigotto e Acácia Zeneida Kuenzer. Em seu conjunto, os trabalhos produzidos buscavam, a partir de diferentes abordagens, questionar a redução do papel social da escola a mero instrumento para a qualificação de mão de obra e aumento da competitividade do país frente ao mercado externo, como defendiam os teóricos da Teoria do Capital Humano. Base da reforma educacional do período da ditadura militar, a Teoria do Capital Humano passou a ser a principal força organizativa dos tempos e espaços das escolas brasileiras e, apesar de todas as críticas, está presente tanto na atual Reforma do Ensino Médio quanto nos discursos de grande parte dos educadores.

Ainda compõe esta seção um estudo das diversas legislações que regulamentaram essa etapa de ensino, entendendo-as como resultados da correlação de forças entre os diferentes agentes sociais em um determinado período histórico, com o objetivo de estabelecer elementos de continuidade e ruptura que foram dando forma e sentido para o ensino médio no Brasil.

A segunda parte apresenta os principais aspectos constitutivos da Reforma do Ensino Médio – Escola Jovem –, enquanto uma política educacional proposta e implementada pelo governo de Fernando Henrique Cardoso (1995/2002).

Na última parte serão apresentadas algumas reflexões sobre as políticas para o Ensino Médio implantadas durante o governo Lula (2003/2010), salientando as suas continuidades e rupturas em relação aos pressupostos que embasaram a Reforma do Ensino Médio.

O ensino médio no Brasil e sua articulação com os modelos econômicos

A evolução do ensino médio[2] na educação brasileira pode ser entendida como uma jornada na busca de identidade, de um conjunto de objetivos e finalidades que o defina em relação às suas próprias especificidades e no relacionamento com os demais níveis e modalidades de ensino. Como se estivesse em um limbo, o secundário nem propicia a formação básica mínima, característica do ensino fundamental, nem apresenta a verticalidade da formação profissional ou a valo-

---

[2] Neste capítulo, serão utilizados como equivalentes os termos ensino médio, educação secundária e ensino secundário, apesar de, usualmente, o termo secundário se referir também às séries finais do ensino fundamental.

rização social do ensino superior. A aparente falta de uma finalidade acabou por constituir uma dualidade em sua estrutura: uma formação propedêutica, voltada para os integrantes da elite que conseguiam continuar os estudos em direção ao ensino superior, e uma formação profissionalizante, vinculada à classe trabalhadora, e preparatória para o ingresso mais imediato no mercado de trabalho.

Essa característica, fundamental para entender o ensino médio brasileiro, está relacionada com a separação entre capital e trabalho, operada pela implantação do sistema do capital. Como afirma Acácia Kuenzer

> Se a divisão social e técnica do trabalho é condição indispensável para a constituição do modo capitalista de produção, à medida que, rompendo a unidade entre teoria e prática, prepara diferentemente os homens para que atuem em posições hierárquica e tecnicamente diferenciadas no sistema produtivo, deve-se admitir como decorrência natural deste princípio a constituição de sistemas de educação marcados pela dualidade estrutural. No Brasil, a constituição do sistema de ensino não se deu de outra forma (Kuenzer, 2001, p. 12).

No resgate histórico sobre as relações entre educação e trabalho realizado por Gaudêncio Frigotto, em seu livro *Educação e a crise do capitalismo real* (2003), é abordada a contradição entre o pensamento liberal clássico, refletindo também no neoliberalismo, e o marxista. Enquanto o primeiro considera o trabalho como um "fator" da produção e, portanto, articulado à expansão do capital, o segundo, de um modo geral, considera o trabalho como ontologicamente articulado ao ser humano, como principal vetor para a produção das condições que garantam a sua sobrevivência e princípio organizativo da economia e da sociedade. Segundo o autor, a partir dessas concepções, é possível extrair dois diferentes entendimentos do papel da educação. A perspectiva liberal compreende que

> A educação e a formação humana terão como sujeito definidor as necessidades, as demandas do processo de acumulação de capital sob diferentes formas históricas de socialidade que assumir. Ou seja, reguladas e subordinadas pela esfera privada, e à sua reprodução (Frigotto, 1995, p. 30).

Para se contrapor a esse entendimento, Frigotto parte da análise de Marx e Engels, que consideram a realidade social como uma totalidade de relações econômicas e sociais em constante movimento, na qual a educação

> (...) não é reduzida a fator, mas é concebida como uma prática social, uma atividade humana e histórica que se define no conjunto das relações sociais, no embate dos grupos ou classes sociais, sendo ela mesma forma específica de relação

social. O sujeito dos processos educativos aqui é o homem e sua múltiplas e históricas necessidades (materiais, biológicas, psíquicas, afetivas, estéticas, lúdicas) (Frigotto, 1995, p. 31).

Apreendendo, no diálogo com Frigotto (1995), a educação no conjunto das determinações e relações sociais, sendo, dialeticamente, constituída e constituinte dessas mesmas relações, ela apresenta-se, historicamente, como um espaço de disputa de hegemonia. Dessa forma, as diferentes concepções estão presentes no processo de composição do ensino médio, expondo seu caráter dual e a supremacia da concepção liberal, que propõe para a escola secundária, e de resto para todo o sistema educativo, uma função utilitarista e regida pelas necessidades do mercado.

Até o início do século 20, porém, o secundário não apresentava problemas de identidade, pois era uma etapa de ensino para a formação das elites, com a declarada finalidade de preparar para o ingresso no ensino superior e fortemente articulado a um currículo clássico, enciclopedista e de inspiração francesa (Castro, 1998). Ao analisar esse período da história do ensino médio, Carlos R. Jamil Cury faz uma importante relação com a situação social da época, na qual

> Excluídos do ensino primário os escravos, os foreiros e as mulheres, por razões diversas e distintas, consideradas as crianças como seres incompletos e tendo-se uma sociedade agrária e espalhada, pouco ou nada se podia esperar do ensino primário. Desta maneira, só os adolescentes livres privilegiados, de preferência do sexo masculino, tinham acesso ao ensino secundário, cujo modelo era dado pelo Imperial Colégio Pedro II, fundado em 1837.
>
> O Colégio Pedro II inaugura no Brasil um ensino gradual e orgânico, enfatizando o que se poderia chamar de ensino clássico com matizes de ensino científico. Sem oferecer Ensino Fundamental e voltado para a formação propedêutica, para os exames preparatórios de futuros bacharéis e médicos, pouco se podia esperar em termos de acesso mais amplo (Cury, 1998, p. 32).

Nessa época, a formação profissional estava atravessada por um viés assistencialista e servia para a "formação do caráter" de jovens pobres e órfãos, numa perspectiva moralista e higiênica do trabalho (Frigotto, 1995). Para esse fim, foram criadas, em 1909, 19 escolas de artes e ofícios que incluíam o curso rural e o curso profissional com duração de quatro anos, permitindo o acesso a cursos técnicos, nas áreas comercial, agrícola e normal, em nível ginasial e terminal, ou seja, sem possibilidade do estudante avançar para o ensino superior (Nunes, 2002).

O acesso ao ensino secundário propedêutico, porta de entrada para a formação superior, estava reservado para os filhos da classe dominante da época a tal ponto que, em 1920, apenas um em cada mil habitantes fazia o curso (Peres, 1985). Dessa forma, educadores e políticos ligados ao incipiente setor industrial e urbano, que disputava com a oligarquia rural a hegemonia econômica e política, passaram a exigir do Estado brasileiro uma maior expansão dessa etapa de ensino e sua qualificação. Nesse momento, se estabeleceu o diálogo com os modelos educativos desenvolvidos nos diferentes países do mundo, em especial o estadunidense e o francês, na busca por estabelecer parâmetros para a construção de alternativas que potencializassem o ensino secundário, incorporando as mudanças em curso do sistema produtivo.

Considerado preso ao passado e descolado da realidade econômica e social da época, o curso passou por um conjunto de reformas ao longo da década de 1920 mas, como afirma Tirsa Regazzini Peres (1985), não foi efetuado um reexame de finalidades e da estrutura do ensino secundário que favorecesse a revisão do próprio conceito de cultura geral – característico da formação propedêutica e valorizado pelas elites – nem de seus fundamentos aristocráticos.

A partir da década de 1930, profundas transformações passam a ocorrer no cenário econômico e social do Brasil, com destaque para o enfraquecimento das oligarquias rurais, a intensificação do processo de industrialização que visava substituir as importações, principalmente devido à crise de 1929,[3] e o intenso movimento de migração populacional interno em direção aos centros urbanos. Esse novo cenário marca, para o ensino médio, o início de um conjunto de reformas na tentativa de democratizar o acesso e estabelecer relações mais orgânicas entre a educação e as necessidades do sistema do capital em transformação.

Nesse sentido, a Reforma Francisco Campos – Decreto n° 19.890/31 – foi, segundo Carlos R. Jamil Cury (1998), a primeira a considerar a função formativa do ensino secundário, visando a preparação dos estudantes para os diversos setores da atividade econômica, e a aproximar a função formativa da propedêutica. A Reforma de 1931 garantiu alguns avanços, mas manteve inalterada a estrutura dualista – ver Tabela 1 – e deve ser considerada como uma resposta às pressões sociais que começavam a se avolumar nos centros urbanos e aos tensionamentos de parte da intelectualidade brasileira que, influenciada pelos pressupostos da

---

[3] Refere-se à crise de 1929, quando a quebra da Bolsa de New York provocou a falência de milhares de empresas norte-americanas, arruinou a produção agrícola e provocou um brutal desemprego. A depressão econômica nos Estados Unidos repercutiu imediatamente no mercado mundial, levando o capitalismo internacional a uma das maiores crises de sua história.

"Escola Nova"[4] iriam assinar, um ano depois, o Manifesto dos Pioneiros da Educação Nova.

A análise de Clarice Nunes sobre as mudanças no ensino secundário durante o Estado Novo (1937-1945) salienta que o impulso tomado pelo ensino técnico profissionalizante com as Leis Orgânicas do período não foi suficiente para atender as necessidades do capitalismo industrial que se consolidava no país. Segundo a autora

> Por esse motivo, surge o estímulo oficial ao aparecimento de um sistema escolar paralelo, através de uma legislação complementar às reformas do ensino profissional de onde resultou a criação dos cursos artesanais, dos cursos de aprendizagem, do Senai, do Senac e das Escolas Técnicas Federais. Reforçava-se ainda mais a própria dualidade já estabelecida no sistema regular de ensino, que consignava predominantemente às massas oportunidades de escolarização profissional (Nunes, 1980, p. 26).

Discutindo a mesma questão, Kuenzer (2001) identifica que a educação para o trabalho passa a ser atribuição do sistema federal de ensino técnico, complementado por um sistema privado de formação profissional (Senai e Senac). Ambos se desenvolveram paralelamente ao sistema regular de ensino e originaram, no âmbito administrativo, diferentes órgãos gestores. Dessa forma, segundo a autora

> Com relação à dependência administrativa, verifica-se a mesma dualidade que se mantém hoje. Por um lado, dois sistemas paralelos no Ministério da Educação, ao qual se subordinaram as escolas de aprendizes artífices desde a sua criação – um de ensino regular e outro de ensino profissional; por outro, a existência de um ensino privado de formação profissional, mantido pelas empresas privadas, com plena autonomia (Kuenzer, 2001, p.14).

O período em tela é o da vigência da Reforma Capanema – Decreto nº 4.244/42 –, fortemente influenciada pela ideologia nacionalista própria desse momento his-

---

[4] A Escola Nova foi um movimento especialmente forte na Europa e na América, em fins do século 19, que propunha a renovação do ensino, com destaque para o trabalho do filósofo e pedagogo John Dewey (1859-1952). No Brasil, o movimento tomou vulto após a divulgação do Manifesto dos Pioneiros da Educação Nova, de 1932, tendo como principais divulgadores Lourenço Filho (1897-1970) e Anísio Teixeira (1900-1971). Esse movimento opunha-se às práticas pedagógicas tidas como tradicionais, visando uma educação que pudesse integrar o indivíduo na sociedade e, ao mesmo tempo, ampliasse o acesso de todos à escola. (Referência retirada dos sites <http//www.educacional.com.br/pais/glossario_pedagogico/escola_nova.asp> e <http//www.centrorefeducacional.com.br/aniescnova.htm>. Acesso em: 11.08.2005).

tórico, na qual a educação tinha a função principal de propiciar a formação moral dos estudantes, relegando para um segundo plano a transmissão de conhecimento. Analisando o Plano Nacional de Educação, encaminhado pelo Conselho Nacional de Educação em 1937, e base da Reforma, Simon Schwartzman aponta que fazia parte dos princípios gerais do Plano

> (...) a definição do que se devia entender por "espírito brasileiro" ("orientação baseada nas tradições cristãs e históricas da pátria") e "consciência da solidariedade humana" e ("prática da justiça e da fraternidade entre pessoas e classes sociais, bem como nas relações internacionais"), termos que a Constituição utilizava para caracterizar os objetivos gerais da educação nacional (Schwartzman, 2000, p. 199).

Evidenciava-se uma vinculação da educação às questões de afirmação da nacionalidade e da segurança nacional, numa época em que "os componentes ideológicos passam a ter uma presença cada vez mais forte na vida política, e a educação seria a arena principal em que o combate ideológico se daria" (Schwartzman, 2000, p. 69). Ao ensino secundário estaria reservado, no plano educacional do Estado Novo, o mais emblemático papel, tendo reforçado o caráter elitista da escola acadêmica, bem como sua dualidade – ver Tabela 1. Do exame realizado por Cândido Alberto Gomes sobre a Reforma Capanema, é importante destacar que

> (...) só o ramo secundário dava acesso ao nível superior, enquanto os outros cursos profissionalizantes constituíam becos. Ademais, os currículos tiveram seu caráter literário e enciclopédico reforçado. No entanto, o crescimento da renda, a urbanização e outros fatores geraram uma contradição: embora primariamente destinado às elites, a escola acadêmica passou a ser frequentada pelas classes médias urbanas. As matrículas cresceram 81% entre 1935 e 1940, e 333% entre 1935 e 1950 (Gomes, 1998, p. 22).

Caberia ao ensino secundário, nas palavras de Capanema (Schwartzman, 2000, p. 210), a formação de uma "consciência patriótica" própria de uma elite condutora, "os homens que deverão assumir as responsabilidades maiores dentro da sociedade e da nação", com o papel de guiar e induzir o comportamento do povo. Sintetizando os elementos constituintes da Reforma do Ensino Secundário de 1942, Simon Schwartzman a caracteriza

> Pela intenção de consolidar a escola secundária como principal instituição educacional e, através dela, formar novas mentalidades, criar uma cultura nacional comum e disciplinar gerações para garantir a continuidade da pátria. Através dela, também, esperava-se produzir uma nova elite para o país. Uma elite católi-

ca, masculina, de formação clássica e disciplina militar. A ela caberia a condução das massas e a ela estaria reservado o acesso ao ápice da pirâmide educacional.

> Era um projeto que passava necessariamente pela burocracia crescente do sistema de inspeção e controle, e por um conjunto de estabelecimentos privados que não tinham, com as honrosas exceções de sempre, outra intenção do que a de atender ao mercado crescente de Ensino Médio, com o beneplácito e, tanto quanto possível, os recursos financeiros do governo. Estes elementos – a legislação casuística, rígida, os currículos de conteúdos classistas, uma burocracia ministerial cada vez mais rotinizada e um forte lobby de diretores de colégio – dariam o tom do ensino secundário brasileiro nas décadas seguintes (Schwartzman, 2000, p. 218 e 219).

Nas décadas de 1950 e 1960, num movimento já iniciado após o fim da Segunda Guerra, os Estados Unidos passam a ser o centro hegemônico do capital, influenciando diretamente na organização da economia mundial. Utilizando-se de pesados investimentos nos processos de industrialização dependente das economias periféricas, como as do Brasil e dos demais países da América Latina, os Estados Unidos adotaram uma política de reforço dos princípios liberais e combate às iniciativas socialistas ou mesmo nacionalistas nas nações sobre sua área de influência.

Na época, os gestores públicos brasileiros compreendiam o ensino médio como uma importante ferramenta para potencializar e consolidar o capitalismo industrial no Brasil e promover a inserção do país na estrutura da economia mundial. Esse movimento foi identificado por Evaldo Vieira ao analisar a política educacional do governo Kubitschek (1955-1960) que, no caso do ensino médio

> (...) dava prioridade ao urgente encaminhamento da mocidade para as chamadas escolas técnico-profissionais, onde se formariam empregados qualificados que se destinariam aos inúmeros setores da produção econômica. Nesta linha de raciocínio, ele [Kubitschek] acrescentava que os estudantes de tais escolas poderiam atingir a Universidade por meio da Lei de Equivalência do Ensino Médio, gerando especialistas da mais alta categoria. Portanto, a educação técnico-profissional assumia importância ímpar em seu pensamento, pois ele a colocava como "processo educativo específico para a integração do homem na civilização industrial". Mesmo quando se dedicava a um ramo do Ensino Médio, porventura mais apropriado a alunos interessados em chegar até a Universidade, como acontecia com a escola secundária, não fugia à sua obsessão pela educação profissionalizante (Vieira, 1995, p. 100).

Apesar desse entendimento apresentado pelos gestores das políticas públicas, a crescente classe média e os setores mais populares das áreas industriais viam na continuidade de estudos, portanto, no ensino médio propedêutico, o caminho mais eficaz e seguro para a mobilidade social. Ou seja, apesar dos avanços apresentados e que se consolidam na LDB de 1961, como a eliminação das restrições do acesso ao ensino superior para os egressos do profissionalizante e o início de um processo de descentralização do currículo, a estrutura dual permanecia – ver Tabela 1. Como lembra Candido Alberto Gomes (1998), apesar do direito legal do acesso ao ensino superior, continuou a haver vantagens evidentes do curso secundário, todo ele dedicado à educação geral. Corroboram nessa análise os dados apresentados por Clarice Nunes (1980, p. 44-45) – Tabela 1 –, que coloca o ensino secundário como principal fator para a expansão da rede escolar, enquanto o ensino profissional não utilizava toda sua capacidade de matrícula.

Tabela 1 – Matrícula geral no ensino médio por curso – Brasil – 1945/60

Ano\curso	Secundário	Comercial	Industrial	Agrícola	Normal	Total
1945	237.695	56.570	16.531	659	19.533	330.988
1950	406.920	76.455	19.436	2.099	33.436	538.346
1960	991.391	194.124	26.850	6.850	93.600	1.312.815

Fonte: SEEC Ensino Médio – 1933-59 – 1950-64. *In*: NUNES, 1980, p. 45: adaptada pelo autor.

De qualquer forma, esse foi um período de democratização do acesso ao ensino médio que, em quinze anos (1945-1960), apresentou um crescimento de 296,6% – conforme Tabela 1. Essa expansão das matrículas não se deu de maneira uniforme nem com a mesma qualidade nos estados brasileiros e estava articulada com a iniciativa privada. Dados de Clarice Nunes (1980) apontam para a concentração da oferta do secundário na região Sudeste que, em 1960, respondia por 60% das matrículas e 56,4% dos estabelecimentos de ensino. A autora destaca que, para atender o crescimento da demanda, se apelou para a "superutilização" do professorado existente e a contratação emergencial de docentes sem a formação necessária, o que comprometeu a qualidade da educação oferecida. É importante ressaltar que muito da expansão do secundário se efetivou na rede privada, que respondia por 73,3% do total de matrículas, em contraposição à reduzida atuação da rede pública, com somente 26,7%. Ao concluir sua análise sobre a expansão do ensino médio no período em questão, Clarice Nunes aponta que

> A expansão do ensino secundário foi expressão dos limites e das contradições do modelo desenvolvimentista brasileiro. Isto se deu, particularmente, no que diz respeito à luta entre os setores conservadores, que procuravam controlá-la de acordo com seus interesses, e os setores progressistas que, através de alguns de

seus representantes, analisavam suas deficiências, utilizando-a como justificativa para mudar os rumos do ensino secundário. Desta forma, a ala progressista da burocracia educacional lutava por assegurar sua influência no estabelecimento de uma política da reorganização do Ensino Médio e da escola secundária, de acordo com os interesses da burguesia industrial, na consolidação do capitalismo no país (Nunes, 1980, p. 55).

Com o golpe militar de 1964, foi estabelecido um governo extremamente ditatorial que articulava os interesses de um tripé formado pelos conglomerados internacionais, os grandes grupos econômicos nacionais e as empresas estatais, com a direção das Forças Armadas e o apoio dos setores tecnocratas (Germano, 1994). Nesse contexto, a educação brasileira passou por significativas alterações que culminaram na Lei nº 5.692/71. A nova legislação propôs uma mudança significativa na organização da estrutura do sistema educacional brasileiro – ver Tabela 1. O ensino secundário mudou sua nomenclatura para "2º grau" e passou por transformações significativas em seus objetivos e finalidades, com o estabelecimento de uma profissionalização compulsória e universal.

O Estado Militar procurou adotar uma política educacional para o ensino médio que relacionasse educação e trabalho, como esclarece José Willington Germano ao afirmar que,

> Na verdade, o que está presente na proposta oficial é uma visão utilitarista, imediatamente interessada na educação escolar, sob forte inspiração da "teoria do capital humano". Trata-se de uma tentativa de estabelecer uma relação direta entre o sistema educacional e o sistema ocupacional, de subordinar a educação à produção. Desse modo, a educação só teria sentido se habilitasse ou qualificasse para o mercado de trabalho. Por isso, o 2º grau deveria ter um caráter terminal (...).
>
> Esta terminalidade faria com que um grande contingente de alunos pudesse sair do sistema escolar *mais cedo* e ingressar no mercado de trabalho. Com isso, diminuiria a demanda para o ensino superior. A reforma do 2º grau, portanto, está diretamente relacionada com a contenção do fluxo de alunos para as universidades. Desse ponto de vista, ela assumia uma função discriminatória, apesar do discurso igualitarista e de generalização da "profissionalização para todos" (Germano, 1994, p. 21, grifos do autor).

Para entender as mudanças no ensino médio brasileiro nesse período, é fundamental discutir a Teoria do Capital Humano, criada por Theodoro Schultz, na década de 1950, nos Estados Unidos. Segundo Gaudêncio Frigotto,

> A ideia-chave [dessa teoria] é de que a um acréscimo marginal de instrução, treinamento e educação, corresponde um acréscimo marginal de capacidade de produção. Ou seja, a ideia de capital humano é uma "quantidade" ou um grau de educação e de qualificação, tomado como indicativo de um determinado volume de conhecimentos, habilidades e atitudes adquiridas, que funcionam como potencializadoras da capacidade de trabalho e de produção. Desta suposição deriva-se que o investimento em capital humano é um dos mais rentáveis, tanto no plano geral do desenvolvimento das nações quanto no plano da mobilidade individual (Frigotto, 1995, p. 41).

Essa teoria foi utilizada para justificar as desigualdades entre as diferentes nações do mundo, pois articulava a educação com a qualificação do trabalhador, o aumento de sua produtividade e, por conseguinte, a obtenção de maior renda individual. Desse modo, a origem dos graves problemas sociais das áreas consideradas subdesenvolvidas era reduzida ao acesso restrito às matrículas e ao pequeno investimento em educação. De forma mágica, todas as contradições próprias do sistema do capital e da condução política, ideológica e hegemônica das elites sobre as camadas populares acabam por desaparecer e a educação torna-se o bálsamo sagrado para o crescimento econômico e a diminuição das desigualdades sociais.

A adoção dessa teoria no Brasil, a capilaridade e importância por ela alcançadas são determinadas, na ótica de Acácia Kuenzer, por duas ordens convergentes de fatores:

> Em primeiro lugar, o fato de que, até 1981, 46% dos doutores e mestres, potencialmente os docentes e pesquisadores das universidades brasileiras, eram qualificados no exterior, preferencialmente nos Estados Unidos, em função da insuficiência de cursos no país. Esta qualificação se dava, e ainda se dá, através de paradigmas teóricos e metodológicos produzidos a partir de outros determinantes sociais, econômicos, culturais, políticos, ou seja, de outra base empírica, que tem sua própria especificidade. (...) Do ponto de vista metodológico, essa formação viu-se perpassada por uma concepção positivista de ciência, que justifica o empirismo como método.

> Em segundo lugar, as condições políticas e econômicas específicas do Brasil a partir de 64, com a aliança entre as Forças Armadas, capitalismo internacional e capitalismo nacional, que propõe o modelo de "desenvolvimento com segurança" e o alinhamento ao bloco ocidental sob a hegemonia dos Estados Unidos, ofereceram o terreno fértil para o desenvolvimento vigoroso da Teoria do Capital Humano. Mais do que isto, esta teoria se constituiu num dos suportes ideoló-

gicos do regime, uma vez que a palavra de ordem passou a ser "racionalização", não só do sistema produtivo, mas de todos os setores da vida social, a ser obtida através do desenvolvimento tecnológico e da administração científica (Kuenzer, 2001, p. 41-42).

Outra importante característica da educação brasileira nesse período, foi a influência dos organismos internacionais e dos acordos de cooperação com os Estados Unidos na definição de estratégias, métodos e objetivos para os diferentes níveis de ensino. Apesar de fazerem parte do cenário educacional desde o segundo Governo de Vargas quando, em 1945, EUA e Brasil assinaram o primeiro acordo com objetivo de aperfeiçoar o ensino das técnicas agrícolas (Nunes, 1980), é a partir de 1964 que esse movimento se intensifica com o acordo MEC-Usaid. O acordo constituía-se de uma série de convênios entre o MEC e a United States Agency for International Development (Usaid), com objetivo inicial de implantar o modelo estadunidense de ensino superior nas universidades brasileiras e acabou influenciando os demais níveis de ensino por meio da contratação de assessores norte-americanos para elaborar relatórios e avaliações que serviram de base para a Reforma de 1971.

Analisando esses acordos, Otaiza de Oliveira Romanelli identifica o fato de todos eles utilizarem um diagnóstico de crise no sistema educacional como pretexto para validar a necessidade de cooperação, sendo que, de fato, a condição básica era "assegurar ao setor externo oportunidade para propor uma organização do ensino capaz de antecipar-se, refletindo-a, à fase posterior do desenvolvimento econômico" (Romanelli, 2005, p. 209).

Em seu rigoroso trabalho de pesquisa sobre o acordo MEC-Usaid, José Oliveira Arapiraca salienta a alteração na estratégia da política externa dos EUA com a denominada Política da Boa Vizinhança, iniciada efetivamente em 1961 com a Aliança para o Progresso[5], afirmando que a mudança

> (...) da política diplomática do *Big Stick* para a não intervenção através da ajuda foi determinada pela nova realidade internacional. No fundo, foi uma mudança para continuar a relação de hegemonia econômica, uma vez que houve a constatação da impossibilidade da continuidade da política do cassetete impunemente (Arapiraca, 1982, p. 103).

---

[5] Aliança para o Progresso foi o principal programa de política externa dos Estados Unidos no início da década de 1960. Ela representou o enfrentamento do 'perigo' comunista que teria se instalado na América Latina com a Revolução Cubana em 1959. Dada sua importância geopolítica, o Brasil foi o país latino-americano prioritário para a ação da Aliança para o Progresso (Pereira, 2005).

No caso do Brasil, Arapiraca (1982, p. 124) defende que a análise da documentação disponível deixa transparecer a tentativa política e ideológica da Usaid em manipular o "aparelho" escolar para legitimar "um processo de *modernização* da sociedade, a fim de possibilitar o alinhamento geopolítico com o neocapitalismo norte-americano no continente". Reforçando essa perspectiva, o autor demonstra que a fórmula apresentada pela Usaid para reformar o sistema educacional brasileiro era a mesma que os Estados Unidos utilizava para resolver os problemas sociais das "minorias". Dessa forma, ocorreu que

> Universalizamos justamente as reformas de exceção utilizadas pelos EUA para manter as estruturas de classes fundamentais de sua sociedade, fundamentada no modo de produção capitalista. O modelo alternativo utilizado pelos EUA conota uma marcante dimensão ideológica na solução dos seus problemas sociais na medida em que, reconhecendo as desigualdades sociais, procura dissimulá-las através de práticas políticas capazes de manter a hegemonia da classe dirigente. É a política de mudar para continuar (Arapiraca, 1982, p. 127).

Podem ser elencados dois fatores principais que justificavam os acordos e dissimulavam suas reais intenções. O primeiro, pela intervenção da Usaid estar revestida de uma aparente neutralidade, utilizando modelos pedagógicos fundamentados na eficiência técnica. Rebatendo esse argumento, Arapiraca afirma que "é sempre através do discurso técnico que normalmente se vincula o discurso ideológico, é de se supor que a utilização de uma metodologia de intervenção social traz sempre em seu curso uma marca ideológica" (Arapiraca, 1982, p. 86).

O segundo fator residia na aceitação, por parte dos gestores e pedagogos brasileiros responsáveis pelo desenho das políticas públicas de educação, dos pressupostos difundidos pela Usaid, chegando mesmo a ocorrer uma "mobilização dos quadros da *inteligentzia* pedagógica brasileira no sentido da absorção das práticas educativas observadas nos EUA, principalmente com referência à efetividade e à eficiência do aparelho escolar alternativo para as minorias, ali desenvolvido" (Arapiraca, 1982, p. 110).

Enquanto estava sendo implementado, o acordo MEC/Usaid foi muito questionado pelos movimentos estudantis e educadores progressistas que o compreendiam como uma ferramenta para a privatização da educação brasileira, em especial do ensino superior, e mais uma estratégia para a construção da hegemonia dos EUA no Brasil e na América Latina.

A Reforma não conseguiu atingir seus objetivos, em especial no que tange à profissionalização compulsória, a ponto de ser modificada pela Lei n.º 7.044/82, que substituiu a qualificação por preparação para o trabalho, deixando a cargo de cada unidade de ensino a escolha por continuar com a proposta de profissionalização. As razões para o fracasso do ensino profissional obrigatório foram muitas e de diversas ordens e grandezas. José Willington Germano (1994) destaca algumas: (i) a questão do limite de recurso disponibilizado pelo Estado para implantar escolas profissionalizantes, o que implicava um custo aluno elevado; (ii) a proposta de profissionalização adotada já se encontrava ultrapassada em relação às mudanças do setor produtivo em curso, passando da rigidez do fordismo para modelos mais flexíveis, que demandavam uma formação mais geral; (iii) a incapacidade do sistema educacional em acompanhar e prever as necessidades do sistema ocupacional acabava por formar profissionais desatualizados que não encontravam postos de trabalho nas empresas que apostavam na qualificação em serviço; (iv) a demanda para a universidade não foi estancada; (v) a profissionalização não foi implantada efetivamente na maioria das escolas públicas nem pela rede privada devido ao seu alto custo.

A redemocratização política do país com o fim do Estado Militar, as mudanças no setor produtivo para responder à crise do capital que se aprofundava a partir dos anos 1970, a assunção da ideologia neoliberal redefinindo o papel do Estado, processo que no Brasil se intensifica a partir dos anos 1990, entre outros fatores, passaram a exigir da educação, e de maneira significativa do ensino médio, a ressignificação de suas funções.

Mesmo sendo sua base de pesquisa as reformas implantadas na França, na década de 1980, a análise de Christian Laval (2004) sobre as mudanças em curso do capitalismo mundial e seu impacto sobre o sistema educacional apresenta significativa correspondência com o que viria a se desenvolver no Brasil nos anos 1990. Pois, como salienta o autor, as mudanças na educação devem ser entendidas

> (...) no quadro mais geral das transformações do capitalismo desde os anos 1980: mundialização das trocas, financialização das economias, desengajamento do Estado, privatização das empresas públicas e transformação dos serviços públicos em quase-empresas, expansão dos processos de mercantilização ao lazer e à cultura, mobilização geral dos assalariados em uma "guerra econômica" geral, questionamento das proteções aos assalariados, sujeição à disciplina pelo medo do desemprego. Muito mais que uma "crise" passageira, é uma mutação do capitalismo que assistimos. A aposta crucial é o enfraquecimento de tudo o que faz contrapeso ao poder do capital e de tudo que, institucionalmente, juridicamente, culturalmente, limita sua expansão social. Todas as instituições, muito além da economia, foram afetadas incluindo a instituição da subjetividade humana: o neoliberalismo visa à eliminação de toda "rigidez" inclusive psíquica, em nome

da adaptação às situações as mais variadas que o indivíduo encontra, tanto no seu trabalho quanto na sua existência. A economia foi sendo colocada mais do que nunca, no centro da vida individual e coletiva, sendo os únicos valores sociais legítimos os da eficácia produtiva, da mobilidade individual, mental e afetiva e do sucesso pessoal. Isso não pode deixar ileso o conjunto do sistema normativo de uma sociedade e seu sistema de ensino (Laval, 2004, p. 14-15).

Nesse cenário, é promulgada a LDB nº 9394/96 que apresenta profundas mudanças na educação brasileira e, de forma significativa, no ensino médio. Entre as alterações propostas destacam-se: o rompimento com a trajetória de equivalência entre os cursos acadêmicos e profissionais do secundário implantada em 1953, caracterizando a educação profissional como um nível de ensino autônomo, pós-médio, e como alternativa ao ensino superior; a definição do ensino médio como etapa final da Educação Básica, voltado principalmente para a formação geral do estudante, sua preparação básica para o trabalho e para o exercício da cidadania; a articulação do secundário ao conceito de flexibilidade, apontando para a constituição de diferentes trajetórias formativas; a autonomia das escolas na definição dos currículos e na organização do ensino; e a aposta numa proposta de educação tecnológica – ver Tabela 1.

A próxima seção irá apresentar a Reforma do Ensino Médio proposta pelo Governo Fernando Henrique Cardoso, fundamental para elucidar o objeto da presente pesquisa.

A reforma do ensino médio do governo Fernando Henrique Cardoso: íntimo diálogo com o sistema do capital

A Reforma do Ensino Médio implantada no Brasil está inscrita na conjuntura de supremacia das políticas de *concertación* das agências de financiamento internacionais, sendo, ao mesmo tempo, a resposta institucional do Estado às mudanças previstas na LDBEN nº 9.394/96 e legislação complementar para essa etapa da educação básica, especialmente os Pareceres nºs 17/97 e 15/98 do CNE, a Resolução nº 3/98 do CNE/CEB e o Decreto nº 2.208/97. Trata-se, portanto, de uma interpretação de um conjunto de leis, diretrizes e resoluções, por sua vez também influenciadas pelos mesmos consensos, e expõe, em sua formatação e pressupostos, uma visão de mundo e do papel a ser desempenhado pelo ensino secundário em nosso país, vinculado aos requerimentos necessários para a expansão do sistema do capital.

Fundamental pra a compreensão da Reforma, o Decreto nº 2.208/97 separou o ensino de educação geral da formação profissional, criando sistemas paralelos. Como afirma Luiz Antônio Cunha (2002, p.104), ensino médio e ensino técnico "passaram a ser matéria de currículos distintos, este último composto de módulos exclusiva ou dominantemente orientados para aplicações profissionais imediatas". Segundo este Decreto, o ensino técnico passa a ser ofertado posteriormente à conclusão do ensino médio, permitindo, como máximo de integração, a oferta simultânea ou sucessiva. Porém, como alerta o autor, "sempre separados, em instituições distintas ou até na mesma, mas objetos de currículos diferentes" (Cunha, 2002, p. 104).

A justificativa para a separação das bases curriculares e a constituição da educação profissional como um sistema paralelo estava respaldada na avaliação de que as escolas técnicas, em especial as federais, possuíam custos muito elevados para os benefícios que geravam e o caráter muito mais propedêutico do que profissionalizante de sua atuação. Ao analisar essa justificativa do governo, Dalila Andrade de Oliveira (2002, p. 58) infere que, "mesmo não sendo a razão principal, a possibilidade de barateamento do ensino médio pode ter contribuído para a urgência atribuída pelo Poder Executivo à reforma da educação profissional".

Outro elemento importante para compreender essa separação é trazido por Luiz Antônio Cunha (2002) ao observar que na exposição de motivos do ministro da educação ao Projeto de Lei nº 1.603/96,[6] de março de 1996, transparecia a ideia da educação profissional se consolidar como uma alternativa à educação superior. Assim, segundo o autor, foi recuperada a "ideia de que os cursos técnicos fossem uma espécie de compensação para os concluintes do ensino médio que não conseguissem ingressar em um curso superior" (Cunha, 2002, p. 117).

Soma-se a essas questões, o fato de que, com o Decreto nº 2.208/97, a educação profissional fica "sem um apoio legal explícito no que concerne à gratuidade e ao financiamento, (...) não tem mais um responsável claro e distinto" (Cury, 2002, p. 26). É nesse vácuo de responsabilidade que se fortalece discurso e a implementação de parcerias e, com essas, a privatização dos serviços públicos e a incorporação dos valores do mercado na gestão escolar. Essa orientação privatizante, segundo Cunha, fica evidente

> (...) na prescrição às escolas da rede federal para que incluam empresários em seus conselhos (e trabalhadores, talvez, para meia compensação), que façam parcerias com empresas e outras entidades privadas, que gerem recursos vendendo cursos e outros serviços, que contratem pessoal fora das normas do serviço público, enfim, que liberem os orçamentos do governo (Cunha, 2002, p. 120).

---

[6] Posteriormente, este Projeto de Lei foi retirado da Câmara pelo governo temendo possíveis interferências dos parlamentares e baixado o Decreto nº 2.208, em 17 de abril de 1997.

É importante salientar que a separação entre o ensino médio e a educação profissional era uma estratégia defendida pelas organizações multilaterais de financiamento em vários documentos (Cunha, 2002 e Bueno, 2000) e que foi internalizada pelos responsáveis por elaborar a Reforma no governo brasileiro. Refletindo sobre como as recomendações do Bird e do BID se incorporam diretamente às políticas nacionais, Luiz Antônio Cunha identifica dois procedimentos: "mediante a atuação direta e presencial de assessores desses bancos ou mediante a atuação de especialistas nacionais formados segundo orientações assumidas pelas instituições financeiras – um caso peculiar de *afinidades eletivas*" (Cunha, 2002, p. 127, grifo do autor).

Nessa direção, o governo brasileiro possuía, em sua composição, intelectuais intimamente articulados com as pressupostos difundidos pelas agências internacionais – em especial no BID, principal financiador da Reforma – e que colocavam na preservação dos interesses do mercado a virtuosidade das iniciativas públicas. Como ícone desta aproximação, Paulo Renato de Souza foi consultor do BID antes de assumir o cargo de Ministro da Educação no governo Fernando Henrique Cardoso, salientando uma afinidade entre os objetivos das agências internacionais e os do governo.

Dessa forma, as políticas educacionais acabavam por se aproximar mais do que acontecia no exterior e a responder a metas fixadas em acordos internacionais. Ao mesmo tempo, a Reforma parecia estranha aos professores e educandos, que não se reconheciam no processo, cabendo-lhes, no mais das vezes, um papel de meros executores de políticas exógenas. Não se trata aqui da defesa de um isolamento em relação ao que estava acontecendo nessa etapa de ensino nos outros países, enquanto políticas públicas e elaborações teóricas, mas, sim, da afirmação da importância do estabelecimento de um diálogo soberano capaz de inverter a lógica de construção das políticas sociais, com a participação efetiva dos sujeitos que as executam.

Como apontado no capítulo anterior, a análise da Reforma do Ensino Médio, dentro do conjunto de alterações implementadas na educação básica nos anos 1990, remete para a necessidade de contextualizá-la no quadro geral da reforma do Estado nacional por apresentarem a mesma racionalidade, cujo eixo central é a flexibilidade administrativa e a descentralização dos serviços e atendimento (Oliveira, 2002). Esse novo modelo de reforma estatal "pressupõe a focalização das políticas públicas nas populações mais vulneráveis, a partir da definição de um padrão mínimo de atendimento" (Oliveira, 2002, p. 48). Para a efetivação desse processo, Oliveira salienta que os principais requerimentos são

> (...) a descentralização do atendimento do nível central para o local; a desregulamentação para permitir maior flexibilidade orçamentária e administrativa, sobretudo para recorrer à fontes alternativas de custeio e, por fim, atingir maior efetividade das políticas, gerando maiores impactos na expansão do atendimento com menores custos (Oliveira, 2002, p. 48 e 49).

Esses elementos concretizam-se nos documentos produzidos pela Secretaria de Educação Média e Tecnológica, do Ministério da Educação, para subsidiar o processo de implantação da Reforma nas escolas. Distribuídos em larga escala, acabavam por prescrever pressupostos, metodologias e currículos de forma hermética, comportando-se quase como roteiros a serem seguidos. Utilizando-se de uma lógica de e para o mercado, começam a ser produzidos livros didáticos e paradidáticos com a chancela "de acordo com os Parâmetros Curriculares" e a Reforma passa a ser um produto posto a venda.[7]

Em vários pontos da produção teórica que fundamenta a Reforma do Ensino Médio, transparece a sua relação com a expansão do sistema do capital e com a organização da educação para suprir suas necessidades. Essa relação pode ser observada nos *Anais* do II Fórum Nacional de Experiências no Ensino Médio, realizado em outubro de 2002, quando, ao analisar os currículos anteriores, extremamente vinculados ao modelo fordista, os últimos são caracterizados como "envelhecidos, predominantemente teóricos, congelados no tempo, uniformes em espaços dessemelhantes" (MEC/Semtec, 2002, p. 5). O novo currículo, patrocinado pela Reforma, estaria "revigorado e pertinente quanto às exigências do presente" (MEC/Semtec, 2002, p. 5) ou, em outras palavras, adaptado às demandas do capital.

O estudo dos Parâmetros Curriculares para o Ensino Médio – PCNEM –, talvez o principal instrumento de divulgação da Reforma, deixa clara a vinculação da Reforma ao cenário presente nos diagnósticos dos organismos internacionais que, em última instância, naturalizam as mudanças no sistema do capital. Na introdução dos Parâmetros (2002), pode-se averiguar a aceitação desse ponto de partida:

---

[7] O procedimento é identificado por Dagmar Zibas (2002b) ao salientar que no projeto do Proem (Programa de Expansão e Melhoria do Ensino Médio do Paraná) foram previstas ações de *marketing* para sua implantação. Uma extrapolação dessa transformação da Reforma em produto a ser vendido pelo governo e consumido pela sociedade está no fato do Projeto Escola Jovem, nome fantasia do Programa Melhoria e Expansão do Ensino Médio – Promed, ter uma de suas etapas lançadas no programa "Domingão do Faustão", da rede Globo, em meio aos sucessos musicais da semana e das dançarinas sorridentes.

Nas décadas de 60 e 70, considerando o nível de desenvolvimento da industrialização da América Latina, a política educacional vigente priorizou, como finalidade para o Ensino Médio, a formação de especialistas capazes de dominar a utilização de maquinarias ou de dirigir processos de produção. Esta tendência levou o Brasil, na década de 1970, a propor a profissionalização compulsória, estratégia que também visava a diminuir a pressão da demanda sobre o Ensino Superior.

Na década de 90, enfrentamos um desafio de outra ordem. O volume de informações, produzido em decorrência das novas tecnologias, é constantemente superado, criando novos parâmetros para a formação dos cidadãos. Não se trata mais de acumular conhecimentos.

A formação do aluno deve ter como alvo principal a aquisição de conhecimentos básicos, a preparação científica e a capacidade de utilizar as diferentes tecnologias relativas às áreas de atuação (Brasil, 2002, p. 15).

Espelhando essas relações, podem ser identificados alguns eixos nos quais a Reforma foi assentada, com destaque para a:

- formatação da identidade do ensino médio como etapa da educação básica para adolescentes, em idade de 15 a 17 anos,[8] oriundos diretamente do término do ensino fundamental;

- concentração de recursos e a potencialização do uso da força de trabalho e equipamentos disponíveis através do reordenamento da rede, com a constituição de escolas exclusivas para a oferta do ensino médio;

- descentralização da execução das políticas, mas centralização das decisões e da avaliação (PCNEM e ENEM);

- integração de componentes com forte conteúdo pedagógico, com a inserção de conceitos – como as competências – estranhos à maioria das unidades escolares.

Ao serem analisados em seu conjunto, esses eixos colocam em andamento o processo de restauração da Teoria do Capital Humano, uma das bases da política

---

[8] Na capa dos Parâmetros Curriculares para o Ensino Médio, que circularam em grande quantidade em todas as escolas que oferecem essa etapa de ensino, aparecem apenas adolescentes brancos, bem vestidos e sorridentes. Somente nas fotos internas é que aparecem alguns estudantes negros, mas os índios e Portadores de Necessidades Educativas Especiais – PNEEs – ficaram invisíveis à reforma.

educacional do Estado Militar e expressa na LDB nº 5.692/71. O investimento na educação continua a ser entendido como qualificação da mão de obra e, por conseguinte, vetor de aumento da produção. Como observa Dalila Andrade de Oliveira, a ênfase dada à formação geral pelas diretrizes curriculares para o ensino médio, uma das bases legais da Reforma, está impregnada pela concepção de educação profissional que considera "uma formação básica, de caráter geral e sólida, o melhor meio de preparação para o mercado de trabalho" (Oliveira, 2002, p. 56). Dessa forma, de acordo com o ponto de vista defendido por Oliveira (2002, p. 56), a educação geral "seria considerada formação para o trabalho, capacitando os indivíduos para assumirem funções mais versáteis no processo produtivo e preparando-os para as diversas modalidades de formação continuada e treinamento específico que serão demandados no futuro".

Diferença significativa entre os dois momentos, da implantação da Teoria do Capital Humano nos anos 1970 e, atualmente, está no papel a ser desempenhado pelo Estado nos processos formativos. Enquanto no primeiro momento era apregoada a intervenção estatal como reguladora desse processo de formação para o trabalho, ou seja, os custos da qualificação da mão de obra deveriam ser assumidos pela esfera pública, no desenho atual cabe ao mercado essa tarefa. Desse modo, a iniciativa privada passa a assumir a função de qualificar a mão de obra recebendo recursos do Estado para esse fim ou oferecendo cursos para que, individualmente, o trabalhador procure adquirir as novas competências e habilidades necessárias para continuar competindo no mercado. Explicitando esse deslocamento de sentido, Pablo Gentili afirma que

> (...) destacar a centralidade do estado nas políticas sociais e manter imune o caráter econômico que justifica o investimento educacional implicou transferir para a esfera do mercado as decisões de investimentos e os conflitos vinculados a estas últimas. Tal questão constituirá uma das grandes operações políticas do neoliberalismo (e nisto radicará parte de sua originalidade): a educação somente se justifica em termos econômicos, mas a decisão do investimento em educação é uma opção individual que se dirime no mercado (Gentili, 1998, p. 108).

Ao discutir essas questões, Christian Laval (2004) coloca que as escolas, enquanto instituições, só se justificam se colocadas a serviço das empresas e da economia, e o novo ideal pedagógico passa a ser o "homem flexível" e o "trabalhador autônomo". Dessa forma, se reforça a Teoria do Capital Humano, pois, em última análise, ela apresenta uma justificativa econômica para os gastos que os Estados devem fazer no setor educativo, numa perspectiva utilitarista. Laval, porém, questiona essa relação estabelecida entre a qualificação e remuneração do trabalhador ao afirmar que

> Mesmo se uma vasta literatura empírica mostra que a correlação entre o investimento na formação e o nível de remuneração está muito longe de ser tão simples quanto os economistas liberais o proclamam – é preciso acrescentar múltiplas variáveis para interpretar as relações observadas, em particular a tendência dos empregadores a empregar pessoal superqualificado –, o essencial permanece: a concepção da educação como investimento produtivo em vista de um rendimento individual, alcança um imenso sucesso e uma ampla difusão. Por via das organizações econômicas e financeiras internacionais, essa concepção constitui, hoje, o fundamento ideológico da nova ordem educativa mundial (Laval, 2004, p. 29).

A partir dessas ideias, é possível entender com mais clareza os diferentes papéis que o sistema do capital define para o Estado e a esfera privada no que tange à educação média: ao Estado cabe a tarefa de propiciar, para a maioria da população, um ensino que desenvolva as competências básicas para o exercício de uma futura vida profissional, para a prática da cidadania e para relacionar-se com as novas tecnologias. A esfera privada passa a ter a primazia na formação e qualificação técnico-científica voltada para o aprimoramento profissional, segundo as demandas de um mundo do trabalho em constante transformação e com a possibilidade de aumentar o grau de exigência, entre outros fatores, pela desproporcional relação entre o número de postulantes e a quantidade de vagas disponíveis. Estabelece-se, desse modo, um discurso que apresenta o mercado como altamente competitivo, a qualificação como um processo constante e necessário para obter maior vantagem na disputa por uma ocupação e remete para uma ação individual a responsabilidade por adquirir as competências que habilitam a competir.

Acacia Kuenzer, aprofundando a questão, afirma que

> Não é por acaso que as pesquisas realizadas no Brasil apontam para a tendência à polarização das competências, através de um sistema educacional que articule formação e demanda, de tal modo que à grande maioria da população assegure-se no máximo acesso à educação básica, fundamental e média, e mesmo assim a longo prazo, para que possa exercer alguma tarefa precarizada na informalidade ou no mercado formal. A oferta de educação científico-tecnológica mais avançada fica restrita a um pequeno número de trabalhadores e, assim mesmo, de forma hierarquizada através de níveis crescentes de complexidade que vão do pós-médio à pós-graduação. Mesmo entre trabalhadores incluídos vêm se construindo diferenciações, criando-se novas categorias de profissionais qualificados em processo permanente de competição, definindo-se a nova concepção de empregabilidade como resultante de um esforço individual e fundada na "flexibilidade" enquanto capacidade para adequar-se a mudanças, mesmo quando significam perda de direitos e de qualidade de vida como ocorre, por exemplo, com a intensificação do trabalho (Kuenzer, 2000, p. 22).

O processo de elaboração e implementação da Reforma deve ser entendido, então, na sua relação íntima com o movimento das contradições econômicas e sociais próprias do capitalismo, como um espaço de disputa entre as forças conservadoras, que procuram manter sob o seu domínio a produção e o acesso aos bens culturais e simbólicos, e as forças progressistas, empenhadas em promover a democratização da educação.

Rupturas e continuidades: algumas reflexões sobre o ensino médio no governo Lula

Ao analisar as políticas educacionais para o ensino médio colocadas em prática durante o governo Lula podem ser identificadas continuidades, no qual políticas criadas pelo governo anterior são reforçadas e ampliadas, como são os casos do Programa Nacional do Livro Didático e do Exame Nacional do Ensino Médio – Enem, e rupturas, destacando a revogação do Decreto nº 2.208/97, que possibilitou a integração entre a formação geral e profissional, e a expansão da rede de escolas para a oferta do ensino técnico.

Uma análise do número de matrículas no Ensino Médio regular, em todas as redes, no período de 2003 a 2009 – Tabela 2 –, permite construir um cenário completamente diferente do encontrado na década de 1990, quando o aumento da demanda gerava uma grande pressão para o aumento no número de vagas. Ao contrário, o período do governo Lula é marcado pela redução de 8,1% no total de estudantes matriculados no ensino médio regular, significando a diminuição, em números absolutos, de 735.782 no período enfocado.

Essa significativa mudança pode ser creditada, segundo estudo de Paulo Roberto Corbucci, *Sobre a redução das matrículas no ensino médio regular* (2009), aos seguintes fatores: (i) decréscimo de cerca de 2% na população brasileira na faixa de 15 a 17 anos no período de 2001-2006, associada à ampliação do contingente de estudantes desta faixa etária com matrícula no ensino médio, em todas as grandes regiões brasileiras; (ii) tendência de diminuição do número de concluintes do ensino fundamental regular e EJA, só em 2004, considerando ambas as modalidades, houve uma diminuição de 249 mil concluintes em relação ao ano anterior; (iii) a análise dos dados de matrículas por faixas etárias permite constatar que os índices de adequação idade-série na faixa etária de 15 a 29 anos têm sido ampliados, ou seja, mais matrículas no ensino médio regular na faixa etária de 15 a 17 anos e aumento no número de matrículas no ensino superior nas faixas etárias de 18 a 24 anos e de 25 a 29 anos; e (iv) aumento de 54% na matrícula nos cursos presenciais de EJA-Ensino Médio no período de 2000-2006.

Tabela 2 – Matrículas no ensino médio regular – Todas as redes – Brasil – 2003/2009

Ano	2003	2004	2005	2006	2007	2008	2009
Matrículas	9.072.942	9.169.357	9.031.302	8.906.820	8.264.816	8.272.159	8.337.160

Fonte: Censo Escolar/INEP/MEC.

Ainda segundo Corbucci (2009, p. 13), existiria uma "outra variável importante, que se refere à necessidade de ingressar no mercado de trabalho, mas, em virtude de sua complexidade, que demandaria investigação específica, a mesma não será objeto de análise deste estudo".

Se a demanda para o ensino médio sofreu significativas alterações, podemos encontrar continuidades em relação ao que caracterizou o governo Fernando Henrique Cardoso presentes, em especial, nos aspectos de gestão das políticas públicas. Talvez, a principal delas é a incorporação de parâmetros, metodologias e formas de gestão próprias do mercado para o interior do Estado. Surge, então, a noção de "quase-mercado" que, conforme definem Sandra Zákia de Souza e Romualdo Portela de Oliveira (2003, p. 877), se consolidam, na educação, por meio de "políticas de avaliação, associadas ou não a estímulos financeiros". Nesse sentido, é possível observar em vários documentos[9] a utilização de metas quantitativas que devem ser atingidas pelas instituições de ensino e por educadores, inclusive aferindo prêmios financeiros e vinculando avanços salariais, e realização de provas e exames nacionais como parâmetro de avaliação dos sistemas de ensino.

O Ideb[10] – Índice de Desenvolvimento da Educação Básica – pode ser considerado emblemático desta incorporação da lógica do mercado na gestão do Estado, pois, se na década de 1980 a mobilização da sociedade era por uma educação pública de qualidade, atualmente, os esforços são no sentido de melhorar o índice do Ideb, estabelecendo metas até 2021, para o país, estados e municípios. Fica expressa, dessa forma, a semelhança com as empresas privadas que estabelecem

---

[9] O Plano Nacional de Educação, por exemplo, apresenta um conjunto de indicadores quantitativos para serem atingidos em determinado período reduzindo, em alguns casos, a complexidade do processo educativo a metas quantificáveis.

[10] O Índice de Desenvolvimento da Educação Básica (Ideb) foi criado pelo Inep em 2007 e representa a iniciativa pioneira de reunir num só indicador dois conceitos igualmente importantes para a qualidade da educação: fluxo escolar e médias de desempenho nas avaliações. Ele agrega ao enfoque pedagógico dos resultados das avaliações em larga escala do Inep a possibilidade de resultados sintéticos, facilmente assimiláveis, e que permitem traçar metas de qualidade educacional para os sistemas. O indicador é calculado a partir dos dados sobre aprovação escolar, obtidos no Censo Escolar de desempenho nas avaliações do Inep, o Saeb – para as unidades da federação e para o país, e a Prova Brasil – para os municípios (Inep/MEC).

índices de produtividade para seus empregados e projeções de vendas para seus produtos e inovações.

Possuindo os mesmos pressupostos, o Enem[11] – Exame Nacional do Ensino Médio – é realizado anualmente para a avaliação da qualidade do ensino médio brasileiro. Atualmente sendo utilizado como um dos critérios para a entrada no ensino superior, o Enem cresceu em importância com a implantação do Programa Universidade para Todos (ProUni) que o utiliza como critério para distribuição de bolsas. Como avalia o desempenho pessoal do educando, a partir de provas unificadas para o Brasil inteiro, desconhecendo as diferenças regionais e sociais, esta forma de avaliação acaba por

> atribuir ao potencial do aluno o seu sucesso pessoal e profissional, abstraindo os fatores econômicos e sociais que condicionam tal ou qual trajetória escolar e social, cabe ainda observarmos que, tal como se apresenta, o Enem tende, no limite, a penalizar os alunos oriundos de escolas que contam com precárias condições de funcionamento, oferecidas pelo poder público, que, tradicionalmente, atendem a população pobre (Souza e Oliveira, 2003, p. 884).

Indiferente a essas contradições, o Enem se consolida como uma das principais políticas públicas para o ensino médio, transformando-se em critério, entre outras coisas, para a elaboração dos currículos das escolas, dos cursos de formação de professores e confecção de materiais didáticos. Esta questão é percebida por Souza e Oliveira (2003), ao afirmar que "o Enem apresenta – se com um potencial maior de condicionar os currículos escolares, ou seja, ensina-se para a obtenção de bons resultados no Exame. Aliás, já há até "cursinhos" preparatórios para o Enem!" (p. 885)

Porém, dentro dos limites impostos por essa forma de gerir as políticas públicas, algumas rupturas podem ser percebidas em relação ao conjunto de políticas que deram suporte à Reforma do Ensino Médio. Talvez a mais importante delas tenha sido a revogação do Decreto nº 2.208-97, sendo substituído pelo Decreto 5.154/04 que restabelece a possibilidade de oferta conjunta, em uma mesma base, da formação geral e da profissional, no chamado ensino médio integrado.

Apesar de não ter ainda se consolidado como possibilidade concreta nas redes públicas de ensino, respondendo, em 2009, por apenas 2,1% das matrículas neste

---

[11] Criado em 1998, o Exame Nacional do Ensino Médio (Enem) tem o objetivo de avaliar o desempenho do estudante ao fim da escolaridade básica. Podem participar do exame alunos que estão concluindo ou que já concluíram o ensino médio em anos anteriores (Inep/MEC).

nível de ensino, o ensino médio integrado possui em sua formulação elementos presentes no debate progressista da educação. Nesse sentido, conceitos como educação politécnica e trabalho como princípio educativo são trazidos para o centro do debate em torno de uma nova proposta para o ensino médio que avance na unificação entre a formação geral e a profissional, rompendo com a histórica dualidade deste nível de ensino.

Desdobrando um pouco mais estes conceitos, na proposta do ensino médio integrado, politecnia não deve ser compreendido em seu sentido literal, de ensinar várias técnicas, mas, como esclarece Marise Ramos (2008, p. 3), "significa uma educação que possibilita a compreensão dos princípios científico-tecnológicos e históricos da produção moderna, de modo a orientar os estudantes à realização de múltiplas escolhas". Ou seja, proporcionar a formação omnilateral do ser humano, desenvolvendo suas várias dimensões e procurando articular a ciência, não de uma forma utilitarista, de simples aplicabilidade, mas como integrante dos processos que configuram as relações e formas de trabalho e, numa perspectiva de totalidade, a vida das pessoas.

Nesse sentido, rompendo com a máxima da Reforma do Ensino Médio que, ao separar a formação geral da profissional, afirmava que "agora o ensino era para a vida", contrapondo a vida ao trabalho, o ensino médio integrado repõe a centralidade no trabalho, transformando-o em um de seus princípios. Não se trata de formar para o mercado, visando atender suas necessidades em permanente mudança, mas, ao contrário, compreender o trabalho em seu duplo sentido, ontológico e histórico. Ontologicamente, o trabalho é fundante do humano, os homens e mulheres transformam a natureza visando à sua sobrevivência e com isso vão se formando. Em seu sentido histórico, o trabalho muda suas formas específicas de acordo com os limites inerentes às diferentes sociedades ao longo do tempo. Atualmente, a forma predominante do trabalho é a compre e venda da força de trabalho, assumindo a forma de emprego. Articulando essas dimensões, propor o trabalho como um princípio educativo

> (...) equivale a dizer que o ser humano é produtor de sua realidade e, por isto, se apropria dela e pode transformá-la. Equivale dizer, ainda, que nós somos sujeitos de nossa história e de nossa realidade. Em síntese, o trabalho é a primeira mediação entre o homem e a realidade material e social. [portanto utilizar o trabalho como princípio educativo] ... é proporcionar a compreensão das dinâmicas socioprodutivas das sociedades modernas, com as suas conquistas e seus revezes, e também habilitar as pessoas para o exercício autônomo e crítico de profissões, sem nunca se esgotar a elas" (Ramos, 2003, p. 4 e 5).

Aliando outros pressupostos, o ensino médio integrado busca estabelecer uma base de formação unitária, aliando trabalho, ciência e cultura, que possibilite, ao estudante, traçar diferentes trajetórias formativas. Como salienta Marise Ramos (2003, p. 10), "no trabalho, como formação profissional; na ciência, como iniciação científica; na cultura, como ampliação da formação cultural."

Outro desdobramento originado a partir da implantação do Decreto nº 5.154/04, que se articula com o projeto de desenvolvimento em curso no país, é o fortalecimento e expansão da Rede Federal de Educação Profissional. No período de 2002 a 2010 está previsto o aumento de 39,5% no número de escolas federais que ofertam essa modalidade de ensino, que estão agrupadas em 38 Institutos Federais de Educação, Ciência e Tecnologia. Como aponta o documento da Secretaria de Educação Profissional e Tecnológica do MEC, "Institutos Federais de Educação, Ciência e Tecnologia: um novo modelo em educação profissional e tecnológica – concepção e diretrizes" a concepção de Educação Profissional e Tecnológica se aproxima do defendido pelo Ensino Médio Integrado ao orientar processos de formação

> (...) com base nas premissas da integração e da articulação entre ciência, tecnologia, cultura e conhecimentos específicos e do desenvolvimento da capacidade de investigação científica como dimensões essenciais à manutenção da autonomia e dos saberes necessários ao exercício da laboralidade, que se traduzem nas ações de ensino, pesquisa e extensão. Por outro lado, tendo em vista que é essencial à educação profissional e tecnológica contribuir para o progresso socioeconômico, as atuais políticas dialogam efetivamente com as políticas sociais e econômicas, dentre outras, com destaque para aquelas com enfoques locais e regionais (Setec/MEC, 2010, p. 6 e 7).

Com esta inflexão no ensino profissional, de caráter público e que busque se integrar às demais políticas sociais, tenta suprir a lacuna anteriormente aberta, possibilitando aos educandos, não só o ingresso em postos de trabalho qualificados, mas o domínio de processos científicos, condição necessária para o desenvolvimento de novas tecnologias.

Os pontos destacados das políticas educacionais para o ensino médio colocadas em curso na última década, servem como indicativos das continuidades e rupturas experimentadas por este nível de ensino e, de forma alguma, esgotam o tema.

Ampliando o âmbito da análise, percebe-se a trajetória do ensino médio no Brasil permeada por essa correlação de forças e que os setores conservadores, aliados ao sistema do capital, têm garantido a inflexão dessa etapa de ensino às suas exigências. Partindo de uma quase invisibilidade para a maioria da população no início do século passado, o ensino médio chega, hoje, a uma quase onipresença nos debates sobre educação e na exigência de amplos setores da sociedade, em especial das classes populares, para garantia do acesso.

Referências

ARAPIRACA, José Oliveira. *A Usaid e a educação brasileira*: um estudo a partir de uma abordagem crítica da Teoria do Capital Humano. São Paulo: Cortez, 1982.

BUENO, Maria Sylvia Simões. *Políticas atuais para o Ensino Médio*. Campinas, SP: Papirus, 2000.

CASTRO, Cláudio de Moura. O secundário: esquecido em um desvão do ensino? *In*: *Coletânea do Seminário Internacional de Políticas Públicas do Ensino Médio*. São Paulo: Consed, 1998.

CORBUCCI, Paulo Roberto. Sobre a redução das matrículas no Ensino Médio Regular. Texto para Discussão nº 1421. Brasília: IPEA, 2009.

CUNHA, Luiz Antônio. As agências financeiras internacionais e a Reforma brasileira do Ensino Técnico: a crítica da crítica. *In*: ZIBAS, Dagmar M. L.; AGUIAR, Márcia Ângela da S.; BUENO, Maria Sylvia Simões (Org.). *O Ensino Médio e a reforma da educação básica*. Brasília: Plano, 2002.

CURY, Carlos R. Jamil. O Ensino Médio no Brasil: histórico e perspectivas. *In*: *Coletânea do Seminário Internacional de Políticas Públicas do Ensino Médio*. São Paulo: CONSED, 1998.

_____. Políticas atuais para o ensino médio e a educação profissional de nível técnico: problemas e perspectivas. *In*: ZIBAS, Dagmar M. L.; AGUIAR, Márcia Ângela da S.; BUENO, Maria Sylvia Simões (Org.). *O Ensino Médio e a reforma da educação básica*. Brasília: Plano, 2002.

FRIGOTTO, Gaudêncio. *Educação e a crise do capitalismo real*. 5ª ed. São Paulo: Cortez, 2003.

GENTILI, Pablo. *A falsificação do consenso*: simulacro e imposição na reforma educacional do neoliberalismo. Petrópolis, RJ: Vozes, 1998.

GERMANO, José Willington. *Estado militar e educação no Brasil (1964-1985)*. 2ª ed. São Paulo: Cortez, 1994.

GOMES, Candido Alberto. Novos rumos para o Ensino Médio: Brasil em perspectiva. *Cadernos da Unesco Brasil*. Série Educação, nº 1. Brasília: Unesco, 1998.

KUENZER, Acacia Zeneida (Org.). *Ensino Médio: construindo uma proposta para os que vivem do trabalho*. São Paulo: Cortez, 2000.

_____. *Ensino de 2º grau: o trabalho como princípio educativo*. 4ª ed. São Paulo: Cortez, 2001.

LAVAL, Christian. *A escola não é empresa:* o neo-liberalismo em ataque ao ensino público. Londrina, PR: Planta, 2004.

MINISTÉRIO DA EDUCAÇÃO. *De escola para escola: II Fórum Nacional de Experiências no Ensino Médio.* Brasília: MEC/Semtec, 2002.

_____. *Parâmetros curriculares nacionais:* Ensino Médio. Brasília: MEC/Semtec, 2002b.

NUNES, Clarice. *Escola & Dependência:* o ensino secundário e a manutenção da ordem. Rio de Janeiro: Achiamé, 1980.

_____. *Diretrizes Curriculares Nacionais:* Ensino Médio. Rio de Janeiro: DP&A, 2002.

OLIVEIRA, Dalila Andrade. O Ensino Médio no contexto das políticas para a educação básica. In: ZIBAS, Dagmar M. L.; AGUIAR, Márcia Ângela da S.; BUENO, Maria Sylvia Simões (Org.). *O Ensino Médio e a reforma da educação básica.* Brasília: Plano, 2002.

PEREIRA, Henrique Alonso de A. R. *Criar ilhas de sanidade: os Estados Unidos e a Aliança para o Progresso no Brasil.* São Paulo: PUC, 2005. Originalmente apresentado como tese de doutorado, Pontifícia Universidade Católica de São Paulo.

PERES, Tirsa Regazzini. Movimento de democratização do ensino secundário brasileiro (1920-1929): o "modelo" estrangeiro. *In*: *Didática,* v. 21. São Paulo: Universidade Estadual Paulista, 1985.

RAMOS, Marise. Concepção do Ensino Médio Integrado. 2008. Disponível em: <http://tecnicadmiwj.files.wordpress.com/2008/09/texto-concepcao-do-ensino-medio-integrado-marise-ramos1.pdf> acesso em 23 de julho de 2010.

ROMANELLI, Otaíza de Oliveira. *História da educação no Brasil* (1930/1973). 29ª ed. Petrópolis: Vozes, 2005.

SOUZA, Sandra Zákia Lian de; OLIVEIRA, Romualdo Portela de. Políticas de Avaliação da educação e quase-mercado no Brasil. *In*: *Educação & Sociedade,* v. 24, nº 84, Campinas: CEDES, 2003.

SCHWARTZMAN, Simom; BOMENY, Maria Helena Bousquet; COSTA, Vanda Maria Ribeiro. *Tempos de Capanema.* São Paulo: Paz e Terra, 2000.

VIEIRA, Evaldo. *Estado e miséria social no Brasil: de Getúlio a Geisel.* 4ª ed. São Paulo: Cortez, 1995.

ZIBAS, Dagmar. (Re)significando a reforma do Ensino Médio: o discurso oficial e os filtros institucionais. *In*: ZIBAS, Dagmar M. L.; AGUIAR, Márcia Ângela da S.; BUENO, Maria Sylvia Simões (Org.). *O Ensino Médio e a reforma da educação básica.* Brasília: Plano, 2002.

Caminhos da Educação Básica de Nível Médio para a Juventude das Áreas de Reforma Agrária

Documento Final do 1º Seminário Nacional sobre
Educação Básica de Nível Médio nas Áreas de Reforma Agrária
Luziânia/GO, 18 a 22 de setembro de 2006

Este documento é uma ferramenta de trabalho. Em sua primeira versão orientou os debates do Seminário de Luziânia e na versão atual deverá servir como um dos meios de socialização das discussões ali realizadas e também como uma orientação às ações do MST no próximo período relacionadas à questão de que educação básica de nível médio pretendemos/precisamos garantir para a juventude de nossas áreas de Reforma Agrária.

Foram 500 participantes neste Seminário Nacional, provenientes de 22 Estados e do Distrito Federal, envolvendo diferentes setores e coletivos de trabalho do MST (Saúde, Produção, Cultura, Comunicação, Juventude, Centros de Formação, Secretarias Nacionais, Formação e Educação) e educadores e educadoras de 197 escolas públicas de assentamento, 38 delas de nível médio. Também contamos com a participação de alguns jovens estudantes destas escolas e de representantes de outras organizações da Via Campesina Brasil como o Movimento dos Atingidos por Barragens, a Pastoral da Juventude Rural, o Movimento dos Pequenos Agricultores e o Movimento das Mulheres Camponesas, além de pessoas convidadas de universidades e secretarias de educação parceiras.

A decisão do MST de fazer este debate específico sobre a Educação Básica de Nível Médio levou em conta que entre as quase 2 mil escolas públicas que conseguimos implantar em nossas áreas de Reforma Agrária não chega a 50 o número daquelas que ofertam o ensino médio, sendo mais da metade delas extensões de escolas da cidade. Essa situação se confronta com o clamor da juventude sem terra pelo seu direito à escolarização e com a convicção que temos não apenas da legitimidade deste grito, mas também da importância estratégica destas escolas para o desenvolvimento dos assentamentos e o avanço do projeto de Reforma Agrária que defendemos como parte de um Projeto Popular para a Agricultura Brasileira e para a Nação.

Temos presente que este é um debate do conjunto da sociedade brasileira. O ensino médio consta na "Lei de Diretrizes e Bases da Educação Nacional" de 1996 como parte da educação básica e, portanto, como um direito de todas as pessoas; apesar disso, ainda não é obrigatório e sua oferta é muito precária em todo o país. Historicamente este nível da educação escolar se ressente da falta de uma política de Estado, ou mesmo de políticas governamentais mais contundentes.

Segundo dados do Instituto Nacional de Estudos e Pesquisas Educacionais do Ministério da Educação (Inep/MEC), menos da metade dos jovens brasileiros de 15 a 17 anos está cursando o ensino médio; desses, em torno de 50% chega a concluí-lo. E 60% das matrículas atuais são em cursos noturnos. Aos poucos, no entanto, o ensino médio vem se colocando no centro de muitos debates sobre educação, no Brasil e em outros países, considerando a dimensão do direito humano à educação, mas também sua relação com a construção de um projeto de desenvolvimento nacional soberano e justo.

No campo a situação da escolarização da juventude é ainda mais crítica: pouco mais de um quinto dos jovens na faixa de 15 a 17 anos está frequentando o ensino médio e há também muitas diferenças entre as regiões do Brasil (Inep, 2006). Nas áreas de Reforma Agrária os dados são semelhantes. A Pesquisa Nacional da Educação na Reforma Agrária (PNERA, 2004), feita pelo Inep em parceria com o Instituto Nacional de Colonização e Reforma Agrária (Incra), apontou que entre as 8.679 escolas existentes em assentamentos, apenas 373 delas oferecem o ensino médio.

Há uma significativa demanda a ser atendida. Segundo os dados da Pesquisa Nacional por Amostra de Domicílios (PNAD, 2004), há em torno de 6 milhões de jovens na faixa etária de 15 a 24 anos vivendo no campo. E a PNERA nos indica que, de uma população de 203 mil jovens existentes nos assentamentos na faixa de 15 a 17 anos, aproximadamente 47 mil estão fora da escola e dos que a frequentam, são pouco menos de 28 mil os que estão no ensino médio. Há, por sua vez, em torno de 500 mil estudantes na faixa etária de 7 a 14 anos e que representam uma demanda potencial para a escolarização de nível médio, somando-se à população assentada acima de 18 anos, cujo número é superior a 1 milhão e 400 mil pessoas, e das quais apenas cerca de 92 mil concluíram o ensino médio.

Nossa luta pela Educação Básica de Nível Médio é tão necessária quanto árdua. A ordem, em alguns governos estaduais, tem sido a de fechar as escolas de ensino médio que existem, inclusive nas áreas urbanas. Além de fortalecer nossa mobilização e articulação com outras organizações da sociedade é preciso discutir proposições concretas para uma efetiva expansão da oferta deste nível de escolarização no campo; e não de qualquer jeito; não em qualquer tipo de escola.

Na elaboração deste documento buscamos construir um diálogo entre nosso contexto específico e as questões do debate geral sobre o ensino médio; debate sobre acesso, mas, também, sobre concepção de educação. Os textos principais que fundamentaram este início de discussão foram disponibilizados para os participantes do Seminário e para o conjunto do MST através de uma edição especial do Boletim da Educação "Educação Básica de Nível Médio nas Áreas de Reforma Agrária – Textos de Estudo". Também tivemos presente nas discussões deste Seminário o nosso *Programa de Reforma Agrária*, que está em processo de reelaboração em vista do V Congresso Nacional do MST, a ser realizado no início de 2007.

O documento está organizado em três partes. Na primeira há uma síntese das concepções que defendemos para a educação básica e particularmente para a Educação Básica de Nível Médio. A segunda parte indica algumas proposições a respeito de como garantir a implementação desta educação nas áreas de Reforma Agrária. Uma terceira parte sintetiza as linhas de ação definidas para o próximo período e destaca algumas orientações para o trabalho imediato nas escolas já existentes.

O conjunto dos participantes deste Seminário Nacional demonstrou estar disposto a honrar o percurso já realizado pelo MST, assumindo o desafio histórico que nos lança organizada e apaixonadamente a este debate e às lutas que lhe correspondem.

Parte I – Que Educação Básica de Nível Médio

Um dos debates fundamentais deste Seminário Nacional diz respeito aos pilares da *concepção* de Educação Básica de Nível Médio que defendemos e que devem orientar as lutas e o trabalho educacional desenvolvido pelo MST. E queremos fazer este debate em diálogo com o acúmulo de reflexões que já existe na sociedade sobre esta questão e na perspectiva da Educação do Campo.

Do ponto de vista do sistema educacional brasileiro estamos tratando aqui do chamado "*ensino médio*" (antigo 2º grau). A expressão "Educação Básica de Nível Médio" quer expressar nosso engajamento a uma visão amplamente discutida hoje (e que está na própria legislação educacional) que é a de considerar o "ensino médio" como uma das etapas da "Educação Básica", concebida como uma das totalidades do percurso de formação escolar e que, portanto, deve ser toda ela universalizada, com acesso público obrigatório e gratuito para todos.

Nessa perspectiva, o ensino médio é bem mais do que "ensino" e exige um tratamento articulado com as demais etapas da educação básica (especialmente com a educação fundamental), com a educação profissional e com a continuidade dos estudos e da formação profissional na educação escolar de nível superior.

Que Educação Básica

Como educação básica, o "ensino médio" nos remete a pensar sobre *o que é básico na concepção de educação escolar* que temos defendido, retomando as reflexões sobre o papel da escola no projeto de educação do MST e da Educação do Campo. Não é o caso de reproduzir aqui todo o nosso debate destes mais de 20 anos, e sobre cada etapa da educação básica de que já tratamos, mas sim de trazer presente alguns elementos fundamentais que queremos reafirmar agora no debate específico da Educação Básica de Nível Médio:

1. Para nós *educação é mais do que escola*. A educação diz respeito ao complexo processo de formação humana, que tem nas práticas sociais o principal ambiente dos seus aprendizados. Mas a educação escolar é um componente fundamental neste processo: um direito social e subjetivo de todos e um dever para os membros de uma organização com os objetivos que temos.

2. Aprendemos que o processo formativo vivenciado pelos Sem Terra, em sua luta social e organização coletiva, pode ser uma valiosa inspiração para pensar outros processos de educação, sempre que preocupados com a humanização e a formação de sujeitos emancipados, individuais e coletivos. Temos chamado de *Pedagogia do Movimento* ao esforço de combinar este processo de formação humana mais amplo com a intencionalidade educativa de cada prática específica, inclusive a escolar.

3. A visão de educação como formação humana nos trouxe a reflexão sobre a centralidade dos sujeitos no processo pedagógico e o reconhecimento da educação também como um direito humano, de todas as pessoas e em todos os tempos da vida. Centrar-se na formação de sujeitos significa trabalhar por um

projeto de ser humano, vinculado a um projeto de sociedade, definindo processos de aprendizado necessários a esta formação, considerando os vínculos socioculturais dos sujeitos e a diferenciação de cada tempo da vida.

4. Defendemos um projeto de educação vinculado a um projeto político de transformação social, de classe e voltado à formação integral dos trabalhadores e que articule diferentes ações no plano do trabalho, da cultura, da participação social, da formação política e ideológica e da educação escolar. Defendemos uma educação portadora e cultivadora de valores humanistas e socialistas, preocupada também com o cuidado da natureza e que se desenvolva na perspectiva da *práxis*: prática e teoria articuladas pelos processos de transformação do mundo e de autotransformação humana.

5. Nosso projeto de educação se relaciona com a construção de um projeto popular para a agricultura brasileira articulado a um novo projeto de Nação, soberana e justa. Tarefa que também implica trabalhar um imaginário de valorização do campo e de recuperação da auto-estima muitas vezes roubada de quem vive e trabalha nele, buscando a superação da antinomia campo-cidade, que é própria da sociedade capitalista. É este desafio que nos leva a participar da construção da Educação do Campo.

6. A escola tem uma tarefa muito importante neste projeto, desde que não se "desocupe" da tarefa de educar, que não se descuide da formação dos sujeitos coletivos e não se desvincule do conjunto dos processos formativos que acontecem fora dela. A escola é um lugar próprio ao aprendizado de juntar teoria e prática, através da apropriação/produção do conhecimento que se articula à reflexão sobre as vivências dos sujeitos nos diferentes processos sociais formadores. E tem condições de fazer isso respeitando a especificidade destas vivências e deste aprendizado em cada fase da vida.

7. As escolas, especialmente as do campo, podem ser "mais do que escolas" quando se constituem como uma referência sociocultural para a comunidade: seja pelo envolvimento na solução de problemas locais e que permitem aos estudantes avançar no conhecimento científico, na apropriação de tecnologias e na capacidade de intervenção concreta na realidade; seja pelas oportunidades de convivência social que oferece, pelo recuperar da memória das famílias, ou pelas oportunidades de contato com livros, filmes, debates e expressões culturais diversas. E estas atividades podem ser pensadas de modo a envolver também os jovens que, por um motivo ou outro, precisam estudar fora de suas comunidades de origem.

8. O objetivo de vincular a escola com os desafios concretos de desenvolvimento do campo não deve ser confundido com uma visão estreita e pragmática de educação, tão ao gosto da ordem social vigente. Assim como condenamos uma escola que se coloque a serviço do 'mercado de trabalho', da mesma forma não podemos aceitar que a tarefa da educação escolar se reduza ao atendimento das demandas emergentes dos problemas do dia a dia dos assentamentos, descuidando-se das diferentes dimensões da formação humana.

9. Sabemos também que a escola é uma instituição que tem uma construção social e histórica. Sua trajetória encarna/reproduz as contradições sociais que nascem fora dela, e vai sempre tender ao polo socialmente hegemônico se não houver uma forte intencionalidade na outra direção; escola como lugar do ócio x escola como lugar do trabalho; escola das elites x escola dos trabalhadores; escola como território dos interesses do capital x escola como território dos interesses públicos, do povo, da maioria. E não haverá uma transformação mais radical da escola fora de um processo de transformação da sociedade. Mas qualquer mudança que conseguirmos fazer na escola pode ajudar no processo de transformação social, desde que feita na perspectiva de superação da sua forma capitalista e integrando um projeto educacional anti-capitalista mais amplo, capaz de formar os sujeitos construtores destes processos de mudança.

10. Os princípios pedagógicos que temos firmado enquanto MST em vista das transformações necessárias na escola são especialmente os seguintes: (1º) a realidade como base da produção do conhecimento e o estudo como capacitação para leitura crítica da realidade, formação de uma visão de mundo, emancipação intelectual e exercício de um exame reflexivo das diferentes dimensões da vida humana; (2º) educação para o trabalho e pelo trabalho; (3º) participação em processos de gestão democrática que inclui o desafio de auto-organização dos estudantes e de construção de uma coletividade educadora; (4º) trabalho coletivo e formação permanente dos educadores.

11. Especialmente através do nosso vínculo com a *Educação do Campo* pudemos amadurecer nossa visão de que direitos sociais e humanos somente se universalizam no espaço público e através das lutas dos sujeitos concretos destes direitos, especialmente como sujeitos coletivos. As escolas dos acampamentos e assentamentos do MST são escolas públicas e foram conquistadas pela luta direta e permanente da família Sem Terra. A relação com o conjunto do campo tem nos permitido construir uma visão mais alargada desta luta, bem como dos seus significados políticos e sociais em uma sociedade como a nossa.

12. Entendemos que a especificidade da Educação do Campo se justifica tanto pela histórica discriminação sofrida no atendimento ao que se considera como um direito universal, como pela realidade social complexa e diversa dos processos produtivos, políticos e culturais presentes hoje no campo e que deve ser respeitada. Assumir esta especificidade não significa romper com o princípio da "escola unitária" (que combate o dualismo de tipos de escola diferentes para classes sociais diferentes) nem relativizar a dimensão de classe. A perspectiva da Educação do Campo há que ser a da totalidade dos processos sociais, mas tendo em conta o movimento entre particular e universal que está no "mundo real" e nos seus sujeitos concretos.

Que Educação Escolar de Nível Médio

Na ausência de políticas públicas de universalização do "ensino médio", o MST vem buscando formas de ampliar esta escolarização em sua base social. Ao mesmo tempo em que segue na luta por escolas, uma alternativa que vem encontrando é a realização de cursos técnico-profissionais combinados com o ensino médio, especialmente através de parcerias com universidades e escolas técnicas, apoiadas por programas do governo federal, como é o caso do Programa Nacional de Educação na Reforma Agrária (Pronera). Esses cursos, inicialmente pensados para adultos ou na modalidade Educação de Jovens e Adultos (EJA) acabam recebendo muitos jovens (e cada vez mais jovens), exatamente pela pressão de demanda de escolarização feita pela juventude e a falta de escolas públicas que possam atendê-la mais amplamente e nos próprios assentamentos.

Esse contexto nos exige firmar um entendimento comum de quais são os objetivos específicos desta etapa da educação escolar e que princípios político-pedagógicos devem ser nossa referência principal na luta pela sua expansão nas áreas de Reforma Agrária, trazendo junto o que já refletimos sobre a educação básica como um todo.

Destacamos na sequência algumas *ideias-força* discutidas neste Seminário Nacional, que dialogam também com reflexões do debate geral sobre "ensino médio" que vêm sendo formuladas por intelectuais e educadores que comungam com nossa perspectiva política e pedagógica mais ampla. Nosso objetivo principal é alimentar o processo de construção coletiva desta concepção no MST, mas já buscando fundamentar as proposições que compõem a parte seguinte deste documento.

1. Nossa discussão sobre a Educação Básica de Nível Médio deve partir dos sujeitos concretos que são sua demanda principal, ou seja, a *juventude das áreas de Reforma Agrária*, que é parte da *juventude do campo*. Trata-se de pensar

uma escola para os jovens e dos jovens, vistos como pessoas e como sujeito coletivo que integra uma identidade social mais ampla: de Sem Terra, de camponeses, de classe trabalhadora. E pensar especialmente em uma escola para aqueles jovens que estão concluindo a educação fundamental e devem ter alternativas para o prosseguimento regular de seus estudos escolares sem ter que sair do campo.

2. Nos assentamentos (e no conjunto do MST) há também um grande número de adultos e idosos que demandam a escolarização de nível médio e que precisam estar incluídos no desenho das nossas proposições gerais e lutas pela universalização da educação básica no campo. Mas entendemos que é preciso, neste momento, nas discussões de concepção e de políticas de acesso e permanência, dar centralidade para os sujeitos que representam a demanda estruturante do nosso trabalho com esta etapa da educação escolar, até para que fique mais fácil entender e construir as variações necessárias seja por demandas específicas ou por diferenciação de faixa etária.

3. O atendimento estrutural (massivo) da demanda de escolarização de nível médio dos jovens deve acontecer através de uma enérgica expansão de *escolas públicas* no campo, nas próprias áreas de Reforma Agrária ou no seu entorno, envolvendo, como já acontece com muitas escolas de educação fundamental dos assentamentos, também estudantes de outras comunidades rurais. E é preciso garantir nestas escolas uma infraestrutura e um quadro de profissionais capazes de desenvolver as diferentes dimensões da formação da juventude e atender os desafios desta realidade específica.

4. Entendemos que a Educação Básica de Nível Médio é de fato "básica" para a formação da juventude. Um de seus objetivos principais é buscar desenvolver e consolidar nos jovens uma *visão de mundo* articulada a *valores* e *identidades* que vai assumindo nesta fase da vida. E para que se construa uma visão crítica e criativa de mundo, é preciso ter uma base de compreensão teórico-prática das ciências que permita entender a formação social, econômica, política e cultural da sociedade, a natureza, as diferentes dimensões da vida humana. A escola ajuda a constituir esta base quando consegue vincular os processos de apropriação e produção do conhecimento próprios da educação escolar às questões da "vida real", ou seja, do mundo do trabalho, da cultura, da participação política, da convivência interpessoal e, no caso particular dos nossos jovens, também da luta social específica de que são herdeiros e/ou já fazem parte.

5. A fase da juventude traz com mais força o desafio da *inserção social* e, por isso, mais do que nas etapas anteriores da escolarização (ainda que bem próximo

do que pode acontecer nos anos finais da educação fundamental), é preciso atender de forma simultânea, articulada e equilibrada tanto as exigências de uma *formação humana integral* a que estes sujeitos jovens têm direito, e próprias a seu ciclo etário, como também às demandas de preparação para uma intervenção imediata em sua realidade social específica, seja pela sua participação nos processos produtivos e nas alternativas de geração de renda, seja ajudando a dinamizar a vida cultural do assentamento ou assumindo tarefas ou funções políticas ligadas à militância no movimento social. Um dos debates fundamentais sobre o "ensino médio" diz respeito à formação para o trabalho e se ela deve ou não incluir uma habilitação técnica que permita a profissionalização do jovem. Nosso entendimento é de que todas as escolas de nível médio devem ter como um de seus objetivos a *formação geral e específica para o trabalho* (e a educação tecnológica e técnica que lhe corresponde), tratando-a mesmo como um dos eixos articuladores do currículo, mas sem necessariamente incluir a oferta de cursos técnico-profissionalizantes. Consideramos que a juventude, especialmente na faixa etária dos 15 aos 17 ou 18 anos, própria do acesso regular ao "ensino médio", deve ser a fase de construir a opção profissional, mais do que de assumi-la compulsoriamente.

É importante ter presente nesse debate que na história do Brasil sempre predominou uma visão dualista de educação que prevê uma escola diferenciada para os trabalhadores e para os filhos das elites, sendo uma das características da escola pensada para os trabalhadores a formação profissional precoce e "aligeirada" já no ensino médio e geralmente "descolada" de uma formação geral básica, também aligeirada e frágil. Em nosso caso, temos discutido que o atendimento de necessidades imediatas dos assentamentos não pode justificar uma legitimação desta lógica perversa e nem mesmo sua solução depende desta profissionalização precoce.

6. A *formação para o trabalho* (ou formação *do trabalhador*) que queremos para todos os jovens em todas as escolas é aquela que deve fazer parte da própria educação básica de perspectiva integral e unitária, *não se separando de uma formação geral sólida e ampla*, que tem *o trabalho como princípio educativo* e que se centra na chamada *educação tecnológica* ou *politécnica* (nas expressões de Marx e Gramsci). Esta concepção inclui o aprendizado de habilidades técnicas, mas seu objetivo principal é que os trabalhadores compreendam os fundamentos científicos que estão na base das diferentes tecnologias que caracterizam as relações de produção e os processos produtivos, bem como as tecnologias ou os conhecimentos tecnológicos que estão na base das diferentes técnicas de produção, seja de bens materiais, seja de bens simbólicos. Interessa-nos especialmente compreender os processos produtivos mais com-

plexos e os que são próprios dos assentamentos, do campo, incorporando a *cultura* própria deste trabalho e buscando desta forma *superar a oposição entre trabalho manual e intelectual*.

Isso implica a construção de metodologias e didáticas que permitam uma articulação real entre conhecimentos gerais e específicos, entre ciência, tecnologia e técnica, tendo a realidade concreta como objeto da construção do conhecimento e da intervenção social feita pelos jovens. Em nosso caso é preciso garantir então um vínculo orgânico entre o currículo escolar e os eixos do projeto de desenvolvimento dos assentamentos, o que nos debates atuais do MST inclui com destaque a cooperação e a agroecologia, e que precisa incluir uma discussão específica sobre o lugar da juventude na sua implementação.

7. A juventude das áreas de Reforma Agrária também tem direito à educação profissional através de *cursos técnico-profissionais*, assim como de continuar sua profissionalização no nível superior. A questão é entendermos que se trata de lógicas diferenciadas de acesso e de oferta. Os cursos técnicos para profissionalização de nível médio devem ser organizados para atender demandas concretas seja dos processos produtivos dos assentamentos, seja dos setores de trabalho da organização; e devem buscar atender necessidades ligadas a estratégias de mais longo prazo e não apenas às emergências ou às oportunidades de trabalho conjunturais. Nesta lógica, jovens (e também adultos e idosos) serão convidados ou convocados para fazer estes cursos e desenvolver tarefas concretas a partir deles. A lógica do "ensino médio" é outra; sua centralidade está antes na formação necessária à juventude do que nas demandas da realidade local: deve ser pensado para educar a juventude, toda ela; porque é seu direito ter esta formação e porque é nosso dever contribuir na preparação adequada da geração que continua a construção do projeto histórico que defendemos.

As duas lógicas podem se combinar num mesmo curso, numa mesma escola, mas não como regra geral e muito menos significando um aligeiramento da formação geral (inclusive para o trabalho) que é própria da Educação Básica de Nível Médio e da concepção de educação que temos construído.

8. Nossas escolas de nível médio devem dar uma ênfase especial à dimensão da cultura na formação da juventude, garantindo uma leitura crítica do *modo de viver* predominante na sociedade capitalista, cultivando valores que fundamentam e se projetam desde lutas sociais como as nossas; educando para um alargamento de visão do mundo e para a sensibilidade estética e artística. Devemos dar uma atenção particular para o acesso à literatura e ao cinema e para

a organização na ou através da escola de atividades esportivas e de atividades artístico-culturais de música, teatro, dança, artes plásticas, que contribuam com o desenvolvimento humano das famílias assentadas.

9. O desenho organizativo e pedagógico de escola que permite a implementação desta concepção de "ensino médio" deve envolver fundamentalmente uma combinação entre *processos de gestão participativa* (que inclua a auto-organização dos estudantes e a relação da escola com a organicidade e o projeto de desenvolvimento do assentamento e com a articulação da juventude Sem Terra), *inserção em processos de trabalho* vinculados à produção e a atividades culturais e organizativas do assentamento e às lutas do movimento social, *práticas de convivência* que cultivem valores e relações interpessoais humanizadoras, e uma *organização de estudos* que favoreça a integração curricular, o respeito e a valorização dos diferentes saberes e a articulação entre *conhecimento, trabalho, cultura* e *luta social*.

10. Nossas escolas de nível médio somente se concretizarão nos termos aqui discutidos se houver um *empenho coletivo* enérgico para que isso aconteça, ou seja, se estas escolas se tornarem uma *questão* e um *projeto efetivo* da comunidade assentada, das instâncias e setores do MST a que se vinculem e, sobretudo, da *juventude Sem Terra*, organizada e preparada para atuar como protagonista de seu processo educativo, e de um *coletivo de educadores* com uma formação específica e sistemática nesta mesma direção.

Parte II – Proposições

As proposições discutidas pelos 500 participantes do *1º Seminário Nacional sobre Educação Básica de Nível Médio nas Áreas de Reforma Agrária* levam em conta o desafio urgente que temos como MST de dar um salto de qualidade nessa questão específica da Educação Básica de Nível Médio voltada para e tendo como sujeito principal a juventude das áreas de Reforma Agrária. Este *salto de qualidade* inclui necessariamente:

(1º) *Quantidade*: precisamos de uma ampliação significativa de escolas públicas do campo, e particularmente nas áreas de assentamento ou no seu entorno, em todo o Brasil, que incluam ou que desenvolvam a educação básica de nível médio. Quantidade que exija, de um lado, uma política pública que a implemente e mantenha, e de outro, que se constitua como objeto de trabalho orgânico do MST, integrando os esforços do conjunto de sua base assentada, das suas instâncias e dos seus setores.

(2º) *Experiências construídas desde a concepção aqui discutida*: que permitam a continuidade das discussões a partir do patamar da práxis, e que possam servir de referência (ou contraponto) para o conjunto diverso de iniciativas de escolarização básica da juventude das áreas de Reforma Agrária, bem como dos adultos e idosos que também demandam a conquista deste direito, respeitadas as suas especificidades.

Vamos centrar nossas proposições em torno de três eixos que entendemos como fundamentais na configuração de nosso objeto de trabalho e luta imediata: o *tipo de escola* que queremos ver implementado em nossas áreas; o *desenho organizativo e pedagógico básico* que pode tornar viável a combinação entre quantidade e qualidade e a *formação de educadores* que consideramos necessária para isso.

As discussões do Seminário apontaram para que sejam consideradas nestas proposições também as relações entre a Educação Básica de Nível Médio e a Educação Profissional. Entendemos que *o MST deve participar e tomar posição no debate atual em torno do chamado "Ensino Médio Integrado"* que possibilita a oferta do ensino médio de forma integrada à educação profissional, a partir do Decreto nº 5.154/2004 que revogou o decreto nº 2.208/97 que estabelece uma separação obrigatória entre ensino médio e cursos técnico-profissionais, entre formação geral e específica para o trabalho.

O novo decreto foi fruto de uma intensa mobilização de intelectuais e educadores progressistas, e ainda que em si mesmo não rompa com o dualismo permite retomar o debate sobre a necessidade de superação tanto de um "ensino médio" generalista e descolado das questões do mundo do trabalho (e em nosso caso também do trabalho organizativo da luta social) como de uma educação profissional fragmentada, aligeirada e adestradora de mão de obra, podendo inspirar práticas na perspectiva de uma educação básica integral e politécnica.

Neste contexto, as proposições para nossa realidade específica são as seguintes:

Sobre o tipo de escola

1. *Implantação de Escolas Públicas de Educação Básica de Nível Médio nas Áreas de Reforma Agrária* em vista da universalização do acesso da população assentada ao conjunto da educação básica, incluindo como possibilidades:

a) implantação do ensino médio em Escolas de Educação Fundamental já existentes (com prévia implantação dos anos finais do ensino fundamental onde ainda não sejam ofertados);

b) construção de Escolas de Educação Básica ou que combinem anos finais do ensino fundamental e ensino médio;

c) construção de Escolas de Educação Básica de Nível Médio com infraestrutura adequada também à educação profissional que atenda demandas de formação técnica para o trabalho no campo;

d) construção de Escolas Técnicas em regiões de grande concentração de famílias assentadas e ou de outras comunidades rurais. Uma possibilidade é a construção em áreas de Reforma Agrária de Unidades de Ensino Descentralizadas de Cefet's (Centros Federais de Educação Tecnológica);

e) em todos estes casos deve-se prever a inclusão da modalidade de Educação de Jovens e Adultos (EJA), que pela legislação atual é prevista para pessoas com idade acima de 17 anos.

2. *Inserção dos assentamentos na política de implantação do "Ensino Médio Integrado"* como forma de entrarmos na agenda nacional de expansão e qualificação do ensino médio e como 'mote' para a discussão dos projetos político-pedagógicos das nossas escolas; as que já temos e as que forem conquistadas a partir de agora.

3. *Formulação de uma proposta específica de "Médio Integrado do Campo"* para implementação nos assentamentos ou no seu entorno, e que possam envolver estudantes de outras comunidades rurais. A proposta terá princípios únicos, mas variações de forma que respeitem as características dos sujeitos e as demandas da realidade de cada local e dos projetos de desenvolvimento regional. Neste Seminário discutimos sobre dois formatos possíveis:

a) Educação Básica de Nível Médio integrada a uma formação técnica específica para o trabalho no campo, mas sem a oferta de educação profissional no sentido estrito de cursos técnico-profissionalizantes e mantendo-se na carga horária de 2.400 horas. Neste desenho, a educação tecnológica e técnica terá como foco os processos produtivos e a gestão do assentamento visto como totalidade de vida humana socialmente organizada, (numa visão de hoje os eixos articuladores do currículo poderiam ser a agroecologia, a cooperação e os métodos de organização/ trabalho popular). Este seria o tipo de escola a ser implantado mais amplamente e sempre que possível nas próprias áreas de assentamento.

b) Educação Básica de Nível Médio integrada a cursos técnico-profissionais definidos em função de demandas regionais ou de um conjunto de comunidades rurais. Neste caso, haverá um acréscimo de horas conforme a carga horária obrigatória para cada curso técnico e a formação específica para o trabalho tomará a forma de uma habilitação profissional.

4. *Implantação de Cursos de Educação Profissional Técnica de Nível Médio para estudantes que já tenham concluído o ensino médio*, com foco definido em função de demandas ou características regionais e implementados em locais de maior concentração de assentamentos ou de comunidades rurais. Trata-se de uma opção voltada aos jovens acima de 17 anos e aos adultos, mas como parte da estratégia geral de formação da juventude, à medida que uma alternativa para continuidade de seus estudos escolares em vista da formação profissional. Mesmo centrados na formação técnico-profissional, estes cursos devem garantir um diálogo orgânico entre os conhecimentos específicos e os conhecimentos gerais (incluída aqui a formação político-ideológica), de modo que também neste formato de escola eles se constituam como unidade.

5. *Discussão de demandas a serem atendidas pelas escolas agrotécnicas e os Cefet's* localizados em regiões próximas a assentamentos ou a outras comunidades rurais organizadas, em vista de garantir nestas escolas a existência de educação profissional voltada à agricultura familiar ou camponesa e possibilitar a realização de turmas específicas e/ou a abertura de vagas para estudantes originários dos assentamentos.

Sobre o desenho organizativo e pedagógico da escola

Destacamos nessas proposições alguns traços que estamos entendendo como necessários para viabilizar a implantação do tipo de escola proposto e alguns dos seus princípios. O desenho mais detalhado e completo deve ser obra coletiva dos sujeitos das escolas através de processos de gestão participativa entre educadores, educandos e comunidades envolvidas, levando em conta a concepção de educação antes discutida e as diferenciações de formato da educação básica de nível médio e de origem dos estudantes, que podem ser somente do próprio assentamento ou de outras comunidades da região.

1. *Organização curricular que permita qualificar o trabalho pedagógico em função dos objetivos desta etapa da educação básica*, superando tanto a forma seriada como modular. Pode ser um currículo organizado *por etapas e ou por ciclos* (especialmente se já for esta a forma de organização das turmas na educação fundamental). A organização em etapas não supõe necessariamente um regime de alternância (tempo escola e tempo comunidade); as etapas podem ser seqüenciais, dependendo da realidade específica de cada lugar e a origem dos educandos. Entre uma etapa e outra pode ser previsto um tempo especial

para avaliação e planejamento dos educadores e para atividades específicas dos educandos (pesquisa em outros locais, por exemplo).

O tempo de duração de cada etapa pode ser definido de acordo com as necessidades de formação ou os possíveis focos do trabalho pedagógico, e considerando também demandas de inserção dos jovens em determinadas atividades do assentamento ou do movimento social, bem como a possibilidade dos períodos de descanso ("férias escolares") ocuparem tempos diferenciados dos usualmente definidos no calendário escolar, sem prejuízo de carga horária ou do trabalho pedagógico específico.

2. *Organização do estudo por áreas do conhecimento*, como circunstância objetiva que vai exigir uma reorganização do trabalho pedagógico entre os educadores e pode ser um facilitador da construção de um currículo que integre conhecimentos gerais e específicos. E à medida que se avance na formação de educadores nesta perspectiva será possível superar a necessidade de ter na escola um docente para cada disciplina, o que muitas vezes tem inviabilizado a expansão do "ensino médio" (e também dos anos finais do ensino fundamental) no campo.

As áreas que indicamos para composição do currículo do ensino médio (não prevendo aqui a integração específica com um curso técnico-profissional) são as seguintes, inspiradas nas próprias diretrizes curriculares já existentes: Linguagens (incluindo a expressão oral e escrita em Língua Portuguesa, a comunicação em Língua Espanhola, a linguagem das Artes, da Literatura, da Informática e da Educação Física); Ciências Humanas e Sociais; Ciências da Natureza e Matemática; e Ciências Agrárias.

3. *Pesquisa como uma estratégia pedagógica fundamental* para uma integração curricular que permita/exija a relação entre teoria e prática e entre educação escolar e demandas de produção do conhecimento e de intervenção na realidade vinculadas ao desenvolvimento dos assentamentos ou a projetos sociais mais amplos.

4. *Tempos escolares ampliados*: em relação aos turnos das atividades escolares a proposição é de que pelo menos em dois dias da semana os estudantes possam ter atividades nos dois turnos, intercalando ou combinando turmas em função do tipo de atividade e possibilitando a própria diversificação dos tempos educativos organizados pela escola; e em relação aos períodos de aulas nas áreas de conhecimento a proposição é de construir tempos maiores (mais do que uma hora para cada aula), mas sem que se assuma uma organização de blocos intensivos por área em cada etapa, comuns em muitos dos nossos

cursos em regime de alternância; o importante é garantir a lógica processual e o tempo necessário à construção do conhecimento e à escolha de didáticas próprias para a integração curricular pretendida.

5. *Equipe permanente de educadores*: uma proposta como a que estamos discutindo exige superar a lógica de uma escola em que os docentes são "itinerantes", apenas se responsabilizando por períodos fragmentados de aula e não assumindo o compromisso com a construção e a implementação coletiva do projeto político-pedagógico como um todo. Defendemos que cada escola possa constituir um coletivo de educadores, a partir de uma equipe fixa e com tempo integral numa mesma escola, com seleção que respeite critérios indicados pela comunidade e perfil necessário para o trabalho nesse contexto e com o conjunto das dimensões do processo educativo.

Esta equipe deverá ser composta de, pelo menos, um docente por área do conhecimento, um coordenador do curso técnico-profissional, caso haja esta oferta, um educador responsável pelo acompanhamento de cada turma de estudantes e que atue também na coordenação pedagógica da escola, além dos profissionais necessários para secretaria e outros serviços escolares existentes. Aportes específicos às áreas ou à formação tecnológica e técnica poderão ser feitos por docentes que não integrem esta equipe permanente, de acordo com um plano feito a cada etapa. Na organização do trabalho dos educadores será importante garantir um tempo semanal da equipe para estudo, avaliação e planejamento.

6. *Formas de gestão orientadas pelo princípio da participação de todos* os sujeitos do processo pedagógico, que inclua a auto-organização dos estudantes, a constituição do coletivo de educadores e o envolvimento da comunidade através de práticas e formas organizativas que ela já desenvolve.

Sobre a formação de educadores

Nossa proposição geral é de que a implantação da Educação Básica de Nível Médio seja acompanhada de uma política de formação específica para educadores do campo, no desenho que temos discutido nos fóruns de debates e de mobilização por uma Educação do Campo e que contemple a concepção de educação básica e os formatos de ensino médio aqui propostos. Entendemos que esta política é uma condição básica da expansão pretendida. Destacamos como alternativas a potencializar ou implementar com urgência:

1. *Turmas específicas de Licenciatura em Pedagogia*, já desenvolvidas em parceria com diversas universidades com o nome de *Pedagogia da Terra*, através de

convênios com o Programa Nacional de Educação na Reforma Agrária (Pronera/Incra), ajustando o desenho curricular e as estratégias pedagógicas às necessidades de formação de educadores que vão atuar em escolas de educação básica que incluem o ensino médio e seus sujeitos específicos.

2. *Implantação da Licenciatura em Educação do Campo* que é um curso novo proposto pelas organizações que compõem a articulação nacional por uma Educação do Campo e pelo MEC como parte de uma política do governo federal para a formação específica de educadores que atuam neste contexto. Consideramos que através desta Licenciatura é possível pensar um projeto de formação organicamente vinculado a um determinado perfil de educador a ser discutido no processo de elaboração da proposta do curso, bem como atender às demandas de implementação do "Médio Integrado do Campo" e do desenho organizativo e pedagógico de escola aqui proposto.

3. Outras Licenciaturas com desenho específico a partir das demandas de implantação das escolas de educação básica de nível médio e de educação profissional.

4. Atividades de *formação continuada* para o conjunto de educadores em vista de atender necessidades específicas de formação e desenhadas de acordo com o tipo de escola, o perfil de educador discutido e as particularidades da realidade local.

Parte III – Linhas de Ação e orientações[1]

1. *Intensificar e massificar as mobilizações* de nossa base social em todo o país pela implantação de escolas públicas nas áreas de Reforma Agrária, nos termos indicados pelas proposições.

- Potencializar as mobilizações juvenis e as jornadas dos Sem Terrinha já previstas em nosso calendário.

- Incluir a questão específica das Escolas de Educação Básica de Nível Médio e de Educação Profissional nas diferentes Jornadas de Luta do MST e da Via Campesina Brasil, bem como nos debates acerca dos "Planos de Desenvolvimento dos Assentamentos" (PDAs).

---

[1] O documento original inclui também algumas orientações para atividades imediatas nas escolas, parte aqui retirada pelo seu vínculo direto com datas referentes ao ano de realização do seminário.

– Mobilizar-se também contra o fechamento de escolas no campo.

2. *Negociar com o governo federal ações interministeriais*, envolvendo especialmente Ministério da Educação, Ministério do Desenvolvimento Agrário e Ministério da Ciência e Tecnologia, visando impulsionar a oferta da Educação Básica de Nível Médio para a Juventude das Áreas de Reforma Agrária e que inclua com prioridade:

– Articulação com as secretarias estaduais de educação para política de construção de escolas nos assentamentos, melhoria da infraestrutura, concurso público ou contratação de profissionais da educação específicos e implementação do "Médio Integrado do Campo".

– Política que estimule as universidades e suas parcerias na implantação da Licenciatura em Educação do Campo e outros cursos voltados para a formação específica de educadores para este contexto.

– Inclusão dos Assentamentos como uma das áreas prioritárias para a expansão da rede federal de escolas técnicas, especialmente para implantação de Unidades de Ensino Descentralizadas (Uneds) de Cefets.

3. Buscar uma articulação com diferentes organizações da sociedade em vista de uma *campanha nacional para incluir na legislação brasileira a obrigatoriedade do ensino médio*, assumido como uma etapa da educação escolar básica e, portanto, com o estabelecimento de metas para sua universalização através de oferta pública e gratuita.

4. *Socializar os debates e as propostas deste Seminário Nacional para o conjunto do MST*, organizando formas e espaços específicos para discussão destas ideias com as comunidades dos assentamentos e acampamentos e potencializando as escolas, os centros e cursos de formação, as instâncias e os coletivos dos setores para estudo, discussão e difusão deste Documento e dos textos de estudo divulgados na edição especial do *Boletim da Educação* lançado neste Seminário (nº 11, setembro de 2006).

5. *Prosseguir nos estudos e na interpretação da realidade para poder avançar na implementação da Educação Básica de Nível Médio nos termos do debate feito neste Seminário*, buscando formas de articulação e de acompanhamento entre as escolas e entre os diferentes setores do movimento.

- O Seminário apontou que precisamos aprofundar nossa compreensão do debate em geral e particularmente da concepção e lógica de funcionamento do *Médio Integrado*, do *Médio Integrado do Campo* e das implicações sobre o desenho organizativo e pedagógico da escola.

- Percebemos a necessidade de um debate específico sobre nossa concepção de *Educação Profissional*, seja a de nível médio, seja superior.

- Também há necessidade de uma discussão específica sobre formas de ampliação da oferta e sobre o desenho pedagógico da educação básica de nível médio na modalidade da *Educação de Jovens e Adultos*.

6. *Fortalecer a participação e ajudar a construir o protagonismo da juventude das áreas de Reforma Agrária* na implementação destas proposições e linhas de ação.

- Os debates do Seminário indicaram a necessidade de aprofundar a discussão sobre espaços e tempos específicos da organização dos jovens nos assentamentos e acampamentos, e também nas escolas; sobre ações articuladas entre escolas, coletivos de educação, centros de formação e coletivos de juventude do MST; e sobre o que mesmo significa afirmar um lugar efetivo dos jovens nas estratégias de desenvolvimento social dos assentamentos e na construção do projeto político do movimento.

- É necessário desenvolver um trabalho organizativo e formativo específico com os jovens que hoje estudam fora das áreas de assentamento.

Educação Profissional na perspectiva da Educação do Campo[1]

(Proposições para o debate de concepção)
Roseli Salete Caldart[2]

Este texto busca fazer uma síntese propositiva de conceitos e compreensões fundamentais articuladoras de uma concepção de Educação Profissional que vise interpretar e orientar a construção de práticas e de políticas voltadas para a formação profissional de trabalhadores inseridos nos processos de produção agrícola ou ao modo de vida social que ela gera ou implica.

Tem por base as experiências e reflexões feitas no âmbito da Educação do Campo, notadamente em torno de práticas dos Movimentos Sociais Camponeses em diálogo com o debate atual sobre educação profissional, nos seus vínculos necessários tanto com a educação básica quanto com a educação superior. A perspectiva da abordagem é a de pensar a formação dos trabalhadores, considerados como classe e como sujeitos de um projeto histórico com objetivos de justiça, igualdade social e emancipação humana.

---

[1] Texto produzido para exposição no Fórum Mundial de Educação Profissional e Tecnológica, debate temático (12) sobre "Educação Profissional do Campo", Brasília, DF, 23 a 27 de novembro 2009.
[2] Assessora da Unidade de Educação Superior do Instituto Técnico de Capacitação e Pesquisa da Reforma Agrária e do Setor de Educação do MST.

A síntese foi organizada em forma de ideias-força para facilitar sua exposição e discussão.[3]

1. Compreendemos a "Educação Profissional do Campo", expressão que está na chamada temática desta mesa, como indicadora aqui de uma reflexão sobre educação profissional feita desde os parâmetros político-pedagógicos da Educação do Campo. A ideia fundamental na compreensão da perspectiva desta proposição é de que não se trata de pensar uma educação profissional em separado para o campo, específica para seus sujeitos e fragmentada do debate geral (isso seria desastroso em relação aos objetivos de transformação social e de emancipação humana que nos orientam), mas sim de trazer para o debate geral de concepção e de políticas públicas de educação profissional questões que têm sido formuladas desde a realidade, esta sim específica, do trabalho no campo, dos embates de projetos de desenvolvimento, de modos de fazer agricultura e das experiências de formação profissional dos seus sujeitos.

2. A especificação "do campo" nos parece necessária hoje, pensando no contexto da sociedade brasileira atual, para colocar algumas questões no debate da educação profissional que possivelmente não entrem de outra forma, ou seja, não se trata de buscar uma resposta específica ao campo (seja como projeto social ou como concepção de escola ou de educação profissional), mas, sim, de considerar as questões do campo, ou dos trabalhadores que vivem do trabalho vinculado à produção agrícola, na composição da resposta geral sobre que formação é necessária aos trabalhadores para que se assumam como sujeitos de um trabalho construtor da sociedade e de novas relações sociais que, inclusive, possam superar a contradição entre campo e cidade, própria do capitalismo.

3. Na base da formulação destas questões encontra-se uma análise da realidade atual do campo, principalmente do desenvolvimento/expansão das relações capitalistas na agricultura e suas contradições. O projeto hoje hegemônico de desenvolvimento do campo, que significa na verdade um projeto de expansão do capital no campo tem como característica principal o controle da agricul-

---

[3] Três textos anteriores serviram de base para elaboração desta síntese: "Documento do Seminário sobre Educação Profissional para as Áreas de Reforma Agrária da Região Sul: que educação profissional, para que trabalho e para que campo?" *Cadernos do Iterra,* ano VII, nº 13, setembro 2007, p. 179-201;" Educação do campo: notas para uma análise de percurso". *Revista Científica da EPSJV/FIOCRUZ, Trabalho, Educação e Saúde,* Rio de Janeiro, v. 7, n.1, p. 35-64, mar./jun. 2009. E "Educação profissional no contexto das áreas de reforma agrária", documento elaborado para o Programa Nacional de Educação na Reforma Agrária (Pronera), dezembro 2008.

tura pelo capital financeiro internacionalizado[4] e como traço fundamental de seu paradigma tecnológico uma tendência de crescente artificialização da agricultura, transformando-a num ramo da indústria, e buscando subordinar a natureza aos interesses das empresas capitalistas ou da valorização do capital.[5] Da análise das contradições percebidas no projeto hegemônico, especialmente desde seu paradigma tecnológico, depreende-se a existência de um contraponto de lógicas ou de modos de produção agrícola, de repercussões sociais locais imediatas, mas também de impacto a médio e longo prazo para a própria sobrevivência do planeta, da humanidade.[6]

4. Estamos nos referindo à polarização entre uma agricultura voltada para a produção de alimentos (lógica do trabalho para reprodução da vida), que no contraponto vem sendo identificada como "agricultura camponesa", dada sua forte ligação com a "condição camponesa" e o "modo camponês de fazer agricultura" (Ploeg, 2008) e uma agricultura voltada para o negócio hoje, sobretudo, para produção de *commodities* (lógica do trabalho para reprodu-

---

[4] Este controle é feito através: da compra de ações pelos bancos de empresas que atuam em diferentes setores relacionados à agricultura; de empresas que compram outras empresas para dominar os mercados produtores e o comércio de produtos agrícolas, aproveitando-se do processo de "dolarização da economia mundial"; das regras impostas pelos organismos internacionais, como a Organização Mundial do Comércio (OMC), o Banco Mundial, Fundo Monetário Internacional e acordos multilaterais, que normatizaram o comércio de produtos agrícolas de acordo com os interesses das grandes empresas; do crédito bancário voltado ao financiamento da "agricultura industrial" e do abandono pelos governos de políticas públicas de proteção do mercado agrícola e da economia camponesa e da aplicação de políticas de subsídios justamente para a grande produção agrícola capitalista. O resultado visível dessa lógica é de que, em duas décadas, aproximadamente 30 grandes empresas transnacionais passaram a controlar praticamente toda a produção e o comércio agrícola do mundo. E a consequência estrutural é um processo acelerado de marginalização da agricultura camponesa, cada vez mais sem papel nessa lógica de pensar o desenvolvimento do país (Stedile, 2008).

[5] Esse paradigma tecnológico impõe: a privatização da ciência e da tecnologia, com a consequente privatização do saber; a homogeneização e especialização da produção agropecuária e florestal negando a biodiversidade; o domínio de poucas empresas privadas multinacionais na produção agropecuária e florestal e a imposição política e econômica das sementes transgênicas; a apropriação privada da biodiversidade e da água. Nesse paradigma as sementes transformaram-se em negócio e a vida vegetal e animal em uma mercadoria (Carvalho, 2007).

[6] Os próprios dados da FAO (órgão da ONU para a agricultura e alimentos), divulgados recentemente, a propósito do Dia Mundial da Alimentação em 16 de outubro, nos alertam para as consequências da lógica predominante hoje no mundo: pela primeira vez na história mais de 1 bilhão de pessoas estão subnutridas no mundo inteiro, 100 milhões a mais do que no ano passado, significando que uma em cada seis pessoas passa fome todos os dias. E a grande ironia é o dado de que 70% das pessoas que passam fome no mundo vivem nas áreas rurais. Alguma coisa está muito errada, não está?

ção do capital), chamada "agricultura capitalista" ou "agronegócio" (ou ainda de agricultura industrial dada a sua subordinação à lógica de produção da indústria). Enquanto na primeira lógica há uma conexão direta entre produção e consumo, ou seja, entre a produção de alimentos e as necessidades alimentares das populações (o que não quer dizer eliminar a produção de excedentes ou mesmo em escala nem a relação com o mercado), na segunda lógica há uma progressiva desconexão entre produção e consumo, ou seja, a lógica se inverte: produz-se para o mercado que então precisa induzir o consumo. Só que, neste caso, o mercado nem é principalmente o de alimentos, mas o de máquinas, de fertilizantes, de agrotóxicos, de sementes, ou seja, é preciso produzir alimentos não da forma que seriam mais adequados para o consumo humano, mas sim da forma que gerem mais lucro e mais valor para o capital.[7]

5. Note-se que na sociedade capitalista atual há uma forte dominação econômica e uma hegemonia cultural da agricultura capitalista sobre a camponesa (ainda vista por muitos como relacionada ao atraso e em vias de extinção ou de subordinação total à lógica do capital). Mas a polarização não foi eliminada, ao contrário, vem sendo acirrada à medida que as contradições da lógica capitalista vão ficando mais explícitas. São essas contradições que têm gerado revoltas, indignação, mobilizações, que podem vir a acelerar sua superação. A crise atual da produção e distribuição de alimentos, aliada à crise climática, tende a aumentar e tornar cada vez mais evidente a insustentabilidade do modelo industrial de agricultura e da produção de alimentos tratada somente como negócio, abrindo brechas para a construção de um projeto alternativo, constituído desde o outro polo, que é o do trabalho[8]. – Desde a educação

---

[7] É esta lógica que permite o contrassenso de que junto com o crescimento da fome, da subnutrição e da pobreza nas áreas rurais (dados da FAO) possa acontecer um grande crescimento das vendas de máquinas agrícolas cada vez mais sofisticadas.

[8] Algumas contradições importantes do domínio do capital, sobre a agricultura e a natureza, foram resumidas por Stedile (2008): o modelo de produção da agricultura industrial é totalmente dependente de insumos, como fertilizantes químicos e derivados do petróleo, que têm limites físicos naturais, portanto, sua expansão limitada a um médio prazo; o controle sobre os alimentos, feito por algumas empresas apenas, tem gerado preços acima do seu valor e isso provocará fome e revolta da população sem renda suficiente para comprá-los; o capital está controlando os recursos naturais, representados pela terra, água, florestas e biodiversidade, o que afeta a soberania nacional; a agricultura industrial se baseia na necessidade de uso cada vez maior de agrotóxicos, como forma de poupar mão de obra e de produzir em monocultivo de larga escala, produzindo alimentos cada vez mais contaminados, que afetam a saúde da população; o modo de produzir em grande escala expulsa a mão de obra do meio rural e faz com que aumente as populações de periferias das grandes cidades sem alternativa de emprego e renda, aprofundando a desigualdade social; as empresas estão ampliando a agricultura baseada nas sementes transgênicas ao mesmo

cabe perguntar: que processos formadores e deformadores do ser humano são produzidos por este contraponto, nessa dinâmica em que se move o campo, mas que envolve toda a sociedade?

6. Desde o polo do trabalho (classe trabalhadora), o que hoje se afirma como um projeto alternativo de desenvolvimento do campo, não tem ainda uma formulação precisa, acabada, exatamente porque está sendo construído nos embates e se desenha pelo contraponto ao projeto hegemônico e seus impactos social e ambientalmente destruidores. Alguns aspectos mais consensuais que têm sido destacados especialmente nos debates dos movimentos camponeses (notadamente dos que integram a Via Campesina): a soberania alimentar como princípio organizador da agricultura, a democratização da propriedade e do uso da terra, recolocando a reforma agrária em pauta, uma nova matriz produtiva e tecnológica, com base na agroecologia e uma nova lógica organizativa da produção, tendo por base a cooperação.

a) Soberania alimentar quer dizer uma produção voltada para atender as necessidades do povo com políticas públicas voltadas para este objetivo. A soberania alimentar se refere ao direito dos povos e dos países de definir suas próprias políticas agrícolas e produzir alimentos em seus territórios, destinados a alimentar sua população antes de decidir sobre a necessidade de sua exportação (Moreno, 2007). Implica a prioridade para a produção de alimentos sadios, de boa qualidade e culturalmente apropriados, mantendo a capacidade dos camponeses de produzir alimentos desde um sistema de produção diversificado e sustentável (Martins, 2006).[9] Defender a soberania alimentar significa recolocar o papel da agricultura

---

tempo em que aumentam as denúncias e ficam mais visíveis suas consequências sobre a destruição da biodiversidade, sobre o clima e os riscos para a saúde humana e dos animais; a agricultura industrial, de monocultivo, destrói necessariamente a biodiversidade, o que altera sistematicamente o regime de chuvas e ajuda o aquecimento global; a privatização da propriedade das águas seja dos rios e lagos ou do lençol freático restringirá o consumo para as populações de baixa renda, trazendo graves consequências sociais; a ampliação e o uso da agricultura industrial para produção de agrocombustíveis, aumentam ainda mais o monocultivo, o uso de fertilizantes de origem petroleira e não resolve o problema do aquecimento global e da emissão de gás carbônico; o projeto de redivisão internacional do trabalho e da produção transforma muitos países do hemisfério sul em meros exportadores de matérias-primas, inviabilizando projetos de desenvolvimento nacional que possam garantir emprego e distribuição de renda para suas populações; as empresas do agro, aliadas com o capital financeiro estão avançando também para a concentração e centralização nas redes de distribuição de supermercados, destruindo milhares de pequenos armazéns e comerciantes locais; a agricultura industrial precisa utilizar cada vez mais hormônios e remédios industriais para a produção em massa de animais para abate, em menor tempo, trazendo consequências na saúde da população consumidora.

[9] Precisamos ter presente neste debate a disputa que existe hoje entre os termos *segurança* alimentar e *soberania* alimentar, com "acepções diametralmente distintas e de forma alguma

camponesa sustentável e da produção local para solução dos problemas da produção de alimentos no mundo. Supõe a democratização do acesso à terra e uma nova matriz tecnológica.

b) Democratização da propriedade e do uso da terra: a Reforma Agrária deve voltar à agenda prioritária do país como forma de reverter o processo de expulsão do campo e disponibilizar a terra para a produção de alimentos, e não para produzir para a exportação e para combustíveis (Via Campesina, 2008). A Reforma Agrária é condição hoje em nosso país para garantia da soberania alimentar. Função social da propriedade da terra, revisão dos índices de produtividade para fins de desapropriação e limite máximo de propriedade são questões relacionadas a esta agenda.

c) Nova matriz produtiva e tecnológica que combine produtividade do trabalho com sustentabilidade socioambiental. O modelo dominante baseado na monocultura de exportação é insustentável. O princípio da sustentabilidade socioambiental deve estar assegurado junto com o desenvolvimento das forças produtivas em vista do aumento da produtividade do trabalho, diminuição de sua penosidade e geração de excedente. Temos avançado na construção de experiências significativas no campo da agroecologia que apontam na perspectiva da sustentabilidade neste sentido mais amplo (Mauro, 2008). Esta nova matriz tecnológica afirma uma concepção de mundo e de desenvolvimento rural que propõe um convívio harmonioso com a natureza que preserve toda a biodiversidade. Ela projeta: o reconhecimento e a valorização dos saberes do povo; a garantia da biodiversidade

---

intercambiáveis". "O conceito de *Soberania Alimentar* foi apresentado pela Via Campesina, a articulação internacional dos camponeses, durante a Conferência Mundial sobre a Alimentação (em comemoração aos 50 anos da FAO), em Roma 1996, para propor um outro princípio de construção da lógica da produção e do comércio internacional de alimentos, desafiando a concentração de poder do sistema agroalimentar e priorizando a autodeterminação política dos povos. A *segurança* alimentar diz respeito à obrigação dos Estados de garantir o acesso aos alimentos nutricionalmente adequados e em quantidades apropriadas' (sem questionar sua origem, admitindo a ajuda alimentar, por exemplo)..." (Moreno, 2007). O conceito de soberania alimentar hoje representa o próprio embate entre os projetos do agronegócio e da agricultura camponesa. "A ideia de soberania alimentar exige divisão de poder para tomada de decisão sobre o que produzir e onde produzir. Os governos nacionais perderam este poder desde que o agronegócio passou a determinar os projetos de desenvolvimento rural no mundo. (...) Além da democratização de controle das decisões, defender a soberania alimentar significa defender a produção local, o que choca com os interesses da produção agroexportadora. Então compreende-se bem porque o agronegócio defende a segurança alimentar. Porque esta é tão somente uma política compensatória que garante parcialmente alimentos industrializados para as populações pobres, mas não garante à população faminta, o direito de produzir seu próprio alimento. Porque para produzir alimentos é preciso terra-território...", daí sua associação necessária com a Reforma Agrária (Fernandes, 2008).

na produção rural pela combinação de cultivos e criações; a diversidade e variedade de sementes varietais e de mudas pela autonomia de produção de sementes camponesas; a introdução de uma matriz produtiva que facilite a preservação, conservação e recomposição da biodiversidade (Carvalho, 2007).

d) Nova lógica organizativa da produção. A pequena parcela individual está longe de ser uma solução para o campo, pois muitas vezes ela é sinônimo de forças produtivas atrasadas, baixa produtividade do trabalho, relações sociais retrógradas (individualismo, machismo, isolamento etc.), dificuldades de acesso aos serviços básicos, extensas jornadas de trabalho, dupla jornada das mulheres; trabalho infantil... A cooperação é o princípio organizador da produção (bem como de outras esferas da existência social) que pode possibilitar uma maior organização e convivência social, melhor divisão de trabalho e maior qualificação, aumento na produtividade do trabalho e do excedente econômico gerado e agregação de valor via processos de verticalização da produção (Mauro, 2008).

7. Pensar a educação profissional desde a perspectiva da Educação do Campo implica hoje assumir a existência deste contraponto de lógicas, preparando os trabalhadores para a análise dessa realidade e das contradições reais envolvidas. É do enfrentamento das questões centrais colocadas pelo contraponto de lógicas que se projetam, nos parece, "novidades qualitativas" para o debate da educação profissional e da educação dos trabalhadores como um todo.

8. Mas quais então as questões principais que esta realidade, este embate coloca para o debate específico da Educação Profissional?

9. Primeiro não podemos esquecer do velho debate originário da Educação do Campo que se relaciona ao acesso dos camponeses à educação e particularmente à educação escolar, incluída nela os cursos de educação profissional. O último Censo Agropecuário (2006) novamente nos alerta para um dado alarmante: em nosso país 30% dos trabalhadores rurais são analfabetos e 80% não chegou a concluir o ensino fundamental. Esse dado faz parte da lógica do projeto hegemônico. Não há, pois, debate sério sobre educação profissional do campo se não for considerada a necessidade urgente de políticas de universalização da educação básica e de democratização do acesso à educação superior.

10. O debate sobre o acesso traz junto a necessidade de uma rediscussão das finalidades educativas ou dos objetivos da educação profissional. Considerando a especificidade da formação social brasileira (que ainda não conseguiu universalizar o acesso à educação básica), a preparação de profissionais vincu-

lados à produção agrícola tem uma tradição ligada a duas vertentes: preparar trabalhadores assalariados das empresas de agricultura capitalista ou formar extensionistas para o trabalho de assistência técnica aos agricultores, vinculados a órgãos públicos ou a empresas. Ou seja, no Brasil, de modo geral, os cursos técnicos em agropecuária ou correspondentes e os cursos superiores de Agronomia, Veterinária e correlatos, não são voltados ou pedagogicamente organizados para formar agricultores. Mesmo quando são os próprios camponeses ou seus filhos que conseguem ter acesso a estes cursos, se entende que o seu objetivo é deixar de ser camponeses ou deixar de ter como trabalho a produção agrícola.

11. Do ponto de vista das políticas públicas é importante considerar que o chamado "sistema federal de ensino agrícola" surgiu para atender as demandas de implementação da chamada "revolução verde" e muitas escolas agrotécnicas foram criadas para atender diretamente as necessidades da expansão do capital no campo em determinado local, por exemplo, a de preparação de mão de obra necessária para as agroindústrias de uma determinada região.[10] Por isso não existe no Brasil uma política de educação profissional para a agricultura camponesa, porque isso seria atender a uma demanda vinda do polo do trabalho e não do capital e, portanto, portadora de outro tipo de exigências de formação. E também, por isso, camponeses que conseguem estudar nas escolas ditas "agrícolas" via de regra deixam de ser agricultores e deixam o campo. O embate atual de lógicas e a explicitação das contradições envolvidas no projeto dominante de desenvolvimento do campo cada vez põem em questão esta opção e pressionam pelo menos para a existência de alternativas desde o outro pólo (os dados do Censo Agropecuário 2006, que apontam para a importância da agricultura familiar na produção de alimentos no país, tensionam nesta perspectiva). Que alterações isso deverá trazer para o projeto político-pedagógico e especificamente para o currículo dos cursos de educação profissional voltados para a produção agrícola?

12. A Educação Profissional do Campo não é a mesma coisa que escola agrícola. Ela inclui a preparação para diferentes profissões que são necessárias ao desenvolvimento do território cuja base de desenvolvimento está na agricultura: agroindústria, gestão, educação, saúde, comunicação, mas sem desconsiderar que a produção agrícola é a base da reprodução da vida e, por isso, deve ter centralidade na formação para o trabalho do campo.

---

[10] Um aprofundamento sobre o percurso histórico da política do "ensino agrícola" no Brasil pode ser encontrado na tese de doutorado de Francisco José Sobral: "A formação do técnico em agropecuária no contexto da agricultura familiar". Campinas: Unicamp, 2004.

13. A rediscussão das finalidades educativas inclui a afirmação de que é necessário pensar uma educação profissional voltada à preparação de trabalhadores para a produção agrícola. Na perspectiva da Educação do Campo isso significa hoje fundamentalmente preparar trabalhadores para o enfrentamento do contraponto de paradigmas, o que inclui uma compreensão teórica rigorosa da realidade atual, especialmente das contradições reais envolvidas no embate de projetos. E inclui um preparo científico, tecnológico que não isole a formação profissional em um dos polos (porque, na realidade, isso não é uma escolha determinada pela vontade), mas que de um lado leve os trabalhadores a compreender cientificamente os fundamentos da própria polarização e, de outro, assuma o desafio da construção teórico-prática do projeto alternativo.

14. Hoje isso significa tomar como objeto de estudo e de práticas a construção de uma nova matriz científico-tecnológica para o trabalho no campo produzida desde a lógica da agricultura camponesa sustentável, situando esta matriz no contexto mais amplo de transformações das relações sociais e do sistema hegemônico de produção. Trata-se de pensar uma educação profissional que seja parte da formação específica para o trabalho no/do campo desde uma lógica de desenvolvimento cuja centralidade está no trabalho (todos devem trabalhar), na apropriação dos meios de produção pelos próprios trabalhadores e na terra como meio de produzir vida e identidade (e não como negócio).

15. Do ponto de vista da organização do trabalho pedagógico trata-se de assumir a soberania alimentar, a reforma agrária, a agroecologia e a cooperação como eixos articuladores e organizadores do currículo para a formação profissional dos trabalhadores da agricultura, admitindo-se que esta transformação curricular será produto do próprio processo formativo em andamento, dado que não temos uma tradição deste caminho nos cursos de educação profissional predominantes.

16. De modo geral, não se considera que o "modo camponês de fazer agricultura" (Ploeg, 2008) deva ser estudado nem que ele necessite de uma formação científica e tecnológica para ser praticado, bastando aos camponeses (e só a eles, porque não se imagina formar camponeses, já que se entende que sua lógica de produção e trabalho deve ser eliminada) o saber da experiência. A educação profissional pensada desde a perspectiva política e teórica da Educação do Campo defende sim a valorização do saber da experiência camponesa (porque sem ela perdemos a sabedoria e a ciência da produção de alimentos voltada para a reprodução da vida), mas justamente superando o seu caráter de conhecimento tácito, ou seja, que não se formula teoricamente e não dialoga com a ciência e a tecnologia (o que segundo Kuenzer *apud* Moll, 2009

tem sido uma marca das políticas e programas de educação profissional em geral no Brasil), processo necessário inclusive para que seja objeto de práticas educativas de novos camponeses.

17. Do ponto de vista da concepção de formação e educação dos trabalhadores trata-se de vincular esta discussão específica com o debate geral da educação profissional que visa a formação dos trabalhadores na perspectiva de superação das relações sociais capitalistas. Interessa pressionar o sistema pelo direito ao trabalho e a uma educação profissional pública de qualidade, e potencializar os debates sobre a necessidade de alargamento do conceito de formação profissional, relacionados aos debates sobre as finalidades da educação básica e da educação superior. É muito importante não perder de vista que, na perspectiva do projeto histórico dos trabalhadores, a educação profissional (no sentido estrito desta expressão) não esgota a formação para o trabalho e que a formação para o trabalho não esgota a educação a que a classe trabalhadora tem direito e a de que necessita para cumprir seu papel na história.

18. O desafio é pensar a educação profissional como formação específica para o trabalho que visa superar a dicotomia entre trabalho manual e trabalho intelectual e atender as exigências de inserção de todas as pessoas no trabalho socialmente produtivo próprio de seu tempo histórico. Trata-se de preparar para um trabalho cada vez mais complexo, sem ignorar as inovações tecnológicas, mas fazendo a sua crítica (e superação) desde o princípio de que as tecnologias que nos interessam são as que efetivamente se constituem como forças produtivas e não destrutivas da vida.

19. Consideramos nesse sentido que uma categoria-chave a ser retomada neste diálogo entre o debate geral e específico é a da politecnia ou da formação politécnica entendida como a formação para o trabalho que busca romper com as dicotomias entre "geral e específico, político e técnico ou educação básica e técnica. O conceito de politecnia pressupõe a possibilidade de que o processo de trabalho se realize sem ter que se dissociar atividades manuais e intelectuais (Saviani, 2003). Implica a apropriação dos fundamentos científicos e tecnológicos dos processos produtivos e das relações sociais de produção, dos conhecimentos das formas tecnológicas em que se baseiam os processos produtivos contemporâneos e das diferentes linguagens que lhe são próprias; na formação para uma cultura tecnológica e para uma cultura científica, bem como para sua crítica; na produção de tecnologias e de ciência. Trata-se de uma educação tecnológica (no sentido alargado que está originariamente em Marx) que inclui a articulação entre conhecimentos do trabalho em si e das formas de gestão e organização do trabalho, sem o que não é possível a parti-

cipação nas decisões sobre as relações de trabalho. E que supõe uma articulação necessária entre instrução intelectual e inserção no trabalho produtivo.

20. Um desafio teórico-pedagógico específico à formação politécnica dos trabalhadores do campo é articular a compreensão dos princípios científicos e tecnológicos que estão na base da organização da produção moderna (que envolve o trabalho do campo e da cidade) com uma compreensão mais profunda dos processos produtivos agrícolas que implicam uma interação necessária entre o ser humano e a natureza na sua dinâmica viva, flexível e não completamente planejável, que então desenha processos de trabalho específicos (Ploeg, 2008, afirma que nesta relação direta com a natureza está um distintivo fundamental entre o trabalho rural e urbano), criadores de uma cultura com traços específicos e também de formas de luta social com características específicas.[11]

21. Do ponto de vista da concepção de métodos educativos essa discussão se desdobra em questões pedagógicas fundamentais como a necessidade e o modo de relacionar teoria e prática, constituindo a formação profissional como práxis, a forma de construir um currículo que articule, em um mesmo processo, formação para o trabalho, formação cultural, formação política, formação ética e formação científica; conhecimentos gerais e específicos, parte e totalidade, conhecimentos de produtos e de processos, diferentes tipos e formas de conhecimento. E é importante pensar como a alternância (de tempos e espaços formativos), uma característica das experiências pedagógicas da Educação do Campo contribui, ou pode ser potencializada, de modo a contribuir nessa perspectiva de integração curricular.

22. É desafio pedagógico permanente articular no dia a dia dos cursos ou das atividades formativas as práticas organizativas, o trabalho, a inserção nas lutas, o conhecimento, em um projeto educativo integral, coerente, que produza nas pessoas valores, convicções, visão de mundo, consciência organizativa, capacidade de ação, sentido mais pleno de ser humano. Pretendemos um processo que, afinal, mexa com a totalidade da vida, com as questões da vida: para que as pessoas entendam e ajam sobre o que são, o que pensam, como agem, porque pensam como pensam e agem como agem.

---

[11] Estes processos de trabalho são "o *locus* onde o homem e a natureza viva se encontram e onde ciclos diferentes são integrados conjuntamente em um todo coerente e, por isso, muitas vezes estético (...). Uma vez que a natureza viva não pode ser completamente planejada nem controlada, existirão sempre surpresas – boas ou más. A arte de dominar essas surpresas e de transformá-las em práticas originais (...) é frequentemente um elemento-chave do processo de trabalho" (Ploeg, 2008, p. 42).

23. A Educação Profissional do Campo precisa refletir sobre como se garante no currículo dos cursos o vínculo entre conhecimento e prática de trabalho, na busca de superar a cisão entre trabalho manual e trabalho intelectual; sobre como se combina capacitação técnica com domínio científico e tecnológico dos processos produtivos em que esta área de trabalho se insere. Precisa ademais construir um projeto político-pedagógico de perspectiva politécnica que supere também a falsa antinomia entre preparar, principalmente a juventude, para ficar ou para sair do campo. A educação não deve ser pensada como definidora desta decisão, porque de fato não é. Ficar ou sair não é algo a ser julgado como bom ou ruim em si mesmo. É preciso que se eduque aos trabalhadores do campo para que tenham condições de escolha; e para que ficando ou saindo possam ajudar na construção de um projeto social onde todos possam produzir com dignidade suas condições materiais de existência. O movimento dialético entre particularidade e universalidade é o que deve orientar o trabalho pedagógico onde quer que ele aconteça.

24. Note-se que este debate de concepção se refere tanto aos cursos de nível médio como aos de nível superior. Os objetivos ou as expectativas (até onde ir com a profissionalização) e, portanto, as estratégias pedagógicas, é que serão diferentes, talvez mais em função dos sujeitos envolvidos, sua faixa etária, as demandas do contexto de trabalho em que se inserem, do que pela estrita diferenciação dos níveis de escolarização. Na projeção específica de cada curso é preciso considerar se a dimensão da formação profissional se coloca como foco principal (que justifica a própria realização do curso) ou como uma das dimensões da formação pretendida.

Referências

CARVALHO, Horacio Martins de. *Desafios para a agroecologia como portadora de uma nova matriz tecnológica para o campesinato*. Texto inédito, julho 2007.

FERNANDES, Bernardo Mançano. *Soberania alimentar como território*. Trabalho apresentado no "Workshop Food Sovereignty: theory, praxis and power", realizado no St. Andrews College, University of Saskatchewan, Saskatoon, Saskatatchewan, Canadá, novembro 2008.

KUENZER, Acacia Z. As políticas de educação profissional: uma reflexão necessária. *In*.: MOLL, Jaqueline e colaboradores. *Educação Profissional e Tecnológica no Brasil Contemporâneo*. Porto Alegre: Artmed, 2010, p. 253-270.

MARTINS, Adalberto. *Plataforma política para uma agricultura soberana e popular*. Documento elaborado como subsídio para as discussões da Jornada de Agroecologia, Cascavel/PR, junho 2006.

MAURO, Rogério A. Notas de palestra na mesa sobre Reforma Agrária e Agricultura Camponesa. *Seminário Nacional de Educação Profissional do Pronera*, junho 2008.

MORENO, Camila. *Agroenergia X Soberania Alimentar: a Questão Agrária do século XXI*. CPDA/UFRRJ, 2007.

PLOEG, Jan Douve Van Der. *Camponeses e impérios alimentares. Lutas por autonomia e sustentabilidade na era da globalização*. Porto Alegre: Editora da UFRGS, 2008.

SAVIANI, Dermeval. O choque teórico da politecnia. *Revista Trabalho, Educação e Saúde*, V. 1, n° 1, Rio de Janeiro: EPSJV, março 2003.

STEDILE, João Pedro. *A ofensiva das empresas transnacionais sobre a agricultura*. V Conferência Internacional da Via Campesina, Maputo, Moçambique, 19 a 22 de outubro, 2008.

VIA CAMPESINA. *Carta de Maputo: V Conferência Internacional da Via Campesina*. Maputo, Moçambique, 19 a 22 de outubro de 2008.